KB134515

어쩌다가 북한학

어쩌다가 북한학

북한학이 무엇인지 묻고 답하다

북한학에 진심인 9인의 이야기

이나영·오주연 인터뷰집

ㅎ

일러두기

· 2021년 1월부터 3월까지 인터뷰를 진행했습니다.

· '조선로동당', 《로동신문》 등 북한의 고유명사는 되도록 그대로 인용했습니다.

· 단행본, 신문·잡지명은 겹화살괄호(《 》), 논문·영화는 홑화살괄호(〈 〉)를 사용했습니다.

들어가며

일본의 사회학자인 후루이치 노리토시는 《그러니까, 이것이 사회학이군요》에서 열두 명의 사회학자에게 "사회학은 무엇입니까?"라고 질문을 던진다. 얼핏 학부 1학년 과정 사회학개론 첫 시간에 다룰 법한 기초적인 질문이지만 이 질문으로부터 이어진 대화는 사회학의 다양한 매력과 일본 사회학계의 미래에 대한 깊은 고민을 드러낸다. 자신이 속한 학문 공동체에 대해 깊이 고민하고 애쓰는 학자들을 보니 부러운 마음이 들어 약간 코끝이 찡해지기도 했다.

그리고 자연스럽게 북한학을 전공한 나에게 질문을 던져 보았다. 북한학은 무엇이지? 당연히 대답하기 어려웠다. 마침 옆에 있던 북한학 신진연구자인 이나영 박사에게 북한학이 무엇인지 물으니 대답은 안

해 주고, '우리도 후루이치씨처럼 북한학자들에게 물어보자'는 대답이 돌아왔다. 그래서 나도 후루이치씨처럼 한국의 북한학자 혹은 북한연구자들에게 '북한학은 무엇입니까?'라고 묻기로 했다. 어떤 대답이 나오고 어떤 대화가 이어질지 기대가 됐다.

사실 북한학자와 북한연구자라는 두 단어를 사용한 데서 북한학의 애매한 위치가 드러난다. 북한을 연구하는 학자들에게 '당신은 북한학자입니까?'라고 물으면 아마도 그렇지 않다고 대답할 사람이 많을 것이다. 사실 북한연구는 북한학을 전공으로 해야만 할 수 있는 건 아니다. 관심이 있다면 다른 전공에서도 얼마든지 연구할 수 있다. 실제로 북한을 다루는 저명한 논문과 책들은 북한학이 아닌 정치학, 경제학, 사회학 등 다른 전공 연구자들의 결과물이다. 그래서 '정치학자'이거나 '경제학자'이거나 '사회학자'이면서 북한을 연구하는 사람이 '북한학자'라는 정체성을 가지고 있는 사람보다 많다.

북한학의 연구대상 또한 북한이라는 '지역'에만 머무르지 않는다. 북한이탈주민이나 디아스포라를 연구하기도 하고 한국 사회의 이념갈등을 연구하기도 한다. 더 나아가 다른 세계의 갈등 사례를 분석하고 남북의 사례와 연관 짓기도 한다. 북한학은 북한만을 연구대상으로 삼지 않고 북한학자만이 북한을 연구하는 것도 아니다. 그렇다면 북한학의 존재는 어떤 의미가 있는 것일까.

어떤 의미에서 북한학은 한국 사회에 자리를 잡았다. 아마 북한을 공부하고 싶은 사람들이 마음먹고 찾아본다면 큰 노력 없이도 북한학과를 전공으로 가진 대학과 대학원을 발견할 수 있다. 1990년대에 사회주의권 붕괴와 독일 통일 등으로 통일에 대한 기대가 높아지면서 북한학과가 우후죽순으로 생겼다. 대부분의 북한학과는 2000년대 많은 학과가 통폐합 시기를 거치는 동안 사라졌고, 현재 학부로는 유일하게 동국대학교에서만 살아남았다. 대학원에서는 동국대학교, 북한대학원대학교, 이화여자대학교, 고려대학교, 서강대학교, 경기대학교 등에서 북한학 과정을 운영하고 있다. 그 외에 북한학을 전면에 걸지는 않지만 넓은 범주에서 통일, 북한, 평화, 안보 등을 다루는 여러 학과가 있다.

이처럼 학위를 준다는 점에서 북한학과는 분명히 존재한다. 그렇다면 북한학은 분과 학문으로 존재한다고 말할 수 있을까? 그렇게 말하기에는 근거가 부족하다. 이제는 대학이 취업사관학교라 불릴 만큼 본래의 의미를 잃어가면서 새로운 이름의 학과를 설립하는 일은 빈번해졌다. 하지만 그렇게 만들어진 모든 학과를 독립적인 분과 학문으로 여기지는 않는다. 학과와 학문은 별개로 존재할 수 있다. 그렇다면 북한학은 어떨까. 시대의 흐름에 따라 통일을 준비하기 위해 '실용적'으로 설립되었던 북한학과가 과연 분과 학문으로 설 만큼 충분한 학문적 위상과 체계를 갖추고 있는지에 대해서도 물어야 한다. 이 질문에 대답할 수 있어야만 일방적인 학과 통폐합의 문제를 떠나서 북한학이 왜 학과로서, 학문으로서 존재해야 하는지 스스로 입증할 수 있을 것이다.

그동안 북한학이 분과 학문으로 학문체계를 갖추고 있는지에 대한 질문은 계속 있어 왔다. 특히 1980년대 후반 '북한바로알기운동'과 같은 북한연구에 대한 성찰은 북한학의 공통적인 이론과 방법론적 체계가 있는지를 끊임없이 고민하고 탐구하게 했다. 하지만 이런 고민들은 학술회의에서 기성세대 학자들 간 논의에 그쳐 더 다양한 사람들이 읽고 생각하며 북한학을 만들어 갈 기회로 이어지지 못했다. 그래서 우리는 다시 한번 '북한학은 무엇입니까?'라고 묻기로 했다.

그리고 '북한학이 무엇입니까?'라는 질문과 함께 '북한학은 왜 필요합니까?'라고도 묻기로 했다. 북한학이 어떤 학문체계를 가졌는지를 규명하는 것에서 한 걸음 더 나아가 한국 사회가 북한학에 어떤 역할을 하도록 요구하는지를 탐색하여 북한학의 미래를 고민해야 한다. 아마도 이 질문은 북한학과를 졸업하여 이를 학문 정체성으로 삼고 있는 이들에게 중요한 질문인 동시에, 서로를 대한민국과 조선민주주의인민공화국이라고 부르지 못하는 '특수한 관계'의 모호함 속에서도 북한을 이해하고 북한과 대화해야 하는 한국 사회에 중요한 질문일 수 있다. 그런 점에서 이 책은 뜻이 있어서 혹은 길이 있다고 생각해서 혹은 우연히 북한학과 북한연구에 관심을 두게 된 이들에게 좋은 입문서가 되고 오랜 시간 북한학을 붙잡고 있는 이들에게는 더 많은 고민을 던져주는 심화서가 된다.

　시대적, 개인적 배경에 따라 북한학이 어떻게 조응해 왔는지, 북한학의 다양한 면모를 보여줄 수 있는 북한학자 혹은 북한연구자에게 질문하고 싶었다. 북한학의 정도正道를 이야기하면서도 변화를 함께 이야기할 수 있는 연구자, 다른 전공 지식을 기반으로 북한학의 미래를 이야기하는 연구자, 북한의 사료와 다양한 정보를 바탕으로 연구하고 현장에 적용하는 연구자, 북한학을 자신의 세계를 구성하는 학문으로 여기는 연구자에게 질문하고자 했다. 이들이 현재 북한학이 무엇인지를 밝혀내는 데 부족한 조각 중 일부를 갖고 있으리라 생각했다. 그렇게 아홉 명의 인터뷰이를 선정했다. 각각의 선정 이유는 각 장의 앞부분에 작성했다. 특별히 아홉 명의 인터뷰이에게 감사를 전한다. 오랜 기간 해 온 북한학에 대한 생각을 큰 대가 없이 기꺼이 나눠 주시고, 짧은 인터뷰에 깊은 이야기를 담기 위해 인터뷰 전후로 많은 수고를 해 주셨다.

　이제는 북한학에 대한 고민을 나누는 것을 넘어 실제적인 변화와 실천이 있어야 한다. 학계라는 두루뭉술한 공동체 혹은 선배들이 가야 할 길을 찾고 제시해 주기를 기다리기만 할 것이 아니라 자신의 위치를 불문하고 원하는 바를 직접 해 내야 한다. 이 책이 그런 실천의 시작이 되길 바라기에 우리는 이후에도 북한을 공부한다는 것에 대한 회의가

들 때면 마음을 다잡고자 이 책을 열어보게 될 것 같다. 만일 당신이 북한학을 이제 접했다면 북한학이 무엇인지 조금은 명확해지길, 그리고 이미 북한학의 길에 들어섰다면 이 책에 있는 여러 질문에 대한 자신만의 대답을 찾길 바라며 서문을 마친다.

2021년 8월

오주연

차례

북한학의 시작을 묻다

최완규

1950년에 태어났다. 경희대학교 대학원에서 정치학 박사학위를 받은 후 경남대 정치외교학과 교수와 경남대 북한대학원 교수를 거쳐 북한대학원대학교 총장과 북한연구학회장을 역임했다. 현재는 우리민족서로돕기운동 상임공동대표와 경실련통일협회 대표, 신한대학교 탈분단경계문화연구원 원장을 맡고 있다.

주요 저서 및 연구

〈[유신]권위주의 체제의 성립요인에 관한 연구: 정치, 경제학적 분석〉, 경희대학교 박사학위논문, 1987.

《북한은 어디로: 전환기 '북한적' 정치현상의 재인식》, 경남대학교출판부, 1996.

《북한의 국가성격 변용에 관한 연구: '예외국가'의 공고화》(공저), 한울, 2001.

〈북한 체제의 지탱요인 분석: 쿠바 사례와의 비교론적 접근〉, 《현대북한연구》, 9(2), 2006.

〈지속가능한 대북정책을 위한 국회의 역할〉, 《입법과 정책》, 5(1), 2013.

〈통일담론의 두 가지 패러다임: 국가담론인가 민족담론인가?〉, 박순성 엮음, 《통일논쟁: 12가지 쟁점, 새로운 모색》, 한울, 2021.

〈6.15 공동선언 20년: 역사적 함의와 공과〉, 남영호 엮음, 《안보의 논리, 평화의 논리: 한반도와 세계》, 에테르, 2021.

그 외 다수.

1970년대 이전까지만 해도 반공 이념에 기반한 국가 주도의 북한연구가 만연했다. 그래서 북한 체제를 객관적으로 규명하는 연구보다는 북한 체제의 비이성적이고 비합리적인 면모를 그려내는 연구가 대부분이었다. 당연히 국가기관이 아닌 곳에서 북한의 1차 자료에 접근하는 것은 불가능에 가까웠다. 하지만 1970년대 이후 서구권에서 정치학을 공부한 연구자들이 국내로 유입되면서 비교사회주의 맥락에서 북한의 국가성격을 규명하는 연구가 활발해졌다. 최완규 원장은 이러한 연구자들의 영향을 받아 석사과정부터 비교정치연구를 시작했고 지금까지 북한정치 연구자라는 학자적 정체성을 계속 유지해 왔다.

최완규 원장이 처음으로 비교사회주의 이론을 통해 북한 1차 자료를 분석한 연구는 석사학위논문인 〈북한정치 엘리트의 구조변화, 1946-1970〉(1977)이다. 사회주의국가의 권력 구조와 역동을 엘리트의 구조변화로 밝혀내는 이론과 방법론을 차용하여 조선로동당 중앙위원회 자료를 분석했다.

1980년대 후반, 소련과 동구사회주의 국가가 급격한 변화와 붕괴를 겪으면서 북한도 비슷한 수순을 밟을 것이라는 기대가 높아졌다. 북한의 체제이행 가능성을 예측하고 통일 여건을 분석하는 연구가 늘기 시작했지만, 북한은 1990년대 극심한 경제난을 겪으면서도 체제를 유지했다. 이 시기 최완규 원장은 북한에서 위로부터 체제전환은 기대하기 힘들다는 분석을 제시했다. 《북한의 국가성격 변용에 관한 연구》(2001)를 통해 북한 체제의 특수성이란

스탈린식 전체주의나 술탄체제라는 맥락 속에 포함되는 것이지 완벽히 체제 구분을 할 수 있는 배타적 특성은 아니라고 보고, 위 체제를 지닌 국가의 사례처럼 북한에서도 위로부터의 체제전환은 기대하기 힘들다는 결론을 내렸다. 〈북한 체제의 지탱요인 분석〉(2006)에서도 북한과 쿠바의 사례를 비교하면서 체제 속성상 반대 세력이 형성될 여지가 적고 지배집단 내 협상을 주도할 온건파가 없다는 측면에서, 그리고 대중시위가 형성될 수 있는 정보통신망이나 정치적 효능감이 적다는 측면에서 북한의 체제 이행 가능성이 높지 않다고 평가했다.

북한정치 개론서라 할 수 있는 《북한은 어디로》(1996)에서는 북한연구에 대한 최완규 원장의 고민을 엿볼 수 있다. '북한을 전문적으로 틀리게 말하는 사람이 북한전문가'라고 말하면서 북한이라는 폐쇄적인 연구대상, 그리고 그 북한을 민족인 동시에 위협, 갈등, 경쟁의 대상으로 여길 수밖에 없는 연구자의 위치적 측면에서 북한연구의 어려움이 있다고 지적한다. 이를 극복하기 위해서는 북한을 있는 그대로 보는 내재적 시각, 비교사회주의라는 이론적 틀, 연구자의 성찰과 자기비판이 필요하다고 강조한다. 그는 북한의 특수성을 강조하는 방식으로 북한을 타자화하고 도구화하는 것을 반대하며, 이념의 광풍에 흔들릴 수밖에 없는 북한학의 태생적 약점에도 균형 잡힌 현실적인 시각으로 북한을 분석하고 이해하는 것이 북한연구자의 기본 자세라고 말한다.

최완규 원장은 경남대 북한대학원 교수와 북한대학원대학교 총장을 거치면서 북한연구가 전공 학과로 자리 잡는 과정에 참여하면서도 북한학이 분과 학문일 수 있는지에 대한 질문을 계속해서 던져 왔다. 그는 북한 내부를 볼뿐 아니라 〈남북한 통일방안의 수렴가능성 연구〉(2002), 〈김대중 정부 시기 NGO 통일교육의 양극화 현상〉(2011) 등의 연구를 통해 남북관계와 통일 문제에 대해 현실적인 차원으로 접근해 왔다.

현재는 신한대학교 탈분단경계문화연구원 원장으로 있으면서 남북 분단의 성격을 '경계'로 재규정하고 경계를 뛰어넘는 여러 실천을 통해 남북한의 평화와 공존에 기여하는 연구를 수행하고자 한다. 그는 북한학이 '학'에 얽매이는 것이 바람직하지 않다고 주장하며 다양한 이론적 기초를 가진 학자 간 네트워크를 형성하여 학제 간 연구로 북한연구의 외연을 확장하고 있다. 우리는 최완규 원장과의 인터뷰를 통해 북한학이 어디부터 시작해 어디에 머물러 있고 어디까지 갈 수 있을지 가늠해 보았다.

시대의 아들, 북한학

오주연 어떤 계기로 북한연구를 시작하게 되셨는지 궁금합니다. 석사
학위논문에서 '북한 정치 엘리트의 구조 변화'를 다루셨죠.

최완규 경희대 정치외교학과 4학년에 재학 중일 때 이상우[1] 교수님께
서 부임하셨습니다. 그분은 당시 한국 정치학계에서는 다소 생소한 계
량정치학 분야에서 많은 연구를 해 오셨습니다. 1차 자료의 통계 처리
기법에도 정통한 교수님이셨죠. 4학년 때 들은 이 교수님의 강의 덕분
에 많은 지적 자극을 받았습니다. 저로서는 새로움 그 자체였습니다.

대학원 석사과정 재학 중일 때 이 교수님께서 한국 공산주의 운동사의
선구자적 학자라고 볼 수 있는 하와이대학의 서대숙[2] 교수님이 수집한

---

1) 하와이대학교에서 1971년에 정치학 박사학위를 취득하였다. 동대학 부설 국가차원연
   구소 부소장을 지냈다. 1973년 귀국 후 경희대학교와 서강대학교에서 30년간 정치학
   교수로 일했으며, 2003년 이후에는 4년간 한림대학교에서 총장을 역임했다.
2) 컬럼비아대학교에서 1964년에 정치학 박사학위를 취득하였다. 박사학위 논문을 정리

북한 자료를 저한테 보여 주셨어요. 아마 이상우 교수님이 자료 계량 분석에 능통하다는 것을 알고 계셨던 서대숙 교수님께서 그동안 수집해 온 상당수의 자료를 전산 처리해 주는 조건으로 이 교수께 넘겨주셨던 모양입니다. 바로 그 자료 중에 북조선로동당 1차 당대회 때의 당 중앙위원 명단이 있었습니다. 북조선로동당은 북조선공산당과 조선신민당이 합당한 오늘날 조선로동당의 전신이죠. 이번에 조선로동당이 8차 당대회[3]를 열었잖아요? 조선로동당 당대회가 바로 1946년 북조선로동당 당대회를 1차 전당대회의 기점으로 삼고 있죠.

그 당시까지만 해도 우리나라에는 1차 당대회 당 중앙위원회 명단이 없었어요. 그런데 서대숙 교수님 자료에 북조선로동당 당 중앙위원 46명의 명단이 포함되어 있었던 겁니다. 그리고 엘리트들의 출생지, 학력, 전공영역, 어느 파벌에 속하는지 등 사회적 배경을 파악할 수 있는 자료도 있었습니다. 물론 유실된 자료도 많았지만 말입니다. 그 자료를 보고서 북한 엘리트를 연구해 볼 수 있겠다고 생각했었습니다.

해《한국 공산주의운동사 연구 The Korean Communist Movement 1918-1948》(Princeton Univ. Press, 1967)를 발간했다. 1973년부터 2004년까지 하와이대학 정치학 교수를 역임했다. 1960년대부터 일제강점기 한반도의 공산주의 운동과 북한을 연구하였다.

3) 8차 당대회는 2021년 1월 5일부터 12일까지 진행되었다. 김정은 집권 이후 중단했던 당대회를 다시 열기 시작했다. 2016년의 제7차 당대회는 1980년 이후 36년 만에 열렸다.

이나영 1차 자료가 큰 역할을 했네요.

최완규 1차 자료도 있었고 사회주의권 국가의 엘리트를 분석할 수 있는 기존의 이론적 자원도 풍부했습니다. 당시 사회주의권 엘리트 연구의 목적은 주로 동유럽이나 소련의 엘리트, 즉 당 중앙위원이나 당 정치국 원들의 파벌구조, 전문 분야별 구성, 충원 양태, 특히 엘리트의 호선제 도cooperation 분석을 통해서 체제변화의 가능성 여부를 보는 것이었죠. 대표적인 연구자로 칼 백Carl Beck, 플레른Frederick J. Fleron 등을 들 수 있어요. 이 분들이 동유럽 엘리트 연구를 많이 했고, 1970년대 들어와서는 비교 사회주의 연구자들이 이러한 엘리트 접근법을 통해 공산주의 체제변화 문제를 본격적으로 다뤘습니다. 북한 엘리트와 관련된 1차 자료가 충분한 건 아니었지만 일부가 확보되었으니 이런 이론적 자원들을 원용할 수 있게 되었죠. 그래서 북한 정치 구조 변화를 분석하고 북한 체제변화의 가능성 정도를 가늠해 볼 수 있지 않겠나라고 생각해서 북한의 엘리트 관련 석사논문을 쓰게 됐습니다.

오주연 석사논문이 계속 북한을 연구하는 계기가 된 건가요?

최완규 이후에 경남대학교 극동문제연구소라는 사회주의권 국가를 연구하는 연구소로 가게 되면서 북한연구자의 길을 본격적으로 걷기 시작했죠. 어찌 보면 때로는 호칭이 운명을 결정할 때도 있다는 말이 실감이 납니다. 1977년에 연구원으로 시작해서 2015년 8월에 북한대학원대학교 교수로 정년퇴직을 했으니까 근 40년 가까운 세월 동안 북한과 사회주의권 연구를 해왔네요.

오주연 북한연구에는 어떤 매력이 있나요?

최완규 사실 분단과 통일 문제를 해결하지 못 하면 한반도에서 진정한 자주, 민주, 평화, 복지국가를 건설하기란 어렵지 않겠습니까? 반세기가 훨씬 넘는 시간 동안 분단의 멍에를 짊어지고 살아 온 정치학자로서 분단의 한쪽 당사자인 북한에 대한 학문적 관심은 당연한 것이죠. 일반 국민들도 과거 전쟁을 겪은 이후에 여러 가지 방식으로 안보 위협을 느끼고 있고요. 경우에 따라서는 일상생활의 일부 양태까지도 규정하는 것이 북한 변수입니다. 바로 그런 연유로 좋든 싫든 북한은 필연적으로 관심의 대상이 될 수밖에 없다고 봅니다.

오주연 원장님은 스스로를 몇 세대 북한연구자라고 보시나요?

최완규 어떻게 보면 4세대일 수도 있고 3세대일 수도 있는데 그건 구분하는 기준에 따라서 달라질 수 있겠죠. 북한연구의 1세대는 주로 분단 초기 북한에 거주하면서 북한의 실상을 몸소 체험하고 월남해서 북한연구를 해 온 분들을 지칭하는 것 같습니다. 물론 일본이나 국내 대학에서 공부하신 분들 중에서 마르크스와 레닌의 원전과 북한에서 간행한 일부 자료를 바탕으로 주목할 만한 북한 관련 연구업적을 내셨던 분들이 계시죠. 예를 들면 김준엽[4], 양호민[5], 박동운[6] 선생님도 1세대 연구자로 분류할 수 있을 겁니다. 2세대 연구자라 하면 60년대 말에서 70년대에 유럽이나 미국에서 공부한 선배들, 주로 비교 사회주의 쪽을 연구했던 분들이고 그분들에게서 이론적 자원을 배우면서 1차 자료의 중요성을 알게 된 저희들이 3세대라 볼 수 있겠죠. 국내에서 북한 자료들이 쏟아져 나오기 시작했을 때, 철저하게 1차 자료를 수집하고 분석하면서 북한연구를 했던 이종석[7] 박사 등의 세대가 4세대라 할 수 있을 겁니다.[8]

4) 중경임시정부와 한국광복군에 참가하면서 항일민족해방투쟁 활동을 했다. 해방 직후 중국에 남아 학자의 길을 걷다가 1949년 귀국하여 36년간 고려대에서 교수를 지냈다. 고려대 아세아문제연구소장과 총장을 역임했다. 대표 저서로는 《중국공산당사》(사상계사출판사,1961), 《한국공산주의운동사 1-5(공저)》(청계연구소,1986) 등이 있다.

5) 일본 주오대학교 법학과와 서울대학교 문리대를 졸업한 뒤, 대구대학교와 서울대학교 법대 교수를 지냈다. 1972년 조선일보 통한문제연구소 초대 소장과 북한학회 회장을 역임하였다. 1990년 학계로 돌아가 18년 동안 한림대학교 석좌교수를 지냈다. 대표 저서로는 《북한의 이데올로기와 정치》(고려대학교 출판부,1970), 《38선에서 휴전선으로》(생각의나무, 2004) 등이 있다.

6) 1944년 경성제국대학 법대를 졸업하고 1960년 한국일보 논설위원이 되었다. 1961년 유네스코 한국위원회 대표를 거쳐 1964년부터 고려대학교 아세아문제연구소 연구위원을 역임했다. 대표 저서로는 《북한통치기구론》(고려대학교 출판부,1973), 《민족사상론》(샘터사,1984) 등이 있다.

7) 세종연구소 수석연구위원을 거쳐 제32대 통일부 장관을 역임했다. 대표 저서로는 《현대 북한의 이해》(역사비평사,1995), 《분단시대의 통일학》(한울,1998) 등이 있다.

8) 북한연구의 세대 구분은 학자마다 다르게 할 수 있다. 대표적으로 동국대의 고유환 교수는 북한연구 세대를 다음과 같이 구분한다. 1세대는 북에서 내려와 북한 실상을 소개하거나 북한 공산주의 운동을 역사적으로 기술한 학자들, 2세대는 1960-1970년대

이나영 학문적 필요보다는 정책적 필요성 때문에 북한연구가 시작된 것인가요?

최완규 박동운 선생님이 "한국에서 북한과 통일연구는 시대의 아들이고 환경조건 변화의 산물이다"라는 표현을 한 적이 있습니다. 북한연구는 정치적, 정책적 필요성에 의한 것이었지 학문적 순수한 대상으로서 시작되었다고 보기 어렵습니다.

이나영 그러면 북한학은 소련학의 아류 같은 학문일까요?

최완규 소비에톨로지 Sovietology는 주로 소련의 신문 등 1차 자료를 기반으로 분석하여 소련의 여러 가지 변화상을 보려고 했던 연구입니다. 주로 비교 사회주의 맥락 속에서 동유럽, 소련의 체제변화를 들여다보려는 연구자들이 달려들었죠. 원래의 사회주의 원형이 어느 정도로 변했고 그 변화가 진짜 변화인지 이런 걸 보려고 한 거예요. 그것의 한 수단으로 엘리트 연구도 한 것이고요.

오주연 북한연구의 흐름이 1970년대에 한번 바뀌었네요.

최완규 그런 셈이죠. 그런데 또 해외에서 유학한 연구자들의 연구는 대

에 미국과 유럽 등 서구에서 국제정치학과 비교정치학을 배워 이를 북한연구에 적용한 학자들, 3세대는 1980-1990년대에 비교적 이데올로기로부터 자유롭고 내재적 접근법 등의 영향을 받은 학자들이다. 4세대는 북한학과가 설립되면서 북한학을 전공하거나 다양한 방법론을 북한 사회에 적용해 보려고 하는 학자들로 분류한다. 고유환, 〈북한연구 현황과 과제: 정치〉, 서울대학교 통일평화연구원 전문가 토론회 《북한연구 현황과 과제》, 2019.02.12.

체적으로 북한의 1차 자료를 철저하게 분석하기보다는 비교 사회주의 연구 성과들을 북한연구에 접목하는 방식이었습니다. 물론 예외는 있습니다만. 어찌 보면 이에 대한 반작용으로 이종석 박사 세대들이 나와서 북한의 1차 자료 위주의 연구들을 시작했죠. 하지만 이러한 1차 자료 위주의 연구들은 사회과학 일반 이론, 특히 비교 사회주의 연구의 이론적 성과에 대한 관심이라고 할까. 이런 측면에서는 다소 소홀한 면도 있었습니다. 북한의 보편성과 특수성, 내재론 논쟁도 그런 맥락에서 나왔다고 볼 수도 있는데요. 북한의 1차 자료도 물론 중요하지만 자료를 여러 사회과학적 이론 틀 속에서 들여다보는 시도가 병행되어야 북한연구를 제대로 체계화하는 데 도움이 된다고 봅니다.

이나영 북한바로알기운동[9]이 그때 등장한 방법론 논쟁 아닌가요?

최완규 북한바로알기운동은 이념 논쟁의 성격을 띠었다고 봅니다. 송두율 교수님께서 제기하면서 방법론 논쟁이라고 많이 알려졌는데, 제가 보기에는 시각 혹은 문제의식의 논쟁으로 보여요. 어떻게 보면 핵심은 북한을 북한의 입장에서 있는 그대로 봐야 한다는 문제의식이었

---

9) 1980년대 후반에 시작된 북한연구 방법론 논쟁으로 '북한을 바로 알자'라는 구호와 함께 내재적 접근법이 제시되었다. 북한을 자본주의나 자유민주주의의 논리에 따라 '밖'에서 바라보는 것이 아닌 북한 내부의 논리와 시각을 통해 바라보자는 접근법이다. 구갑우에 따르면 내재적 접근은 북한을 긍정적으로 보자는 것을 의미하는 것이 아니라 사회적 실재의 모순을 스스로 드러내게 하여 '이해'를 추구하는 해석학적 방법론이다. 구갑우, 〈지식사회학과 북한연구방법론〉, 장달중 편, 《현대 북한학 강의》(사회평론, 2013), 354-357쪽.

죠. 그런데 북한의 특수성을 너무 강조하다 보면 북한이라는 대상을 이론화하는 것은 굉장히 어려워집니다. 그래서 내재적 접근과 외재적 접근은 서로를 보완하는 의미로 봐야지, 어느 한쪽에 절대적 기준을 두는 것은 별로 바람직하지 않죠. 어떻게 보면 그 방법론 논쟁은 과장된 측면이 있어요. 시각이나 문제의식 또는 연구 태도에 관련된 문제이지 구체적인 방법론 논쟁이라 보기는 힘듭니다. 제가 그런 지점을 논의하는 논문들을 《현대북한연구》 창간호에 특집으로 실었죠.

이나영 그 외에는 북한연구 방법론에 대한 문제제기가 없었나요?

최완규 크게는 없었습니다. 방법론 논쟁의 본격화된 결과라고 하기는 어렵지만 북한연구총서로 나온 《북한연구방법론》[10] 같은 책이 있죠. 연구 방법도 중요하지만 연구 성과를 내는 게 더 중요합니다. 방법론이라는 게 수단이지 본질은 아니잖아요.

북한학, 민족과 지역 사이에서

오주연 사실 저희 세대에게 '북한학'이 인식된 건 대학에 북한학과가 있었기 때문인데요. 북한학과는 어떻게 시작됐나요?

10) 경남대학교 북한대학원, 《북한연구방법론》(한울, 2009).

최완규 대학원 수준에서는 1989년에 경남대 행정대학원이 1990년에는 서강대 공공정책대학원이 최초로 북한학과를 신설했습니다. 남북관계가 진전되면서 북한학과가 여러 대학에서 개설되기 시작했고 이때부터 학부에도 북한학과가 설립됐죠. 동국대에 이어서 관동대, 선문대, 명지대, 조선대, 고려대 등에서 북한학과를 설립했습니다.

오주연 여러 대학에서 북한학과를 설립했었는데 대다수는 왜 얼마 되지도 않아 사라졌을까요?

최완규 학과의 정체성이 명확하지 않았거나 취업 문제와도 직접적인 관련이 있을 수 있겠고, 남북관계의 부침과도 연관이 크죠. 남북관계가 정체되고 대결 국면으로 가면서 일종의 메리트가 사라졌어요.

이나영 북한학과가 처음 생길 때는 남북관계 분위기가 좋았죠?

최완규 그렇죠. 탈냉전 이후에 남북관계에 변화가 생겼고 2000년 남북정상회담에서 6.15 남북공동선언이 나오자 주목을 받기 시작했습니다. 그러나 이후에 남북관계가 정체되면서 북한학과가 하나둘씩 폐지되기 시작했고 지금은 사실상 동국대에만 남아있죠. 하지만 대학에서 학과를 통폐합하는 것이 옳으냐하는 문제와는 별개로 저는 북한학이라는 말 자체가 학문체계상 적실성이 있는지 검토해 볼 필요는 있다고 생각합니다.

오주연 아무래도 북한학을 전공했다고 하면 북한학은 뭘 하는 학문인지, 북한학을 학문이라고 할 수 있는지 그런 질문을 많이 받게 됩니다. 어떠세요. 교수님은 스스로를 북한학자라고 생각하시나요?

최완규 북한'연구자'죠. 보통 학문체계상 분류를 할 때는 독자적인 연구 대상, 공유하는 연구영역, 그리고 연구하는 사람들이 동의하는 일종의 스코프^{scope}가 있어야 합니다. 그리고 학자 집단 간에 공유할 수 있는 이론적 자원이나 개념이 있는지도 중요하죠. 예를 들어 어떤 개념체계를 들었을 때 A라는 사람과 B라는 사람이 대략 비슷한 의미로 이해해야 합니다. 하지만 북한학은 아직 그런 정도의 학문체계를 세우지 못한 것 같습니다. 학문으로 인정받을 수 있는 독자적인 몇 가지 중요한 기준을 따져 볼 때, 과연 북한학이 거기에 부합하느냐 반문해 볼 필요가 있습니다.

우리가 북한 정치를 연구한다고 하면 정치학의 이론 배경을 가지고 북한 정치를 연구하는 것이지, 북한학의 이론 배경으로 북한 정치를 연구하는 건 아니잖아요. 북한 경제의 독특성을 인정한다고 하더라도 북한 경제를 전공하는 데는 상당한 수준의 경제학적 이론 배경이 있어야 합니다. 더 나아가서 '북한학 박사'라는 게 뭘까요? 그냥 '정치학 박사 북한 정치 전공' 이것이 더 정확한 표현 아닐까요? 그런 의미에서 학문의 분류체계로 북한학을 보면 다소 애매모호한 논쟁적 성격을 띠고 있음을 부인할 수 없죠.

이나영 그래도 북한학을 일종의 지역연구로는 볼 수 있지 않을까요?

최완규 그렇죠. 이렇게 이야기하다 보면 북한학을 지역연구로 볼 수 있느냐는 질문에 직면합니다. 지역학은 어느 지역을 하나의 완전한 국가의 틀 안에서 보는 건데, 아무리 현재 북한을 하나의 국가로 본다 해도 북한학을 지역학으로 규정하는 것은 민족 분단의 특수성을 무시하는 처사일 수 있습니다. 남북기본합의서에서 남북은 나라와 나라 사이의 관계가 아니라 통일을 지향하는 과정에서 형성되는 잠정적 특수한 관계라고 규정하지 않았습니까? 하지만 남북한 양쪽 모두 여건이 허락한다면 자신이 주도하는 방식의 통일을 성취하려고 하고 있죠. 남북한 모두 온전한 주권국가라기보다 불완전한 주권국가이기 때문에 발생하는 이 현상은 어찌 보면 자연스러운 일입니다.

따라서 북한연구를 지역연구라고 규정하기보다 세부적으로 북한 정치 연구, 북한 경제 연구, 북한 사회 연구, 북한 문화 연구, 북한 음악 연구 등으로 부르는 게 더 적절한 표현이 아닌가 생각합니다. 이런 맥락이라면 정치학이나 경제학을 학부에서 전공하고 해당 학과의 대학원에서 북한을 연구하는 게 더 맞겠죠.

이나영 민족 문제, 통일 문제를 걷어낼 수 없다면 북한학을 지역연구로 부르기 힘들겠네요.

최완규 민족정서, 국민정서라고 할까. 지역연구로 분류하면 독립적인 다른 국가라는 의미로 받아들일 수도 있으니까요. 그리고 지역연구, 지역학은 주로 국가의 여러 영역, 지리, 문화 같은 분야를 종합적으로 접근해서 지역에 대해 연구하는 것이기 때문에 학제 간 연구가 필수적이지요.

이나영 그 맥락에서 보면 북한학도 사실 지역학이네요.

최완규 조금은 아쉽지만 북한 지역연구, 그러니 더욱 북한학보다는 북한연구라 부르는 게 맞다 생각합니다.

이나영 그러면 저와 같은 북한학 박사들은 어떻게 되는 걸까요?

최완규 이나영 박사는 전공이 뭐죠?

이나영 저는 북한대학원대학교의 전공 분류로 말하자면 사회문화언론 전공입니다.

최완규 그러니까 북한 사회 전공이라 할 수 있고 이나영 박사는 사회학 박사가 맞는 것이지요. (웃음)

이나영 그렇지만 엄밀히 말하자면 전 사회학자라 할 수는 없잖아요.

최완규 그래서 북한학은 정체성이 굉장히 모호하고 한국에서만 존재하는 분야라는 거죠. 다른 나라에 가서 북한학자라고 이야기하면 아마 고개를 갸우뚱하지 않을까 싶습니다.

북한을 타자화하는 것을 넘어서서

오주연 저는 통일에 찬성하지 않는 사람도 북한을 연구할 수 있다고 생각하거든요.

최완규 그건 당연한 거예요.

오주연 그럼에도 북한연구를 하려는 사람들을 보면 대개 통일에 찬성하고 통일을 바라는 마음을 갖고 있는 분들이 많아서 북한학이 민족 문제에서 자유롭지 않다는 느낌이 들어요.

최완규 대학원에서 학생들 면접을 볼 때 민족 문제를 이야기하는 학생들이 있으면 '철딱서니 없는 이들이 많다'는 걱정이 들면서도 한편으로는 기분이 좋아요. 세속적인 의미에서 좋은 분야, 장래가 분명하게 보장되는 연구영역이 있지 않습니까? 그런데 그런 분야를 제쳐두고 민족 문제에 대한 진지한 고민 끝에 아직 장래가 불투명한 분야인 북한 공부를 위해서 대학원에 지원한 학생들을 보면서 우리 사회에 아직 희망이 있다는 생각을 많이 했었습니다.

오주연 아무래도 민족 문제에 관심 갖는 사람들이 북한연구를 이어가는 경향이 있네요?

최완규 그 외에도 다수나 주류의 생각이 아닌 마이너리티^{minority}적 감각을 가진 사람들이 주로 학교에 오죠. 저는 거기서 '희망이 있구나'라고 생각했고요. 신입생 오리엔테이션에 가서 학생들의 5분 스피치를 들을 때면 아직도 기발하게 별난 생각과 고민을 하는 사람들이 의외로 많이 있구나 생각했습니다. 그래서 신입생 오리엔테이션마다 그럼 만남에 행복했습니다.

이나영 북한대학원대학교에 진학하는 사람들은 주로 어떤 분야의 사람들일까요. 학교에 있다 보니 시기에 따라 입학 경향이 달라진다는 인상을 받았습니다.

최완규 전업 학생들은 주로 민족 문제에 대한 생각, 시대적 상황, 나아가 지역의 정치문화적 특성 같은 것들의 영향을 받았던 것 같아요. 또 주로 사회에서 이미 직업을 가진 분들이 업무와 유관해서 혹은 자기 업무 영역을 확장하거나 전문성을 보강하기 위해 오는 경우가 있죠. 언론계, 법조계, 관계부처 공무원이나 군 안보 계통, 남북한 경제협력에 관심 있는 기업의 종사자들이 많았습니다.

오주연 확실히 실무 분야의 사람들이 북한학에 관심을 많이 갖는 것 같네요. 교수님께서는 앞으로 북한연구가 사회적으로 어떤 역할을 해야 한다고 생각하세요?

최완규 남북관계의 최종 목표가 통일일 수도 있지만 평화체제를 제도화해서 사실상 2국가 체제로 가는, 평화 번영의 형태일 수도 있겠죠. 그러려면 상대방을 알아야 하니까 북한연구의 중요성이라는 건 재론의 여지가 없습니다. 통일이든 평화체제든 관계를 구축하기 위해서는 서로 뭘 알아야 할 거 아니에요. 알아야 이해가 되고, 이해가 돼야 소통이 되면서 관계를 좋게 형성할 수 있겠죠. 이건 개인의 경우도 마찬가지 아닙니까. 그런데 정부의 성향과 관계없이 대개 지금까지의 대북정책은 북한의 타자성을 인정하지 않는 방식이었다고 봅니다. 우리의 틀, 우리의 마음으로만 상대방을 포섭하려고 한다 할까요. 개인도 나의 언어로만 상대방과 대화하려고 하면 소통이 안 되고 이해도 어렵습니다. 어쨌든 상대의 입장에서, 타자의 시선으로 볼 때 더 잘 보일 수도 있다는 것이죠.

북한연구는 순수학문만은 아니니까 그동안 그럴 수밖에 없었던 측면을 고려한다 해도 북한의 타자성을 인정하지 않는 한, 정책의 대상인 북한을 제대로 이해하기 어렵죠. 레비나스[11]가 말하는 타자성의 개념(외재성과 무한성)을 기준으로 보자면 이런 경향은 일종의 폭력일 수 있죠. 나의 개념 틀, 나의 언어로 상대방을 전유하려고 하면 그 순간 상대방은 없어져 버리고 맙니다. 이는 극복해야 하는 문제입니다. 예를 들어 남한 정부와 지방정부 및 대북지원 단체들은 DMZ 생명평화지대화, 남북보건의료협력, 개성공단(재개)사업 등을 지속적으로 제안하고 있습

---

11) 에마뉘엘 레비나스(Emmanuel Levinas). 리투아니아 출신 프랑스 철학자로 서구 철학의 전통적 존재론을 비판하며 타자에 대한 윤리적 책임을 강조하는 윤리설을 주창했다.

니다. 하지만 북한은 이것보다 다른 사안이 더 중요하고 그것이 선행되어야 한다고 강조하고 있어요. 상대방 뜻은 외면하고 우리 얘기만 하고 있는 꼴입니다. 이런 사업의 주 대상이 누구입니까. 북한인가요, 남한인가요? 냉정하게 보면 남한 사회인 거고 일종의 국내정치게임을 하고 있는 셈이죠. 그렇다면 타자성을 인정한다는 것이 상대방을 지지하는 것이냐, 그건 아닙니다. 타자성을 인정하는 것이 마치 북한 체제를 지지하는 것과 동일한 것처럼 간주하고 비난하는 일들도 다반사였습니다.

오주연 북한연구를 한다는 것은 어떻게 보면 북한을 타자화시키는 것을 극복해 가는 일련의 과정일 수도 있겠네요.

최완규 북한을 제대로 이해하기 위해서는 일단 그들의 시선으로 북한 사회를 들여다봐야 합니다. 그들의 마음속을 헤아려 볼 필요가 있죠. 2019년 4월 27일에 판문점 선언 1주년 기념행사 참석을 위해 판문점에 갔었어요. 원래 정부는 1주년 행사를 남북이 같이 하자고 제안했는데 하노이 북미회담 결렬 여파로 북한이 거절했죠. 그날 판문점에서는 세계적인 음악가들이 연주를 하고 화려한 LED 조명예술까지 동원됐습니다. 하지만 그 와중에 경계선 북쪽의 판문각은 침묵을 넘어선 적막 그 자체였습니다. 문득 판문각 안에서 이 행사를 바라보는 북측 사람들의 마음은 어떨까 그런 생각이 들었습니다. 우리가 저 사람들의 마음을 조금이라도 헤아리며 이 행사를 여는 건가. 사실 이 모든 행사의 청중은 북한이 아니라 남한이 아닌가 해서 마음이 착잡했습니다. 북한의 시선을 전제해 보자는 것은 이런 태도를 갖자는 것입니다.

북한학의 변화와 미래

<u>오주연</u> 북한연구는 지금도 발전하고 있다고 생각하세요?

<u>최완규</u> 그럼요. 많이 좋아졌죠. 분야와 방법이 다양해졌고요. 주제 측면에서도 과거에는 생각지도 못했던 분야까지 다루면서 세분화되었죠. 1950년대, 1960년대에는 북한연구라고 하면 북한 정치, 군사 연구만 있었지 다른 분야의 연구는 찾아보기 어려웠어요. 연구의 목적도 주로 정치적이나 정책적인 필요에 의한 홍보성 연구가 많았습니다. 그러나 지금은 순수학문적인 차원의 북한연구도 많아졌고 연구자의 수도 이전에 비하면 크게 늘어났습니다.

<u>오주연</u> 하지만 북한을 연구하는 이유를 살펴보면 북한에 대한 관심보다는 자신의 전공에서 더 이상 주제가 없다고 할까요. 그래서 북한으로 눈을 돌리는 사람도 있다는 느낌도 듭니다.

<u>최완규</u> 그런 느낌도 있죠. 그리고 학계뿐 아니라 최근에 국제 펀드나 투자 자문회사, 법률회사나 이런 데서 북한에 대해 관심을 많이 갖죠. 앞

으로 북한이 개방을 하면 북한에 진출하려고 미리 대비를 하는 거죠.

이나영 다른 분야에서 북한연구가 활성화되는 것도 정치적 목적과 또 다른 방식의 시대적 산물이네요.

최완규 이런 현상은 어떻게 보면 북한학이 발전한다기보다는 각 분야에서 전공 영역을 다양화하는 것이라고 볼 수 있겠죠. 이전에는 특정한 국내정치적 목적이나 정책 차원에서 연구를 했다면 지금은 순수한 연구대상으로 북한을 바라보는 북한연구가 의미를 갖기 시작했다고도 볼 수 있고요.

이나영 학문적으로 발전하는 것과는 별개로 북한연구의 역할은 북한 관련 현안이 발생했을 때 미디어나 뉴스에 북한을 연구하는 교수님들 혹은 연구자들이 출연해서 북한 행보에 관한 전망과 예측을 하는 데 그치고 있는 것 같기도 해요.

최완규 내가 늘 농담으로 북한전문가는 북한에 대해 '전문적으로' 틀리는 사람이라고 얘기합니다. (웃음) 물론 자조적인 표현입니다만. 북한에 대한 정보가 차단되어 있고, 현장 연구나 인터뷰도 어려운 마당에 어떻게 북한에 대해 잘 알 수 있겠습니까.

이나영 결국은 북한을 이런 식으로 소비하는 미디어의 행태에서 비롯된 문제라 볼 수 있을까요?

최완규 물론 연구자의 연구가 부족하거나 고민을 덜 해서 혹은 사실 확인이 미비해서 틀리는 경우도 적지 않습니다. 하지만 본질적으로는 정보 접근에 대한 한계에서 오는 문제도 없지 않죠.

오주연 북한학의 미래를 생각하면 북한을 볼 수 있는 경로가 더 많아져야 할 것 같아요. 그런 점도 아쉽지만 저는 북한을 연구하는 젊은 연구자들이 설 자리가 많지 않다는 점도 북한학의 발전과 직결된 문제이지 않나 싶어요.

최완규 요즘 젊은 연구자들의 연구를 보면 깜짝 놀랄 만큼 자료, 이론 틀, 주제 등 다방면으로 칭찬할 만한 좋은 논문들이 많습니다. 그런데 아까 언급한 여러 가지 상황적 한계들 때문에 북한연구 수요나 연구자의 수가 눈에 띄게 줄어들었습니다. 남북관계가 정체되면 북한 공부를 한 사람들이 갈 만한 자리를 만드는 기업 같은 곳에서 전혀 움직이지 않으니까요. 북한연구자들이 상대적으로 비교 우위를 가질 수 있는 직업상 전문 분야가 없는 거죠. 지금 당장이 급한데 불확실한 미래를 위해서 투자를 하는 사람도 별로 없고요. 당장 필요할 때 급조하기만 하지 미래 남북관계나 북한의 변화를 고려해서 길게 보지 않는 점은 아쉽습니다. 사실 통일, 북한과 관련된 연구소들, 준 정부기관 혹은 정부기관에는 돈과 인력 자원이 있지만 정책 수요에 맞는 연구를 위주로 하기 때문에 긴 안목을 갖고 순수 학문 측면에서 접근하는 연구는 많이 부족합니다.

이나영 기관이나 연구소에 속하게 되면 연구자들도 자신이 하고 싶은 연구보다는 할당된 목표에 허덕여서 좋은 연구를 못하는 것 같아요.

최완규 저도 지난 40여 년간 국제정치나 권력 정치의 틀에서만 남북관계나 북한을 연구하면서 동어반복의 우를 반복해왔다는 자괴감이 많이 들었습니다. 정년퇴직 후 우연한 기회에 인류학과 지리학 전공 교수들을 만나면서 경계 연구에 관심을 갖게 되었고 그 분야의 연구 성과를 남북관계 연구에 적용해 봐야겠다고 생각했죠. 그렇게 해서 지금 제가 몸담고 있는 신한대학교 탈분단경계문화연구원을 설립하게 되었습니다. 그런데 대학 연구소라는 게 인력이나 연구기금이 별로 없으니까 중앙정부나 지방정부의 지원을 받아 국제학술회의 등을 진행하다 보니 아직 성과가 만족스럽지는 않죠. 가장 아쉬운 건 긴 호흡에서 정권 변화에 휘둘리지 않는 남북관계와 북한연구의 지속적인 기반을 만드는 데 미흡하다는 겁니다.

오주연 계속 정치학적 관점에서 북한연구를 하시다가 인류학이나 지리학의 틀로 북한을 연구하는 것이 쉽지는 않았을 것 같습니다.

최완규 정치학자로서 북한을 연구하는 것의 한계를 느끼면서 시작한 일종의 돌파구인 셈이죠. 물론 제가 비교정치학을 전공한 정치학자이니 경계연구를 인류학자나 지리학자처럼 할 수는 없죠. 하지만 그분들의 도움을 받으면서 경계연구의 틀에서 DMZ를 보고 있습니다. 또 인류학자인 마르셀 모스의 증여선물이론 틀로 대북지원이나 남북한 교류 협력 사업을 조명해 보았는데 새롭게 배운 것도 많고요. 아일랜드 평화 프로세스[12]나 경계 문제도 독일 사례에서 볼 수 없었던 것이 많아 굉장히 흥미로워요. 이런 문제의식을 가지고 연구소를 세웠기 때문에 인류학자 세 분을 모시고 시작했습니다. 북한 전공 학자들은 충원하지 않고 인류학자만 충원해서 북한연구자들에게 적잖은 질책도 받았죠. (웃음) 인류학의 연구 성과를 바탕으로 남북관계를 새롭게 바라보자는 문제의식을 갖고 시작했으니까 저는 그저 뒷받침하는 역할을 주로 하고 있습니다.

이나영 판을 벌려주는 좋은 선배님이신 거죠.

오주연 오랫동안 북한을 연구하고 가르치셨습니다. 앞으로도 북한연구를 계속할 후배 연구자들에게 해주고 싶은 말씀이 있다면요?

최완규 확실한 문제의식을 갖고 치열하게, 열심히, 성실하게 연구하는 것 외에 다른 길이 없습니다. 열심히 한다는 건 발로 뛰는 것이죠. 예를 들어 음반 수집광들은 음반을 많이 가진 사람이면서도 비용을 따지기보다는 음반 관련 정보에 귀 기울이면서 좋은 음반이 있는 곳은 어디라도 마다하지 않고 발로 뛰면서 수집하지 않습니까? 좋은 오디오 기기는

---

12) 아일랜드공화국과 북아일랜드의 종교/민족 간 갈등을 평화관계로 전환하는 평화 프로세스는 북한연구를 평화연구로 확장하고 남북관계를 평화체제로 전환하고자 하는 방향에 많은 함의를 준다.

돈만 있으면 손에 넣을 수 있지만 좋은 음반은 자신이 노력하지 않으면 수집이 어려워요. 유용한 1차 자료는 결국 발품을 많이 판 사람이 얻는 것 아닐까요?

북한연구 분야는 그동안 제대로 된 연구가 나오지 않는 주된 이유를 1차 자료의 한계에서 찾곤 했었습니다. 그런데 지금은 과거와 달리 자료 탓만은 할 수 없을 만큼 1차 자료가 많이 나오고 있어요. 때로는 여러 자료 분석 기법을 동원해서 2차 자료에서도 1차 자료 수준급의 자료를 재생산할 수도 있게 되었습니다. 연구에 왕도나 지름길 같은 건 없어요. 얼마만큼 치열하게 노력했느냐, 시간을 투자했느냐에 따라 달라집니다. 당연히 북한연구에도 왕도는 없습니다.

북한학의 역할을 묻다

박순성

1957년에 태어났다. 서울대학교 경제학과를 졸업하고 프랑스 파리 10대학에서 경제학 박사 학위를 받은 후 통일연구원 부연구위원을 거쳐 현재까지 동국대학교 북한학과 교수로 재직 중이다.

주요 저서 및 연구

〈북한 경제와 체제변화〉,《국제정치논총》, 36(2), 1997.

《북한 경제와 한반도 통일》, 풀빛, 2003.

《북한의 일상생활세계》(공저), 한울, 2010.

〈한반도 분단현실에 대한 두 개의 접근: 분단체제론과 분단/탈분단의 행위자-네트워크이론〉,《경제와 사회》, 94, 2012.

〈한반도-동북아 안보 위기와 시민사회 평화운동〉,《북한학연구》, 13(2), 2017.

〈1960~70년대 남북한의 체제경쟁과 북한의 경제성장전략〉,《북한학연구》, 15(2), 2019.

야노쉬 코르나이,《사회주의 체제의 정치경제학》1,2 (공역), 나남출판, 2019.

그 외 다수.

박순성 교수는 경제학자로 북한의 경제체제, 남북경협 등을 연구하면서
도 북한 인권, 동북아 안보, 한반도 평화체제 등 남북관계와 관련된 다양한 영
역을 연구 주제로 다룬다. 동시에 북한학이 분단체제 속의 일상적 측면을 드
러낼 수 있도록 여러 접근법과 방법론을 시도하기도 한다. 활발한 연구 활동
과 더불어 여러 시민단체 활동과 정당 활동에 참여해 필요에 따라 목소리를
내 왔고, 사람을 길러 내야 할 때는 묵묵히 뒷받침해 왔다. 이러한 다방면에
걸친 그의 실천은 개인적인 신념과 더불어 민주화 이후 시민사회 영역이 확장
되고 2000년대 남북교류가 활성화되는 시대적인 배경과도 맞물려 있다.

박순성 교수는 〈북한 경제와 경제이론〉(2002)에서 1990년대부터 한국
사회에서 북한 경제 연구가 활성화된 것은 고난의 행군으로 알려진 북한의 경
제난과 이로부터 점증하게 된 통일 준비에 대한 실천적 관심에서부터였다고
말한다. 이러한 실천적 관심은 북한 경제에 대한 올바른 이해를 필요로 한다.
박순성 교수 본인도 1990년대 중반부터〈북한 경제와 체제변화〉(1997),〈북
한의 경제이론과 경제체제 변화〉(1999) 등의 논문을 통해 북한 경제체제와
그 변화를 연구해 왔다.

북한 경제를 연구대상으로 이해하기 위해서는 이데올로기와 정책 지향
으로부터 자유로운 상태에서 학문과 과학만을 기반으로 삼아야 하지만 앞의
최완규 원장과 마찬가지로 박순성 교수는 이 한계를 인지하고 있었다. 사실
분석과 가치판단, 그리고 학문적 연구와 이데올로기적 쟁투는 서로 얽혀 있어

이를 명확히 구분해 내는 것이 쉽지 않음을, 그래서 다른 연구자들의 연구를 읽고 협업할 것을 강조한다. 그는 경제학자임에도 불구하고 자료와 통계에 기반해 분석하거나 미래를 예측하기보다는 하나의 사실에 대해 이론마다 다양한 측면에서 설명할 수 있다는 것을 인정하며 다양한 시각과 접근법을 중요하게 여긴다.

2000년대로 넘어가면서 북한 경제뿐 아니라 남북교류협력 및 경제협력, 북한 인권 문제, 북핵 문제, 안보 위기, 평화운동 등으로 연구 주제를 넓혀왔다. 북한 경제에 닿아 있던 실천적 관심이 분단체제를 평화체제로 전환하는데 필요한 여러 영역으로 확장되었다고도 볼 수 있을 것이다.

그는 북한이 당면한 혹은 남북이 당면한 여러 문제를 해결하기 위해서는 분단체제를 평화체제로 전환하는 것이 필요하다고 지속적으로 주장한다. 〈북한 인권 문제와 한반도 분단체제〉(2014)에서는 적대적, 경쟁적으로 작동하는 분단체제가 북한의 전체주의적 체제, 인권에 취약한 상황을 합리화할 수 있는 논리나 근거로 작동하고 있다고 말한다. 핵 문제에 대해서도 마찬가지다. 〈북한의 핵실험과 남한의 남북경협정책〉(2006)에서는 거대담론과 정부 간 논의에만 머무르는 남북관계를 지양하고 연속성에 초점을 맞춘 체계화되고 구체화된 남북경제협력 구상이 필요하다고 말한다. 그리고 이를 위해서는 민관이 협력할 수 있는 제도적 시민사회의 역할이 필수적이다. 그는 다른 연구와 글을 통해서도 시민사회 역할을 지속적으로 강조해 왔다. 〈한반도-동북아 안보 위기와 시민사회 평화운동〉(2017)에서는 지구시민사회의 평화운동이 국가행위자들이나 경제행위자들을 통해서는 실현될 수 없는 평화체제의 유일한 희망이라고 말한다.

박순성 교수는 현재 북한학 학부부터 석사, 박사 과정까지 있는 유일한 학교인 동국대학교 북한학과에 재직 중이다. 그는 동국대학교의 연구팀과 함께 북한학의 연구방법과 접근법도 끊임없이 발전시켜 왔다. 거대담론을 넘어서 북한 사람에 초점을 맞춰 북한 사회를 미시적으로 바라보는 일상연구방법론이나 분단체제론의 성과를 수용하면서도 한계를 극복하기 위한 행위자−네트워크 이론을 북한연구에 도입하기도 했다. 북한학과 교수지만 북한학을 명확하게 규정하거나 억지로 범주화하지는 않는다. 북한학이 현재 한반도 상황에 필요한 학문임을 인정하면서도 유연함을 가지고 북한학을 바라본다.

분단 사회의 한계를 이해하면서도 가능성을 끊임없이 찾고 실천하려는 박순성 교수의 모습에서 장 폴 사르트르가 언급한 '사회의 산물로서의 지식인'의 실천을 보았다. 그래서인지 인터뷰를 마치고 나가는 그의 어깨에 걸쳐진 '르몽드 디플로마티크' 에코백이 기억에 남았다. 우리는 박순성 교수와의 인터뷰를 통해 실천적 지식으로서 북한학이 해야 하는 역할과 실천적 지식인으로서 북한학자가 갖춰야 하는 태도와 실력이 무엇인지 고민할 수 있었다.

북한학은 지역학인가

오주연 북한학은 어떤 학문이라고 이야기할 수 있을까요?

박순성 역으로 물어보죠. 북한학계에서 비교적 비판적 의식을 가진 분들이 주로 어떤 점에서 북한학을 비판하시죠?

이나영 주로 학문의 체계가 있는지 많이 묻는 것 같아요. 자체적으로 보편적인 이론을 생산해내는 것이 약하다, 고유한 방법론이 없고 공통된 연구대상이 있다고 얘기하기 어렵다, 이런 이야기를 많이 하는 것 같습니다.

박순성 북한학도 있지만 일본학이나 미국학이라는 말도 있죠. 이렇게 특정 지역을 학문으로 이름 매기는 건 어디에서 시작했을까요? 주로 유럽과 미국에서 시작했잖아요. 이런 학문을 뭐라고 부르죠?

오주연 지역학이라고 하죠.

박순성 그렇죠. 그럼 지역학이 갖고 있는 특성과 한계가 뭘까 이런 생각을 해 보면 북한학의 특성과 한계도 나오고 북한학의 정체성에 대해서도 이야기해 볼 수 있지 않을까요?

오주연 그런데 교수님, 지역학을 보면 연구대상이 되는 지역과 연구자가 어느 정도 분리되어 있다는 느낌이 드는데요. 한국에서 북한학은 북한을 연구하는 연구자와 북한이 밀접하게 연결되어 있다는 생각이 들어요. 예를 들어 '민족 문제', '특수한 관계' 이런 관계성을 지니고 북한을 보는 연구자들이 있잖아요. 그러다 보니 우리가 객관적인 관찰자가 될 수 있을지 의문이 들기도 해요.

박순성 맞아요. 그런 점이 있죠. 이나영 박사는 어떻게 생각하죠?

이나영 대학원에 다닐 때 교수님으로부터 '북한학을 지역학이라고 할 수 있을까요?'라는 질문을 받았던 기억이 나요. 그때 설명을 듣고 북한학은 지역학일 수 있겠다고 나름 생각이 잡혔던 것 같아요. 사실 저는 통일 운동의 관점에서 북한학을 시작했기 때문에 민족 문제가 중요하다고 생각했었는데, 객관적인 관점에서 북한을 지역으로 볼 수 있다고 생각하니까 기존의 프레임이 깨지더라고요. 그래서 지금은 북한을 국가로 보든 지역으로 보든 우리의 일방적인 시각이 아니라 정치, 사회, 문화 여러 관점에서 북한을 다각도로 보려고 노력합니다.

박순성 두 사람이 말한 것처럼 북한학을 지역학으로만 보면 부족함이 있다는 의견과 북한학을 지역학으로 볼 때 좀 더 객관적으로 볼 수 있다는 의견이 공존하는 것 같아요.

여기서 지역학이 무엇인가를 정리할 필요가 있는데요. 사실 지역학은 제국주의 시대의 유럽이나 냉전기의 미국 등 강대국이 어떤 국가를 대상화하고 정책의 수단으로 이용하면서 시작되었잖아요. 그런 관점에서 보면 북한학은 전통적으로 그런 경향을 가지고 있었죠. 1969년 국토통일원이 북한을 종합적으로 연구해서 남한에 필요한 정책을 제시하는 걸 목표로 출범했어요. 그런데 1980년대에 들어서 북한학을 이런 관점의 지역학으로 접근하면 안 된다는 비판적 관점들이 나와요. 북한에 대한 내재적 접근이 필요하다거나 오리엔탈리즘을 극복해야 한다는 이야기가 나오기 시작했죠.

오주연 그게 북한바로알기운동이죠?

박순성 맞아요. 북한바로알기운동이 등장하면서 북한을 대상화하지 말고 주체화하자는 이야기를 했죠. 그러면서 기존과는 정반대의 관점을 가진 지역학을 말하기 시작합니다. 민족 문제의 입장에서 통일 지향, 분단 극복의 관점으로 북한학을 하다 보니까 우리의 가치관으로 북한을 너무 포섭하려고 하고 우리 자신의 시각에 갇히는 문제가 생겼죠. 이때부터는 오히려 북한을 객관적으로 보자는 의미에서 지역학이라고 하면 좋지 않겠는가라고 생각하는 사람들이 나오기 시작했어요.

이나영 그럼 여기서 말하는 지역학은 제국주의 시기나 냉전 시기에 나온 지역학과는 다른 관점이겠네요.

박순성 그렇죠. 제국주의에서 출발한 지역학이 아니라 북한을 대상화하지 말고 객관적으로 바라보자는 측면의 지역학이죠. 그런 차원에서 보면 고전적인 지역학이나 정책학으로부터 자유로워지려고 하는 대체로 30-40대 정도의 연구자들이 두 사람이 말한 의견의 좋은 점을 묶어서 북한학을 하려고 하는 것 같아요. 북한학이 존재 가능할까라고 하는 질문 자체도 의미가 있지만 어쨌든 북한학이라고 하는 것이 현실적으로 필요하잖아요. 좋은 '북한연구'는 우리에게 굉장히 중요한 과제거든요. '북한 문제'라고 하지만 한반도 문제가 또 우리의 문제잖아요. 우리 사회를 제대로 보기 위해서 북한을 제대로 보는 것이 중요하다면, 북한을 알고 북한을 공부하는 것은 너무 중요하죠.

오주연 그래도 여전히 북한학만의 방법론이나 이론 틀이 없다는 비판은 유효하지 않나요?

박순성 그렇기도 하지만 오리엔탈리즘을 극복하자 이런 주장도 지역학의 한계를 인정하고 비판하면서 나온 거잖아요. 마찬가지로 북한연구를 깊이 하다보면 자기 성찰을 하면서 남한 사회를 보는 시각이 재정립되는 측면이 있죠. 또 지금은 많이 약화되긴 했지만 북한의 사회주의 경제를 분석하려면 자본주의 경제와 같이 비교하는 보편적 틀을 만들 수밖에 없거든요. 재산 관계가 어떻게 되느냐, 조정기구가 어떻게 되느냐와 같은 틀은 사회주의 체제를 분석하기 위해 사용하지만 자본주의 체제에도 그대로 적용되죠. 북한학의 역할을 이런 정도의 시각에서 바라보자고도 할 수 있어요. 즉, 북한을 대상으로 하지만 우리 정책의 대상으로 수단화하지 말고, 북한 내부의 논리를 보면서도 우리의 논리도 바라보는 거죠. 동시에 민족 문제나 분단 문제에 대해서 올바른 이해를 하다 보면 과거에 안보 중심 혹은 정치 중심적인 태도에서 벗어나서 북한을 다양성이 있는 사회로 볼 수 있겠죠. 그렇게 폭넓게 북한을 보기 시작하면 우리가 어떤 인간인지 우리 사회가 어떤 사회인지도 알게 되겠죠.

오주연 북한학을 공부하는 것에 그런 효용이 있다면 동국대 북한학과를 다니는 친구들은 자연스럽게 그런 연습을 하게 되나요?

박순성 그건 잘 모르겠네요. (웃음) 왜냐하면 지금은 제가 약간 긴장한 상태에서 이야기를 하니까 이렇게 말하지만 막상 수업 시간에서 이런 관점을 전반적으로 끌고 가는 건 어려운 일입니다. 첫 수업 시간에 오리엔테이션을 할 때는 이런 이야기를 하지만 막상 수업을 하다 보면 세부적인 데 빠져들잖아요. (웃음) 수업을 하면서 계속 긴장감을 갖고 기본적인 문제의식 혹은 관점을 유지하는 건 쉽지 않아요. 선생님이 잘 가르쳐야 학생들이 잘 배울 텐데 말이죠. 그리고 학생들도 요즘 여러 가지 일에 쫓기잖아요?

오주연 그렇죠. 학생들도 여유가 많지 않으니까요.

박순성 학생들이 어마어마하게 쫓기고 있는 상태여서 여유를 가지고 수업을 성찰적으로 대면하지 못하죠. 학점이라든지, 리포트라든지, 발표라든지 이런 것에 계속 신경을 써야 하고 때로는 학점 때문에 억지로 수업을 듣기도 하고요. 그래도 비교적 북한학과 학생들은 학술 동맹, 독서 모임, 토론 수업들을 통해서 그런 관점을 가지려고 노력하는 것 같아요. 제가 북한학과 학생들 '자랑'을 두 가지 정도 하자면, 최근 한 4-5년 동안의 북한학과는 여학생들 비중이 좀 높았어요. 그런데 여학생들이 나름대로 페미니즘과 북한, 페미니즘과 통일 이런 식으로 분단 현실과 페미니즘을 엮어서 공부를 많이 하고 있어요. 그리고 통일 문제와 북한 문제를 다른 관점에서 보기 위해 학생들이 자체적으로 학술 동맹을 만들어서 운영하기도 하고요.

동국대 북한학과를 지키는 사람들

이나영 대단하네요. 대체로 북한학과는 어떤 학생들이 오나요?

박순성 지금 북한학과는 정원 외 전형까지 해서 보통 한 학년에 17-18

명 정도 들어오는데 그중에서 한 10명 정도는 수시로 뽑고, 나머지는 정시로 뽑고 있어요. 수시는 학생부 종합평가여서 면접이 약 30% 정도의 비중을 차지하는데 면접을 하면 약간 놀라죠. 다른 학과에 비해서 북한학과에 지원하는 학생들은 고등학생 때부터 북한이나 통일과 관련된 활동을 많이 하더라고요.

이나영 북한학과를 염두에 두고 미리 스펙을 쌓아오는 건가요?

박순성 그런 학생들도 있죠. 출신 지역이 북한과 접해 있는 경기 북부 혹은 강원도이거나 하나원이 있는 안성인 경우도 있고요. 또 근래에 중·고등학교 통일교육을 많이 활성화했잖아요. 학교에서 통일동아리를 경험한 학생들도 있어요. 탈북자를 만나 본 학생들도 있고요. 저는 그런 학생들은 좋게 봐요. 그리고 북한학은 민족 문제인 동시에 사회 문제잖아요. 그러다 보니 사회 문제, 사회 정의 문제, 평등 문제, 인권 문제에 관심을 갖고 관련 활동을 하고 지원한 학생들을 눈여겨 보기도 하고요.

오주연 사실 북한 문제나 통일 문제를 생각해 온 학생들이 들어와야 마음의 준비를 하고 전공 수업을 들을 수 있을 것 같아요. 막상 입학했더니 북한 문헌을 읽으라고 하면 얼마나 놀라겠어요. (웃음) 학생들의 순수하고 열정적인 마음이 보통 4학년까지 가나요?

박순성 더 강화되는 친구들도 있고요. 물론 어떤 친구들은 전과도 하죠. 의외로 타 과에서 복수전공 하러 오는 학생들도 많아요. 북한학과에서 개설한 교양 수업인 '북한의 이해'를 듣고 나서 복수전공을 선택하는 학생들도 있죠. 복수전공만 해도 훌륭하다고 생각합니다.

오주연 북한학과 커리큘럼을 보니까 북한학 입문, 통일학 입문이 따로 있더라고요. 사실 북한학과에는 통일에 대한 마음을 품고 오는 친구들이 많겠지만 사회적으로 통일에 동의하는 여론은 점점 줄어들고 있잖아요. 통일보다는 평화체제나 이웃 국가 관계도 괜찮다고 말하기도 하고요. 사실 제가 그런 편인데요. 이런 흐름 속에서 통일학을 가르친다는 것은 어떤 의미가 있을까요? 어떤 내용으로 어떤 방향으로 학생들과 소통하고 계신지 궁금합니다.

박순성 북한학과의 가장 기초 과목이 북한학 입문, 통일학 입문입니다. 3-4년 전에 제가 학과장을 하면서 커리큘럼을 많이 바꿨어요. 어쨌든 형식적으로는 한쪽은 북한 다른 한쪽은 통일, 이렇게 큰 덩어리로 나누지만 통일 쪽 덩어리를 통일 플러스 평화로 바꿨어요. 그래서 지금은 학생들에게 북한을 잘 아는 것, 한반도의 통일 문제를 잘 아는 것, 한반도의 평화와 인권을 잘 아는 것이 비슷하게 중요하다고 가르쳐요. 그러면서 통일학 입문 수업과 한반도 평화와 인권 수업은 꼭 같이 듣도록 이야기 합니다. 자연스럽게 북한에 대한 이해, 통일에 대한 이해, 평화와 인권에 대한 이해 이렇게 세 축을 갖도록 하는 거죠. 북한학과에 들어왔지만 북한학에 갇히지 않으면서 좀 더 확장되는 경험을 하기도 해요. 북한학으로 시작했지만 평화학으로 가기도 하고요. 개인적으로 북한학과에 들어온 학생들이 개인보다는 사회, 국가나 민족, 혹은 세계 질서에 대한 고민을 갖고 들어왔으니 가능하면 평화, 인권, 국제협력 쪽으로 더 관심을 많이 가지고 활동하면 좋겠다는 이야기를 많이 합니다.

오주연 동국대 북한학과는 2010년에 통폐합 위기가 있었죠. 그전부터 다른 대학의 북한학과는 통폐합되었는데 동국대만 유일하게 살아남았습니다. 그 뒷이야기가 궁금한데요. 먼저 동국대 북한학과는 어떻게 시작했나요?

박순성 동국대 북한학과는 1994년에 정원 40명인 야간대학으로 출범했어요. 당시에 수도권 대학은 학생 증원을 할 수가 없었어요. 북한학과를 설립하자고 다른 전공 학생 수를 줄일 수는 없었기 때문에 야간으로 시작한 거죠. 동국대에서 북한학과를 시작할 수 있었던 기반은 동국대 정치외교학과에 있던 안보연구소[1]입니다. 북한과 안보를 연구하는 교수님들이 계셨기 때문에 그분들이 북한학이나 통일학을 하는 학과를 만드는 게 좋겠다고 학교에 건의하셨어요. 당시 독일 통일이 된 지 얼마 되지 않았기 때문에 그런 분위기도 생겼고요. 교육부 정책이 바뀌면

---

1) 국가 안전 보장 및 통일에 관한 이론의 체계적 연구를 목적으로 1971년 동국대 안보연구소가 설립되었다. 1996년 교내 기존 연구소를 통합하여 '사회과학연구원 안보연구부'로 통합했다가 인문사회과학, 자연과학 등과의 학제 간 교류를 통해 북한연구를 발전시키고 한반도 평화 및 통일에 이바지하기 위해 북한학연구소로 개편했다.

서 야간에서 주간으로 넘어왔고 석사과정, 박사과정까지 만들었죠. 이렇게 동국대 정치외교학과의 자원과 독일 통일이라고 하는 사회적 분위기, 그리고 교육부의 정책이 결합되면서 지금의 동국대 북한학과가 만들어졌습니다.

오주연 1990년대 초반에 동국대 외에도 여러 대학에서 북한학과가 만들어졌지만 차례로 통폐합되거나 사라졌죠?

박순성 맞아요. 2000년대 초반부터 많은 대학들이 구조조정을 해왔죠. 동국대도 그런 분위기 속에서 살펴보니 사회과학대학에서는 북한학과가 가장 눈에 띄는 대상이었던 거죠. 그래서 동국대에서도 학과를 폐과하고 정원을 다른 전공으로 넘기는 방식의 구조조정 계획이 나왔습니다. 그럼에도 북한학과가 계속 유지될 수 있었던 것은 결국 학생들의 의지였다고 봅니다. 처음에 북한학과와 몇 개 학과를 없앤다고 했을 때 북한학과 학생들이 총장실을 점거하고 그랬어요. 고등학생 때부터 북한과 통일 문제에 대해서 고민을 많이 하던 학생들이니까 학과에 대한 애착도 있었죠. 교수들도 거기에 힘을 많이 실어줬고요. 교수들이 TV에 나오기도 하고 활동을 많이 하니까 학교에서 그런 노력을 보기도 했죠. 그때가 이명박 정부 때인데 통일부 차원에서 북한학과 출신들에게 특채 기회를 제공하기도 하고, 통일교육 명목으로 학과를 지원하기도 했어요. 이런 노력 덕분에 동국대 북한학과가 유지될 수 있었습니다.

북한학 하기의 어려움

이나영 대학 구조조정의 이유와는 별도로 북한학과가 학부에 있어야 할 이유가 있을까요?

박순성 솔직히 대학교육 차원에서 보면 학부에 북한학과가 존재하는 것이 적절한가에 대해서 약간 고민은 있어요. 지금 대학을 보면 이전에 독어독문학과, 일어일문학과, 중어중문학과였던 학과가 독일학과, 일본학과, 중국학과로 다 바뀌었어요. 이전에는 어학, 문학 중심이었던 학과들이 지금은 사회과학도 포함하고 심지어는 자연과학이나 관광 분야까지도 포함하죠.

오주연 지역학이 일종의 학과가 됐다고 볼 수 있겠네요?

박순성 그렇죠. 그런데 예를 들어 미국학과에 입학한 학생이 과연 학부 때부터 어떤 공부를 할 수 있을까요. 미국학이라고 하는 특별한 방법론이 있는 것도 아니니까 경제학, 정치학, 사회학과 같은 기초 학문을 학부에서 공부하고 대학원 때부터 심도 있게 하는 게 좋잖아요. 이런 고민도 학술적으로, 학문적으로는 해볼 만한 부분이거든요. 하지만 학과 학생들에게 물어보면 북한 정치, 북한 경제, 북한 사회 이렇게 배우는 것이 오히려 괜찮다고 생각하는 경우가 많아요.

오주연 학생들의 경우는 특정 국가에 집중해서 다양한 주제에 대해 배우는 것이 더 좋게 느껴질 것 같기도 해요.

박순성 개인적으로 석사, 박사 과정까지 계속 공부할 거라면 그래도 이 친구가 경제학 배경을 가지고 있다거나 정치학 배경을 가지고 있으면 좋겠다는 생각을 해요. 그래서 학부 때 학생들에게 대학원에 오려면 경제학, 정치학, 사회학 전공 수업도 들어 두라고 하죠. 물론 학생들이 챙겨 듣기도 하는데 대학원에 오면 잊어버리잖아요. 그러면 대학원에서 다시 공부를 해야 하는데 석사부터는 생활도 유지해야 하니 공부만 할 수 있는 건 아니죠. 그런데 반대로 정치학, 경제학 같은 기초 학문을 하고 온 친구들이 북한학과 석사, 박사 과정에 들어오면 잘하느냐, 그 친구들은 또 북한 문헌을 학부 때 안 읽었기 때문에 부족한 부분이 있죠.

이나영 북한 텍스트를 읽는 데는 북한학과 학생들이 더 연습되어 있을 테니까요.

박순성 그렇죠. 그래서 북한학과를 나온 학생들이 기초 전공을 한 학생들보다 북한에 대한 이야기를 잘 알기는 하지만, 이론적인 역량은 부족합니다. 어떤 게 장점인지는 모르겠지만 그 두 개를 잘 결합하는 고민이 필요하죠. 학교 차원에서도 커리큘럼을 잘 짜야 하지만 공부하는 본인들도 그걸 인식하고 자기 공부를 해 나가야 해요. 그건 계속 숙제일 거에요. 이건 북한학뿐 아니라 다른 지역학도 마찬가지고 기초 전공들도 마찬가지에요. 경제학도 석사과정까지 가게 되면 수학이나 통계학을 더 해야 하는 어려움이 있거든요. 그런데 지역학으로서, 종합학으로서, 학제 간 학문으로서 북한학이 가지고 있는 특별한 어려움은 있는 것 같아요.

오주연 그래도 종합대학이다 보니까 다른 전공 수업을 병행할 수 있으니 그건 동국대 북한학과 학생들에게는 큰 장점일 것 같아요.

박순성 그렇죠. 이론적 기초를 갖추고 싶을 때 다른 학과 전공 수업을 들을 수 있다는 건 엄청난 장점이에요. 그래서 저도 항상 다른 전공 수업을 들으라고 추천하죠. 필요하면 대학원 수업뿐 아니라 학부 수업도 청강할 수 있고요. 청강하겠다고 하면 교수님들이 반대는 안 하니까. 그러나 청강을 하는 것과 실제 학점을 걸고 수업을 듣는 것은……

이나영 마음가짐이 완전 다르죠.

박순성 그렇죠? 좀 다르죠? (웃음) 그런 어려움이 있습니다.

북한학 연구자와 실무자, 그 경계에서

이나영 북한학 석사과정, 박사과정에는 실무 전문가들이 많이 진학하는 것 같아요. 아무래도 북한학은 실용학문 측면이 더 강한 걸까요?

박순성 이번에는 제가 질문을 해볼까요? 이나영 박사는 실무자와 연구자를 어떻게 구분하세요?

이나영 기계적으로 구분하면 실무자는 대북지원이나 교류협력 분야에서 직업을 갖고 계신 분들, 혹은 관계 부처 공무원이나 북한 전문 기자처럼 북한의 정보를 다루고 정책이나 뉴스에 적용하는 사람들 아닐까요? 연구자는 학계, 학교, 연구소 혹은 독립연구자처럼 큰 틀에서 지식 노동을 하는 사람으로 규정할 수 있고요.

박순성 지식 노동을 해서 먹고살자면 노동의 수요가 있어야 할 텐데 북한학의 수요자는 누구인가요?

이나영 아무래도 정부의 비중이 높지 않을까 생각합니다.

박순성 그러면 지식 노동을 해서 먹고사는 전문가들이 결국 해주는 일은 실무와 정책을 하는 사람들에게 도움을 주는 거겠네요?

이나영 전부라고 할 수는 없지만 그 영향이 크지 않을까요.

박순성 그렇지 않고도 먹고사는 사람들이 있나요?

이나영 어려운 질문이네요. 그러게요. 먹고사는 사람들이 있을까요?

박순성 대부분 북한학 공부를 하시는 분들은 직업을 유지한 채로 학위를 받으시죠. 예를 들어 기자가 박사학위를 받기 위해 공부를 하고, 박사가 된 이후에도 실무를 이어서 계속 하면 이분들은 연구자일까요, 실무자일까요? 그리고 통일연구원에 계신 분들은 연구자지만 정책 수립에 기여하죠. 그러면 이때 실무자와 연구자 구분은 어떻게 할까요?

이나영 그렇게 듣고 보니 애초에 연구자와 실무자를 굳이 나눠야 될까 라는 생각도 듭니다. 한 사람에게 여러 직업 정체성이 있을 수도 있으니까요. 어떻게 보면 연구자도 직업이고 실무자도 직업이니까 직업 정체성은 여러 가지일 수도 있겠네요.

박순성 이렇게 연구자와 실무자 사이에 경계가 좀 모호한 특성이 있는데, 이건 북한학의 특징일까요, 아니면 사회과학의 특징일까요? 대부분의 사회과학이 다 그럴까요, 아니면 북한학만 특별히 그럴까요?

이나영 북한학은 실용학문의 측면이 더 많다 보니 다른 사회과학에 비해서는 그런 경향이 조금 높다고 보여지긴 합니다.

박순성 예를 들면 경제학, 정치학, 사회학, 언론학, 심리학, 지리학 혹은 좀 약간 경계선을 넘어서 법학, 경영학까지. 이런 학문들과 비교해 보면 북한학과 통일학은, 뭐 통일학이라고 이름 붙일 수 있을지는 모르겠지만, 실무와 연구의 경계가 좀 모호한 경향이 있다 이렇게는 이야기할 수 있겠네요. 그러면 실무와 연구의 경계가 모호한 것이 장점일까요 아니면 단점일까요?

이나영 저는 사실 장점이라고 보고 싶기는 해요. 학문이라면 그런 장점을 살려야 된다고 믿는 입장이기도 하고요. 지식은 사회에 기여하는 바가 있어야 하니까요.

박순성 그렇죠. 북한과 관련한 실무 전문가들이 이론이 필요하니까 공부를 하는 거겠죠. 그런데 그렇다고 해서 실무를 오래 했다고 논문을 잘 쓰는 건 아니잖아요? 다른 말로 하면 실무하고 연구 사이에 경계선은 분명히 있는 거죠. 좋은 연구자가 좋은 실무 전문가는 아니고 좋은 실무 전문가가 좋은 연구자인 건 아니에요. 사회가 좋은 쪽으로 발전하고 좋은 정책을 펴려면 실무와 연구의 차이를 알면서도 결합할 수 있는 역량이 있어야 하는데 그건 아주 독특한 역량이겠죠.

오주연 그 역량을 둘 다 갖고 있는 사람은 거의 없지 않을까요?

박순성 그러니까 좋은 실무 전문가가 좋은 사회를 만드는 건 아니고 좋은 연구자가 좋은 사회를 만드는 것도 아니에요. 한 사람이 다 잘할 수 없으면 어떻게 해야 할까요. 계속 만나고 계속 토론해야 하잖아요. 그런데 실무를 오래 하신 분들은 연구자들을 약간 경시하고, 연구자들은 또 실무자들을 약간 경시하죠. 연구자들은 실무자들이 북한을 잘 모른다 이렇게 이야기하고 실무자들은 우리가 가지고 있는 정보가 연구자들이 갖고 있는 정보보다 훨씬 좋다 이렇게 이야기하는데요. 사실은 둘 다 맞으면서 둘 다 틀린 이야기죠. 소위 이론과 사실 사이의 관계는 굉장히 변증법적이에요. 이 변증법적인 관계를 인정하면서 연구자가 가진 이론의 한계, 실무자로서의 한계를 인정하는 태도를 가져야 됩니다. 그런데 실무를 많이 하고 학위를 받은 사람은 학위를 받고 나면 실무자들을 무시하고, 연구자가 실무자가 되고 나면 이상하게 정보를 더 많이 알게 되었다고 해서 연구자들을 무시해요. 그만큼 두 영역의 사람들이 소통해서 좋은 길을 찾아내는 일은 힘든 일이죠.

이나영 실무자와 연구자들 사이에 소통이 잘 돼서 정책이나 교류 사업에 반영되었던 사례가 있을까요?

박순성 사람마다 판단은 다르겠지만 제가 그런 시기로 꼽는 것은 김대중 대통령 시기입니다. 사실 김대중 대통령은 젊었을 때부터 정치를 시작했지만 동시에 분석가였고 언론인이었죠. 김대중 대통령이 1970년대 초반에 국회에서 했던 연설을 보면 어떤 정치학자나 국제관계 이론가보다 높은 수준의 이론을 보여줘요. 그러면서도 끊임없이 지식인들과도 토론했죠. 같이 일을 하셨던 임동원 장관도 군인 출신이지만 민간 영역과 북한에 대한 이해가 있었죠. 또 김대중 대통령은 아태재단^{아시아·}태평양평화재단2)을 만들면서 연구자들과 협력을 많이 했어요.

오주연 굉장히 이상적으로 들리네요.

박순성 그렇죠. 그런데 정치적으로 보면 이 시기가 굉장히 힘들었던 시기예요. IMF 외환위기 때문에 경제적으로 어려웠고, 여권이 국민적 지지를 많이 받지도 못했죠. 그럼에도 남북정상회담을 하기 위해 미국과

2) 1994년 김대중 대통령이 한반도 평화통일, 아시아의 민주화, 세계평화의 실현을 3대 목표로 걸고 세운 재단이다. 김대중 대통령은 재단을 세우고 연구자들을 결집해 3단계 통일론, 햇볕정책 등을 제시했다. 또한 국내외 재단 및 인사들과의 교류를 통해 핵 문제를 해결하기 위한 구체적인 방안을 논의하기도 했다.

EU, 동남아시아, 중국을 설득했습니다. 미국과 중국뿐 아니라 북한과 오랫동안 관계를 가지고 있던 동남아시아, 남아메리카, 아프리카의 국가들과도 소통했죠. 유럽에도 북한과 관계를 완전히 끊지 않고 있던 국가들이 있었고, 독일과 같이 통일의 경험이 있는 국가도 있었으니까요. 유럽에는 전통적으로 사민주의 세력이 있는데 김대중 대통령이 세계 사민주의 그룹과도 밀접한 관계를 갖고 있었기 때문에 다른 국가들의 지지를 받을 수 있는 기반이 되기도 했습니다. 김대중 대통령 이후에는 사실 한국이 주도적으로 남북관계를 개선하거나 북한을 설득하는 건 힘들어졌죠. 물론 완전히 실패한 건 아니지만 노무현 정부 초반에는 대북 송금 문제때문에 남북관계가 어그러졌고, 이명박 정부와 박근혜 정부 때는 당시에 남한의 지위가 미국과 중국 사이에서 높아진 상황이었는데 그 시기를 다 놓치고 말았죠. 지금은 미국과 중국이 본격적인 경쟁에 들어가면서 남한은 선택지가 좁아진 상태입니다.

북한학은 정체 상태?

<u>오주연</u> 지금 북한학은 학문적으로도 실무적으로도 정체한 걸까요?

<u>박순성</u> 북한학이 정체한 건지, 북한 사회가 정체한 건지, 북한을 바라

보는 우리 사회의 북한관, 외교 안보관이 정체된 건지 구분하기가 어렵네요. 아니, 이런 것들이 다 같이 작용하겠죠. 그래도 과거와 비교해 보면 20년 전에는 생각할 수도 없었던 방법으로 북한을 바라보고 새로운 영역을 공부하는 사례가 늘고 있습니다. 예를 들면 북한대학원대학교의 미시연구나 동국대가 했던 일상연구나 지금의 혼종사회연구도 그렇죠. 통일연구원도 지역연구, 도시연구 등 다양하게 확대해서 하잖아요. 그런 의미에서 보면 북한학이 최근 한 15년 사이에 방법론 차원과 영역 차원에서 굉장히 확대되어 왔다고 봐요. 그런데 그 확대와 심화에도 불구하고 우리가 북한을 좀 더 많이 알게 되었는지에 대해서는 여전히 의문이 남죠. 그 이유는 기준이 없기 때문입니다.

이나영 북한 사회를 직접 볼 수 없으니 현재의 북한학이 심화됐는지 아닌지 확인할 수 있는 방법도 없고요.

박순성 그렇죠. 북한 정치나 북한 경제를 연구하는 사람들이 자기 이론이나 분석이 확실한지를 확인하려면 남북한의 접촉 과정에서 검증되어야 하는 게 있거든요. 북한 경제에 대북제재가 어떤 영향을 미치는지 확인하려면 북한과 접촉을 해 봐야 되는데 확인할 수가 없죠. 예를 들어 북한 경제는 자력갱생의 경제가 아니라 중국 등 대외경제관계가 굉장히 중요한 역할을 한다는 가설은 있는데, 실제로 보면 대북제재 때문에 북한 주민들의 삶이 정말 어려워졌는지에 대해서는 북한 경제를 연구하는 전문가들 사이에서도 이견이 존재하거든요. 그래도 이견들이 존재한다는 그 자체만 보면 과거에 비해서 학문이 많이 발전했다고 볼 수 있어요. 옛날에는 북한에 대해서 이견을 이야기할 수 없었죠. 이견도 없었고요. 그런 의미에서 발전했다고 볼 수 있지만 여전히 부족하죠. 연구자 본인도 부족하다고 느낄 거고 북한연구를 통해 정책 방향을 세우는 데 도움을 받고 싶어 하는 사람들도 부족하다고 느낄 거예요.

오주연 연구에서 발전되는 게 있어야 적용도 할 테니까요.

박순성 사실은 이론과 정책 사이에서 정책의 효과나 반작용이 나와야 이론도 영향을 받을 텐데 현재는 이론과 정책 사이의 선순환도 안 되니까 좀 막혀 있는 상태죠.

'별종' 북한학자의 역할

오주연 역사적으로 남북관계가 제일 좋았던 때로 김대중 정부 시기를 뽑으면서 남북경협을 기다리는 사람들도 많은 것 같습니다. 그런데 전문가들에게 어떻게 남북경협이 그때처럼 가능할지를 물으면 늘 '북한이 개혁·개방을 하면' 이런 전제를 붙여서 대답하시더라고요. 다른 방법은 없는 걸까요?

박순성 비슷한 이야기로 이런 이야기가 있죠. '북한이 인권을 개선하면 혹은 북한이 핵무기를 포기하면' 국제 사회에 들어오도록 해주겠다, 이런 논리와 같은 거죠. 그런데 반대로 국제 사회에 그 국가를 들어오도록 하니까 그 국가의 인권이 오히려 개선되더라, 또는 어떤 한계가 있더라도 그 국가의 경제를 지원해주니까 경제적으로 발전하면서 내부의 부패나 이런 문제들도 해결해 나가더라, 또는 국제 사회에 들어오도록 해서 안보를 보장받으니까 오히려 핵무기도 자발적으로 포기하더라. 이런 사실들이 국제 사회가 경험한 거거든요.

이나영 인권 개선과 관련된 실증 경험에서 보면 압박을 통해서 인권이 개선된 경우는 거의 없다는 얘기도 하잖아요.

박순성 대표적인 예가 대한민국이에요. 물론 한국은 세계 경제 속에 편입되면서 1970년대 후반에 미국으로부터 엄청난 인권 공세를 받았죠. 하지만 획기적으로 인권이 좋아진 건 민주화를 겪고 1988년 서울올림픽을 개최하면서였어요. 서울올림픽이 독재 정권하에서 선정된 거잖아요. 그때 국제 사회에서 한국이 독재국가라는 이유로 올림픽 개최를 못하게 했으면 아마 87년 6월 항쟁도 성공 못 했을 수도 있어요. 그런 의미에서 중요하죠. 물론 그렇다고 해서 국제 사회로 끌어들이면 반드시 좋아진다고 말할 수는 없어요. 중국을 보면 올림픽이 약간 변질된 측면이 있잖아요. 대국주의가 나오고 민족의식을 고양시키는 쪽으로 간 경향이 있거든요. 그러나 안보위기가 상존하고 고립된 국가에서는 인권 개선이 잘 된 사례가 없죠. 국제 사회의 지원 없이 개혁·개방을 이룬 국가의 사례도 보기 어렵고요. 그렇게 본다면 '북한이 개혁·개방을 하면' 이런 단서를 붙여서는 우리가 원하는 방향으로 북한 경제를 일으키기 힘듭니다. 북한은 주체적인 국가잖아요. 우리가 이만큼 할 테니 당신도 조금이라도 내어놓으라고 얘기하면서 점점 열리게 해야 합니다.

오주연 역사적으로 보면 그런 실질적인 증거와 사실이 있음에도 불구하고 우리가 북한을 자꾸 그렇게 보는 건 이미 저희 안에 프레임이 작동하기 때문에 그런 거겠죠.

박순성 보고 싶은 대로 보는 거죠. 남한 사회의 문제가 해결되지 않을 때 누군가를 '희생양'으로 만들고 핑계 삼아야 하는 정치적 논리도 있고요. 비유는 유치합니다만 일이 잘 안 될 때 누구 때문이야라거나 환경 때문이야라고 탓하는 것과 비슷하다 할 수 있어요.

이나영 핑계거리를 찾는 거군요.

박순성 사실은 이런 논리를 막아 내고 극복하도록 돕는 것이 지식인들의 역할이죠. 지식인들이 제대로 된 정보를 분석해서 결과로 내놓아야 합니다. 뿐만 아니라 제대로 된 관점을 가져야 하고 사회적으로도 성숙한 정치 문화가 받쳐줘야 하는데 약 20년 동안 정치 문화가 굉장히 양극화되어가고 있잖아요. 지식인들 중에 실천적인 사람들도 너무 한쪽

정치 성향에 치우쳐서 신뢰도를 상실하거나 일부 지식인들은 행동하는 데 회의감을 느껴서 현실 참여적인 발언을 전혀 안 하기도 하고요. 그리고 여러 사정과 이유 때문에 언론이 제 역할을 못 하는 것도 큰 이유이고, 대중의 문화 역시 많이 달라졌어요. 1970-1980년대는 사회 문제에 관심을 가질 수밖에 없는 시대였는데 지금은 대중문화를 즐기는 데만 해도 시간이 너무 부족하잖아요.

이나영 맞아요.

박순성 그렇다 보니 사회 문제, 민족 문제, 평화 문제를 고민한다고 하면 이른바 별종이라는 얘기를 듣죠. 요즘처럼 안정적인 직장도 구하기 힘들고 연애도 하기 힘든 시대에 이런 데 관심을 갖는 것 자체가 특이한 거죠.

오주연 그렇네요. 저희도 사실 별종 취급을 받거든요.

박순성 그런 이야기 많이 들어봤죠? 그런데 진화론을 보면 생물계에서 항상 변이들, 별종들이 세상을 유지시키고 발전시켜요. 0.00001프로의 별종들이.

결국은 자기주체성

이나영 방금 말씀하신 것처럼 지식인들이 한계를 극복해야 한다고는 하지만 여전히 북한학은 정치 이념에 휘둘릴 수밖에 없는 것 같아요. 끊임없이 객관적으로 쓰자고 해도 내 안의 파시즘이 발동하면서 내가 먼저 '북한을 연구하기는 하지만 나는 빨갱이는 아니야'라고 계속 고백하게 되거든요. 이렇게 이념의 전선에 가장 첨예하게 있는 학문이 과연 이를 벗어날 수 있는 가능성이 있을까요?

박순성 하지만 1960년대부터 1980년대 중반까지와 지금을 비교해 보면 학문의 자유는 엄청나게 높아졌어요. 제가 대학교를 다녔던 1970년대에는 《공산당선언》 표지를 가리고 들고 다녔죠. 그마저도 혹시 불심검문에 걸려서 가방에 그 책이 있으면 경찰서도 가야 하고, 잘못하면 감옥도 가야 하는 시절이었죠. 그런데 지금은 어쨌든 그런 자기 고백이라도 단서로 달면서 이야기할 수 있잖아요.

이나영 내 앞길이 막힐까봐 그랬다고 말할 수도 있겠죠!

박순성 그리고 '빨갱이가 왜 나쁜데!' 이런 이야기도 할 수 있죠. 빨간색도 여러 종류여서 녹색하고 결합된 빨간색도 있고 보라색과 결합된 빨간색도 있으니까요. (웃음) 그만큼 자유로워졌는데도 뭐가 문제일까요. 저는 지식인들의 '자기주체성'이 부족한 게 아닐까 생각합니다. 칸트

Immanuel Kant의 《계몽이란 무엇인가에 대한 답변》에서 보면 계몽된 인간이란 결국 스스로 서는 사람, 독립적으로 학문을 할 수 있는 사람, 독립적으로 판단을 할 수 있는 사람인데, 이건 동양이나 서양이나 구분이 없습니다. 나이가 어느 정도 들면 학문적 사유에 있어 독립성과 자율성을 가져야 하는데 우리가 그런 교육을 받지 못한 까닭도 크죠.

오주연 독립성과 자율성을 키우는 교육이 필요하네요.

박순성 학문의 자율성이나 독립성을 이야기하면서 여전히 학계에서 자리를 얻기가 힘들기 때문이기도 해요. 그래도 이러한 풍토 속에서 어떻게 하면 선배, 후배, 동료들과 이야기를 나누면서 주체성을 확산시킬 수 있을까 고민해 보면, 결국 이를 가능하게 하는 것은 인간의 성숙도인 것 같더군요. 진보냐 보수냐 이런 정치적 성향보다 어떤 학문적인 철학을 가지고 있고 또 연구자의 주체성을 가지고 있느냐가 중요하죠.

오주연 특히 북한학계에서 이런 주체성을 갖는 걸 방해하는 건 뭐가 있을까요?

박순성 역시 북한에 대한 정보의 문제와 북한에 대한 판단을 정치와 연결시키려고 하는 언론이나 정치권의 영향, 이 두 가지가 북한학의 장애물일 거예요. 이런 것들은 지식인들이 좋은 공동체를 만들면 어느 정도는 극복할 수 있거든요. 북한연구학회[3]를 보면 보수적인 분이 학회장

3) 1996년에 창립하여 약 700명의 전문 연구 인력이 참여하고 있다. 북한의 정치, 경제,

을 할 때도 있고 진보적인 분이 학회장을 할 때도 있지만 대체로 그 안에서의 논의는 진보, 보수 구분 없이 잘 이뤄져요. 특정 시기에 따라 선거 국면에서 북한연구자에 대한 어떤 압박이 들어올 때 이를 어떻게 극복할 수 있을 것인가는 개인의 각오와 주체성에 달려 있겠죠. 하지만 또 꼭 그렇게 하는 게 좋은 인간인지도 잘 모르겠어요. 유연할수록 좋은 것일 수도 있고.

오주연 딜레마가 늘 존재하죠.

박순성 좋은 학자가 꼭 좋은 인간은 아닌 거예요. 어떤 사회에 기여하는 길과 모습은 굉장히 다양하니까요.

북한학을 하는 각자만의 역할

오주연 교수님은 북한연구가 어떤 형태로 사회에 기여할 수 있다고 생각하세요? 사실 사람들이 많이 접하는 북한연구자는 TV에 나와서 북한사회를 예측하고 전망하고 평가하는 사람이잖아요. 이런 모습이 사회에 기여하는 형태나 역할의 전부일까요?

> 군사, 사회문화, 과학, 여성 등 모든 분야에 대한 연구 성과를 축적하고 대학이나 연구소의 연구자뿐 아니라 대학원생 및 유관 분야와의 적극적인 교류로 학술활동을 증진시키고 있다.

박순성 제가 이렇게 비유적으로 이야기해 볼게요. 자연과학이 엄청나게 발전하면서 이를 응용한 기술이 우리 삶을 변화시키죠. 이렇게 과학을 기술로 발전시켜 활용하는 사람들은 순수 이론가들과는 다른 사고방식과 목표를 갖고 있어요. 그래서 흔히 과학자를 이야기할 때 순수과학자, 응용 과학자, 대중과 소통하는 과학자 이렇게 세 분야로 구분을 해요. 대중과 소통하는 과학자는 순수 이론가도 아니고, 이론을 기술로 전환시켜서 실생활에 적용시키는 응용 과학자도 아니에요. 이론과 기술을 대중이 이해할 수 있는 수준으로 설명해서 대중의 전체적인 지식을 올려주는 사람이죠. 소위 말해서 만 명의 한 보가 한 명의 만보보다 낫다는 그런 철학을 실천하는 사람들이라고 할 수 있습니다. 그런데 이 사람들은 순수 이론가나 실무 전문가가 없으면 새로운 걸 못 만들죠.

사회과학도 똑같아요. 이론적으로 아주 깊이 있는 연구를 하지는 않지만 대중에게 설명을 잘하는 사람이 있겠죠. 대중은 아주 어려운 이야기를 전달하는 사람보다 반걸음 정도 앞에서 이야기해 주는 사람의 이야기를 더 잘 이해하거든요. 어쨌든 이 사람은 이론과 응용을 이해했으니까 전달할 수 있는 거잖아요. 북한학으로 얘기하자면 기초 이론을 가지고 북한을 연구하는 연구자들이 있고, 이런 연구를 정책에 반영하고 응용하는 실무 전문가들이 있고, 대중에게 이러한 내용을 잘 전달하는 사람이 있겠죠. 이렇게 세 영역이 다릅니다.

오주연 앞에서 이야기했던 실무자와 연구자의 경계는 모호하지만 차이가 분명히 있다는 이야기와 비슷한 것 같아요. 마찬가지로 한 사람이 이 세 가지를 다 잘할 수는 없겠네요.

박순성 그럼요. 이 세 영역이 다르고 전부 다 잘할 수는 없어요. 중요한 건 이 세 그룹이 서로를 존중하고 각자의 한계를 알아야 하는데 우리 학계는 그런 경향이 부족하죠. 그래서 전문가는 먼저 자기가 어느 쪽인지 알아야 해요. 자기가 올어라운드 플레이어all-around player라고 생각하면 문제가 되죠. 그런데 이미 전 세계적으로 인문사회과학 영역에서 그런 문화 전통은 좀 없어졌다고 봐도 될 것 같아요. 왜냐하면 그만큼 학문의 영역, 정치의 영역과 경제의 영역이 겹쳐져서 그래요. 특히 먹고사는 문제와 겹쳐진다는 점에서 더욱 그렇게 되고 있죠. 먹고살기 위해서는 진보경제학자라 하더라도 기업 쪽에 자문을 해줘야 하는 거예요. 그러다 보면 점점 자기 발언은 사라지죠. 그래서 어떤 정치경제학자는 진보 지식인들이 제대로 서게 하기 위해서는 보수를 제대로 챙겨줘야 한다고 얘기해요.

오주연 맞는 얘기 아닌가요.

박순성 그런데 말처럼 쉬운 일은 아니죠. 우리는 아직도 옛날의 선비 정신을 강조하는 문화가 남아 있잖아요. 그러니까 시민운동 할 때 진보적인 생각을 갖고 있던 사람들이 정부에 들어가니까 다른 이야기를 하고,

나중에 보니까 대기업으로부터 돈도 받았더라 이런 이야기가 나오는 거죠. 윤리적으로는 좀 이상하지만 이게 우리의 현실인 거예요. 이런 현실들을 극복하기 위해 개인들에게 모든 것을 다 전가할 수만은 없는 사회인거죠.

이나영 슬프네요.

박순성 뭐, 아주 슬프지는 않아요. 이게 우리 인간 사회의 실제 모습이 아닐까요?

오주연 그래도 교수님은 소위 말하는 사회 참여를 많이 해 오셨더라고요. 어떤 계기로 그런 활동을 해 오셨나요?

박순성 약간 조심스러운 이야기이기는 하지만 저는 제 삶의 흐름을 볼 때, 지금의 지위나 경제적 삶의 형태에 대해 사회적인 부채감 이런 걸 가지고 있어요. 어릴 때는 경제적으로 힘들었지만 이런 저런 계기로 유학도 하고, 유학할 때 도움도 받았고, 운이 좋아서 연구원에도 있었고, 대학으로 옮겨서 비교적 편하게 살고 있어요. 이걸 누리고만 있을 수는 없다는 일종의 부채 의식이 있는 거죠. 그런 의식이 있어서 이런 저런 사회활동을 하는 것도 있고요. 대학교 때부터 하던 활동을 이어서 하는 것이기도 합니다.

북한학에도 비슷한 부채 의식이 있습니다. 제가 북한을 가지고 박사학위를 받은 건 아니거든요. 지금도 여전히 북한학 학부, 석사, 박사 과정을 거친 사람들에 비하면 자료를 천착해서 하는 역사학적 혹은 실증적 연구는 잘 못합니다. 아이디어나 남들과 다른 시각, 이런 걸로 승부하는 편이죠. 오히려 제가 아닌 북한학을 박사학위로 가진 사람이었으면 학생들을 좀 더 잘 가르칠 수 있지 않았을까 그런 생각도 있어요. 그래서 사회활동을 하면서 이런 부채 의식을 좀 더는 거죠. 수업을 할 때도 학생들에게 기존에 북한을 보는 관점과 약간 좀 다른 관점에서 북한을 보도록 하거나, 자료를 가능하면 많이 보도록 해요. 사실 저는 수업하면서 자료를 더 많이 봐요. 저한테도 배움의 시간이죠. 제가 다 알고 있다고 생각하지 않으니까 학생들의 질문도 두렵지 않고요. 제가 모르면 모르겠다고 하고 찾아보고 다시 이야기를 하고요. 물론 찾아서 답변해 주겠다고 했다가 잊어버리고 지나가기도 해요. 그렇게 되면 좀 성의 없는 교수라는 이런 평가를 받겠죠? (웃음) 어쨌든 최선을 다해서 학생들에게 내가 가지고 있는 고민들을 전달하면서 학생들도 그런 고민을 하도록 해 주죠. 결국 공부는 질문과 고민으로부터 나오는 거잖아요.

오주연 끊임없이 학생들과 소통하고 어떻게 후배 학자들을 잘 양성할지 고민이 많으시네요. 지금도 연구를 계속 해나가는 젊은 북한연구자들에게 기대하는 바가 있으실까요?

박순성 저는 앞에서 이야기했듯이 젊은 연구자들이 북한학의 성격, 북한학의 특성 이런 것을 충분히 염두에 두고 열심히 공부하면 북한의 발전에 대해서도 새로운 견해를 제시해 줄 수 있다고 생각해요. 우리 사회에 있는 이러저러한 북한에 대한 편견도 극복할 수 있을 거고요. 사실 우리 사회에는 꼭 통일이 되어야만 해결될 것이라고 할 수 없는, 사실 북한을 잘 알기만 하면 없어질 수 있는 터부들이 있죠. 그런 의미에서 북한연구를 잘하면 우리 스스로 우리 사회를 바라보는 시각이 넓어질 거라는 생각이 있습니다. 그리고 젊은 북한연구자들이 연구를 잘 할 수 있도록 여러 지원도 좀 있으면 좋겠어요. 통일이 되면 한국 경제에 도움이 될 거다 이런 거 말고요.

오주연 통일이 되면 일자리 생길 거야 이런 거 말이죠. (웃음)

박순성 북한연구를 하는 게 중요할 뿐 아니라 연구를 하다 보면 일자리도 생기고 좋은 전문가 혹은 좋은 실무자가 될 수 있다고 젊은 연구자들에게 자신 있게 이야기할 수 있어야 하는데. 그러기에는 아직 조심스럽죠. 하지만 석사과정과 박사과정까지 가는 친구들에게 항상 이런 이야기를 합니다. 북한학을 하는 사람들은 이론이 좀 튼튼해져야 해요. 그러니까 정치학, 경제학, 사회학 이론도 잘 알고, 각 학문의 개념과 명제를 사용해서 논쟁을 할 수 있는 정도가 되면 북한학을 했다고 해서 마이너로 취급받는 일은 없을 겁니다. 그러니 북한학을 하는 사람들이 이론 공부와 북한의 원전을 잘 읽는 문헌 연구, 이렇게 두 역량과 실력을 잘 갖춥시다. 이런 이야기를 해줄 수 있겠네요.

북한학의 미래를 묻다

윤보영

1979년에 태어났다. 동국대학교 대학원에서 북한학 박사학위를 받았다. 한국교육개발원 연구원을 거쳐 이화여자대학교 등 다수 대학에서 강의를 하고 있으며, 현재 동국대학교 북한학과 강사로 재직 중이다.

주요 저서 및 연구

〈북한의 군중문화: 예술선전대의 역할에 관한 연구〉, 동국대학교 대학원 석사학위논문, 2005.

〈북한이탈주민의 탈경계적 실천에 대한 연구〉, 동국대학교 대학원 박사학위논문, 2016.

〈경계/탈경계의 단계별 유형화를 위한 시도−자율적 삶을 추구하는 북한이탈주민에 대한 사례연구〉, 《북한연구학회》, 20(2), 2016.

〈북한주민의 놀이에 담겨 있는 이념과 실재〉, 《통일인문학》, 82, 2020.

《북한주민의 정보접근에 관한 연구》(공저), 통일연구원, 2020.

〈북한사회 뇌물의 사회적 맥락〉, 《문화와 사회》, 29(1), 2021.

그 외 다수.

윤보영 박사는 북한학 학사, 석사, 박사 학위를 갖추고 있는, 이를테면 희소한 북한학자다. 1990년대 초반 북한학과가 개설되면서 북한학 전공자들이 나오기 시작했다. 그러다 보니 북한학이 아닌 정치학, 경제학, 사회학 등 다른 학문을 전공하고 북한연구를 하는 연구자들이 지금까지도 북한학과 교수를 맡고 있다. 그렇다면 학부부터 북한학을 전공해서 연구자로 성장한 이들은 얼마나 될까.

1990년대 중후반의 학과 통폐합을 거치고 2010년대 남북관계마저 불안정해지면서 현재 대부분의 북한학과는 사라졌다. 그러면서 북한 관련 실무자나 직업인 중에서는 북한학과 출신을 찾을 수 있지만 전문 연구자로 성장한 사례는 더욱 찾기 어려워졌다. 그 때문인지 윤보영 박사는 북한학의 학문 정체성뿐 아니라 북한학을 연구하는 학자의 정체성에 대한 고민이 체화되어 있는 연구자였다. 앞서 인터뷰한 박순성 교수가 북한학과 교수로서 북한학의 의미를 짚어 보았다면, 윤보영 박사는 북한학 전공자로서 북한학을 하는 자세와 마음가짐을 이야기한다.

윤보영 박사의 연구에는 북한에 대한 탐구심, 북한 주민에 대한 애정이 드러난다. 윤보영 박사는 〈북한의 군중문화: 예술선전대의 역할에 관한 연구〉(2005)로 석사학위를 받고 10년 뒤 〈북한이탈주민의 탈경계적 실천에 대한 연구〉(2016)로 박사학위를 받았다. 그는 논문에서 북한이탈주민들이 경험하는 경계와, 남과 북 어딘가에 속박되어야 한다는 관념을 벗어 던지는 탈경계적 실천을 설명한다. 이 연구를 통해 북한이탈주민을 통합하는 방법으로 남북의 경계를 해결하려는 관점을 넘어 남북한 주민과 다른 문화권을 포함하는 세계시민적 연대로 시선을 확장해야 한다는 메시지를 던진다.

그의 다른 연구에서도 이러한 시각을 엿볼 수 있다. 〈북한주민의 놀이에 담겨 있는 이념과 실재〉(2020)에서는 북한 주민들이 제의와 놀이의 영역을 어떻게 줄다리기 하는지를 연구했다. 이 연구를 통해 북한 정부가 어떻게 의례로서 놀이를 장려하고, 북한 주민은 놀이를 통해 어떻게 내면을 분출하고 세속화하는지 알 수 있다. 〈북한사회 뇌물의 사회적 맥락〉(2021)에서도 비사회주의 행위로 여겨지는 뇌물이 어떻게 새로운 교환체계로 자리 잡고 새로운 규범으로 작동하는지를 드러냈다. 윤보영 박사는 북한 사회를 권력층의 의도대로 작동하는 고정된 실체로 보지 않고, 북한 주민의 역동성을 드러내면서 사람이 살고 있는 북한, 북한 사람의 공간인 북한을 해석하고 즐거워한다.

윤보영 박사는 북한이탈주민 심층 인터뷰, 문화기술지 연구방법 등과 같은 질적 연구방법을 주로 사용하여 텍스트 너머의 이야기를 발견해 낸다. 그는 북한학 전공자의 강점으로 꼽는, 북한 원전을 다루고 해석하고 맥락을 읽어 내는 능력을 갖추고 있다. 하지만 여기에만 의존하지 않고 북한이탈주민이 말하는 이야기에서 연구 주제를 발견하고 이야기에 담긴 다양한 존재의 현재성을 연구에 담아내고자 한다. 1차 문헌과 인터뷰에 담긴 이야기를 재해석해 내기 위해서 꾸준히 이론적 무장을 하는 열정적인 학자이기도 하다.

윤보영 박사와의 인터뷰 자리에서도 그의 성실함과 따뜻한 마음을 느낄 수 있었다. 작은 연구실 속 방대한 양의 북한 자료에 둘러싸인 책상은 동국대에서의 그의 시간을 증명하는 것처럼 보였다. 처음 만나는 자리였지만 우리를 유쾌하게 반기며 태극당 빵과 드립커피, 겨울철 최고의 간식인 귤을 내어주며 어색함을 쉽게 풀어 냈다. 인터뷰에 답변하는 동시에 우리에게 도리어 질문을 던지기도 하고 이야기를 들어주는 모습을 보며 역시 오랜 시간 북한이탈주민을 대하고 관계를 만들어 온 연구자라는 느낌이 들었다.

또한 그는 중간 세대 연구자로서 자신에게 주어진 북한학의 지속을 위한 임무를 게을리 하지 않는 단단함을 갖추고 있다. 우리는 윤보영 박사와의 인터뷰를 통해 학문으로 치면 아직 신인인 북한학의 미래는 어떤 준비와 태도를 통해 만들어질지 상상할 수 있었다.

북한학에 진학하는 마음

이나영 동국대학교 북한학과는 어떤 계기로 들어가셨나요?

윤보영 제가 학교에 들어간 해는 1998년이었죠. 동국대학교 북한학과가 1994년에 생겼거든요. 제 위로 선배가 네 기수가 있었어요. 저는 어릴 때부터 북한에 대한 궁금증과 관심이 있었어요. 아빠가 하루에 책을 한 권씩 사주셨는데 하루에 딱 한 권만 살 수 있으니까 늘 재밌는 소설만 샀거든요. 그런데 초등학교 6학년이 된 어느 날 3만원을 주셨어요. 그동안 보고 싶었던 책 여러 권을 사보라고요. 그때 산 책 중에 KAL기 폭파사건 김현희씨의 수기인 《이제 여자가 되고 싶어요》[1]가 있었어요. '여자가 되고 싶다는 건 대체 무슨 뜻일까?' 어떤 음흉한 기대와 호기심을 안고 골랐죠. 책을 읽으며 당시에 고통 받으신 분들의 아픔도 느꼈

---

1) 1987년 북한에 의해 발생한 'KAL기 폭파 사건'의 범인이었던 김현희가 쓴 회고록이다. 김현희, 《이제 여자가 되고 싶어요》(고려원, 1991).

지만, 김현희씨가 경험한 북한에서의 삶이 너무 신기했어요. 그때만 해도 저한테 북한은 좀 이상한 나라였거든요.

1980년대 후반에는 초등학생이었는데 TV에서 서울 모형에 바가지로 물을 부으면서 63빌딩까지 잠긴다고 '평화의 댐'[2]을 만들어야 한다고 그러질 않나, 남침을 대비한다고 책상 밑에 들어가서 전쟁 대피 훈련을 하지 않나, 그때나 지금이나 뉴스에 북한이 많이 나오잖아요. 아빠가 신문, 주간지, 월간지를 정말 많이 구독하셨는데요. 잡지 속에서 사람들이 북한을 어떻게 보느냐의 문제로 예민하게 다툼하는 것도 저는 재밌었어요. 일상에 북한에 대한 소식이 항상 있었죠. 1994년에는 신문가판대에 대문짝만한 글씨로 '김일성 사망'이라고 쓰여 있었는데 그것도 참 이상했어요. 저한테 북한은 무언가 위험하고 두근두근하고 이상하고 신기하고 재밌는 나라였어요. 자연스럽게 북한에 관심을 갖게 되었고 북한학과에 왔어요. 미녀첩보원이 될지도 모른다는 막연한 상상을 하면서요. 제게 북한은 무엇을 위한 어떤 목적이 아니라 그 자체로 흥미로운 알고 싶은 공간이었어요.

이나영 흔치 않은 입학 동기네요? (웃음) 입학해 보니 학과 생활은 어땠나요?

---

2) 북한의 임남댐(금강산댐)의 수공을 방어하기 위해 강원도 화천군에 댐을 건설하였다. 1987년 2월에 기공하였고 2003년에 완공하였다.

윤보영 우리보다 앞 세대는 정치적으로 엄혹한 시대였기 때문에 민주화 운동, 노동 운동, 통일 운동을 하는 선배들도 많았는데 저는 비교적 안온한 시기에 대학에 입학했어요. 우리 세대는 IMF 직후여서 아직은 각 가정과 사회가 그렇게 강퍅하지 않을 때였고요. 그래서 축제, 동아리, 엠티 등 대학의 낭만을 많이 누릴 수 있었죠. 다른 친구들 이야기를 들어 보면 북한학과가 재미있어 보여서 왔다는 사람들도 있었어요. 북한학과가 생긴 지 정말 얼마 안 됐을 때잖아요. 호기심이 많았던 것 같아요.

이나영 북한학 전공을 살려서 희망한 곳에 취업한 사람이 많았나요?

윤보영 북한학 전공을 살려서 취업을 한 사람도 있지만 다른 분야에 취업한 사람도 많아요. 통일부, 연구소, 재단, 언론사, 정당, 북한과의 교류를 준비하는 기업, 은행, 연구원 등에서 근무하고 있어요. 그런데 다른 분야에 취업한 사람도 남북관계가 좋을 때 본인이 다니는 회사가 북한과 교류를 하면 해당 업무에 종종 투입돼요. 예를 들어 주류회사인 국순당에서 근무한 선배는 국순당에서 운영한 백세주마을 금강산 지점에 파견되어서 근무했어요. 조계종에서 근무한 동기는 금강산의 신계사를 복원하는 실무자로 일했고요. 1994년에 북한학과가 시작되었으니까 이제 북한 관련 현장 곳곳에 북한학과 졸업생이 있죠.

오주연 박사님께서 입학하셨을 때와 2000년대, 2010년대 입학한 학생들의 마음가짐은 좀 달라졌을 것 같아요. 그 이후에 입학하는 친구들은 어떤가요?

윤보영 지금 제가 가르치는 학생들은 정말 진지해요. 요즘 학생들은 대학에 입학하는 과정이 복잡하거든요. 진학, 취업에 대한 경쟁이 치열하고 어느 위치에 도달할 수 있을지 생존할 수는 있을지에 대한 불안이 매우 높죠. 학생들은 진로에 대해 많이 고민할 수밖에 없어요. 제가 대학을 다녔을 때는 대학 수업이 상대평가가 아니라 절대평가로 운영되었기 때문에 같이 수업을 듣는 친구랑 경쟁한다는 의식을 하지 않아도 됐거든요. 요즘 학생들은 어렸을 때부터 직업에 대한 고민을 많이 하니까 굉장히 명료해요. 북한 사람과 어떻게 교류해서 '내 문제'를 해결할건지 고민을 많이 하죠. 특히 남학생은 군대를 가잖아요. 이 사슬을 어떻게 끊을지 고민을 많이 해요. 남학생에게 군대는 내 인생에서 가장 소중한 시간 중 2년을 국가를 위해서 소요하는 엄청 중요한 문제니까요. 여학생도 마찬가지죠. 남한 사회에서 진학, 취업, 결혼, 육아 등 인생의 전반을 어떻게 살아 나가야 할지가 힘든 숙제인데요. 군복무 문제에 있어서 남녀가 공평하지 않다는 일부 세간의 문제의식이 여학생에게도 부당한 부담이 되죠. 그러나 여학생 때문에 남학생이 군대에 가는 건 아니잖아요. 남북한이 분단되어 있고 서로 경계해야 하는 관계로 70년을 지나왔기 때문에 그런 것이죠.

오주연 박사님 얘기를 들어 보니 북한학에 대해 진지한 건 석사, 박사 과정생이 아니라 학부생인 것 같네요.

윤보영 북한과 통일에 대해 이야기할 때도 '북한 좋아해? 싫어해?' 혹은 '통일 하고 싶어? 아니야?' 이렇게 답안을 딱 두 개만 주고서는 선택하라고 하니 그냥 둘 중 하나로만 대답해 버리는 거죠. 우리 학과 수업에서는 그런 고민을 할 시간을 줘요. 생각할 시간과 자신의 이야기를 할 시간을 주면 달라지죠. 저는 수업 때 학생들에게 개인별로, 팀별로 생각할 시간을 준 다음에 토론에 임하라고 하거든요. 그러면 학생들은 준비할 시간을 더 달라고 해요. 생각할 기회와 말할 공간이 있다면 학생들은 충분히 활용해요. 그리고 우리가 생각지도 못했던 이야기들, 실질적이고 멋진 안들이 나오죠.

북한 텍스트를 읽어 낸다는 것

오주연 박사님은 학부, 석사, 박사까지 총 16학기 동안 북한학 공부를 하셨어요. 어떻게 보면 북한 관련 수업을 한국에서 제일 많이 들은 사람 중 한 분이세요. 북한학 수업에서는 무엇을 배우셨고 어떤 과목이 가장 인상 깊으셨나요?

윤보영 북한학과라고 하면 북한과 어떻게 물리적으로 통합할 것인지에 대해서 배우는 학문이라고 생각하시겠지만 북한학은 북한이 일제시기 이전부터 어떤 맥락 속에서 우리와 다른 체제로 나아가게 되었는지, 그리고 지금은 어떤 성취와 어떤 정체를 겪고 있는지, 북한 사회가 어떤 구체적인 체계 속에서 작동하는지 생각하고 북한의 체제와 더불어 북한을 둘러싼 사회주의 국가, 남북한, 동북아시아, 제3세계, 주변 강국과의 관계의 흐름까지 읽어 내야 하는 학문이에요.

이렇게 진지한 내용을 배워야 하지만 사실 20대 초반에는 웃음이 많잖아요. 북한 원전을 읽어보면 낯선 용어가 많이 나오거든요. 북한은 소련식 발음으로 표기하기 때문에 헝가리를 웽그리아라고 쓰는데요. 지금 생각하면 별로 웃긴 단어도 아닌데 정말 많이 웃었던 기억이 나요. 주체사상을 읽다 보면 '말도 안 돼. 자기 인생의 주인은 자기라고 해놓고 결국 자기 영도를 받으래'란 생각이 들기도 하고. 이러면서 많이 웃고는 했죠. 놀면서 공부했지만 북한 공부가 글의 영역에만 있는 것이 아니라 나의 현실 그리고 실천과 긴밀하게 맞닿아 있다는 생각을 했어요.

이나영 북한학과만의 분위기라는 것이 있군요.

윤보영 학생들은 북한을 공부하는 수업을 듣고, 북한을 공부하는 동아리에 참여해요. '겨레화합연구학회' 공부 동아리에서 주체사상을 공부하면서도 우리는 윗세대와는 달리 이념이라는 선입견이 없기 때문에 재밌는 단어를 찾아내며 깔깔대며 공부했어요. 'DMZ' 영화 동아리에서 본 북한 영화는 책에는 너무 긴 말로 쓰여 있어서 도저히 다 읽기 힘들었던, 북한 정부가 북한 인민에게 하고 싶었던 말이 무엇인지 담겨있기 때문에 북한을 이해할 수 있는 좋은 자료가 돼요. 그때는 너무 지루해서 졸기도 했지만 소설, 영화, 음악 모두 맥락을 이해하는 데 도움이 됐죠. '백두'라는 축구 동아리도 있는데요. 북한이탈주민과 '백두한라회'라는 축구대회를 했어요. 축구를 한 뒤에 뒤풀이를 하면서 북한 사람의 삶에 대해서 생각할 수 있는 기회를 가졌어요. '북한 사람'에서 북한을 뺀 '사람'을 보게 되는 거죠.

오주연 정말 말 그대로 놀면서 배우셨네요.

윤보영 엠티도 금강산으로 갔어요. 1학년 때 고 정주영 현대 회장이 소를 데리고 판문점을 넘을 때 저희는 북한학과 과방에서 같이 TV로 생중계를 봤어요. 그렇지만 엠티는 단순히 즐겁지만은 않았어요. 현대아산에서 근무하는 선배님이 남북관계가 거북이처럼 느리게 진행되는 것처럼 보이지만 관광을 열기 위해서 얼마나 많은 사람이 치열하게 노력하는지 알려주었고 아직 육로가 개통되기 전이라 금강산으로 가는 배인 설봉호를 타고 가면서 고향에 가지 못한 채 돌아가신 선친의 옷을 펄럭이며 우는 실향민도 봤어요. 분단의 아픔은 과거가 아니라 살아있는 사람이 겪는 현실의 문제라고 생각하게 됐죠. 금강산에서는 그동안 공부했던 북한, 북한 사람, 북한의 마을이 어떻게 실재하는지 보았고, 나도 모르게 왜 마음이 뭉클한지를 많이 생각했어요.

이산가족 상봉 과정에 북한학과 학생이 참여하기도 해요. 이산가족의 사연을 듣고 기록하고 이산이란 것이 얼마나 가슴 아픈 일인지를 정면으로 보게 되죠. 남북교류, 인도적 지원, 금강산 관광, 신계사 복원, 개성공업지구에 북한학과 교수님과 북한학과 졸업생이 정책을 기획하고 실무진이 되어 참여해요. 졸업생은 북한을 배웠기 때문에 서울과 금강산, 개성을 출퇴근 하는 남북교류의 현장에서 북한 사람이 하는 말의 맥락을 더 잘 이해할 수 있어요. 교류를 하기까지 얼마나 많은 사람이 얼마나 오랫동안 노력했는지 과정을 배우고, 그 노력이 얼마나 쉽게 물거품이 되는지를 지켜보며 이런 일이 반복되지 않기 위해 우리가 어떤 노력을 해야 하는지 생각하죠.

동국대학교 북한학과에서 공부한 연구자는 이런 연구 과정과 분위기 속에서 성장해요. 학부에서의 4년은 그렇기 때문에 정말 소중하죠. 한 지역을 이해한다는 것은 그만한 시간과 노력이 필요한 일이고 북한은 더욱 그러하죠. 남한과 북한은 전쟁을 했고 이념, 편견이라는 안경을 끼고 서로를 보고 있어요. 우리는 북한에서 살아 볼 수 없잖아요. 북한이 어떠한지 '사회과학적'으로 증명할 수 있는 자료가 충분하지 않아요. 그렇기에 북한의 공식적인 말, 북한 사람의 말, 그들을 둘러싼 상황, 환경,

어떤 일이 어떻게 발생했는지, 왜 그러한지, 북한이라는 문화를 공유하는 집단이 가지고 있는 가치, 행동, 신념, 언어를 이해할 수 있는 훈련의 시간이 필요해요.

오주연 학부와 대학원의 분위기는 다른 점이 있었나요?

윤보영 석사과정 때는 북한학연구소에서 《로동신문》 창간호부터 2002년까지 모든 기사를 영역별로 분석하는 프로젝트에 참여했어요. 신문을 북한자료센터에 가서 복사하고 기사를 DB화하는 작업이었죠. 그 덕에 체계적으로 '샅샅이' 북한을 공부할 수 있었고 그때 발견한 예술선전대를 주제로 학위논문을 썼어요. 그 시기에 발행된 학위논문을 보면 《로동신문》을 연구대상으로 분석한 연구가 많아요. 북한학연구소에서 해당 시기에 어떤 주제의 연구를 진행하는지에 따라 학사, 석사, 박사과정생이 프로젝트에 참여하면서 공부하고 관심 분야를 키운 다음에 논문을 쓰게 돼요. 그 모든 과정이 연결되어 있어요.

현장의 경험은 훌륭한 연구 자산

오주연 석사 졸업 후 박사과정도 바로 시작하셨어요?

윤보영 석사를 마치고는 중국으로 갔어요. 학부 때는 다양한 분야에 관심을 가지고 즐겁게 지냈지만 한편으론 식량난 때문에 배가 볼록한 북한의 아기, 너무 굶어서 갈비뼈가 앙상한 북한의 사람의 영상과 사진을 보면서 나만 이렇게 지내도 되는 걸까라는 생각을 많이 했어요. 그러면서 북한학자, 북한연구자로서 저는 고난에 처한 사람들을 단지 '연구대상'으로만 대하는 것은 아닌지에 대해서도 생각하게 되고, 지금 저의 위치와 상황에서 아무것도 할 수 없다는 무력감도 느끼곤 했어요. 그런 문제의식을 갖고 있는 걸 알았던 선배가 북한을 지원하는 NGO를 소개해줬어요. 머시콥^{Mercy Corps.}이라는 국제인도주의단체인데 40개 정도의 국가에 지원을 하고 있어요. 그곳에서 북중접경지역의 활동가를 구하고 있다고 하기에 제가 가겠다고 메일을 보냈더니 계획서를 써서 보내라는 거예요. 북중접경지역 상황이 어떠한지, 머시콥에서 구체적으로 내가 무슨 일을 해야 할지 계획서를 쓰는 게 쉽지 않았어요. 그래서 계획서는 쓰지 않고 제가 마침 중국에 갈 일이 있으니까 잠깐 뵙겠다고 하고 그냥 중국으로 갔어요.

이나영 아니, 엄청난 행동력이신데요?

윤보영 머시콥에 계신 분들은 당황하셨겠죠. 처음에는 아무 일도 안 주고 현장에만 데려가셨고, 한 달이 지난 후에 계약을 했어요. 처음에는 북한이탈여성과 아동이 북한과 중국에서 겪는 학대 사례를 취합하는 모니터링 부서에서 근무했어요. 그 후에는 북한이탈주민을 직접 지원하는 일을 하고 싶어서 인도적 지원팀에서 근무했고요. 북한 사람을 만나서 이야기를 많이 들었죠. 제가 만난 이들은 북한에서 살기 위해 노력했지만 견디지 못하고 살기 위해 밖으로 튕겨 나온 사람들이었는데요. 북한 체제가 정치적·경제적으로 힘들어지면서 가장 약한 사람부터 겪는 고통스러운 상황들을 구체적으로 얘기해 줬어요. 중국에서 불법 체류하는 북한 사람을 지원하는 일은 공안의 제재를 받기 때문에 늘 보안에 신경을 써야 했고요. 그러다가 2007년 10월에 공안이 우리 NGO를 급습할 거라는 연락을 받고 중요한 서류를 폐기한 후에 가장 빠른 비행기로 서울에 돌아왔어요. 저는 중국에 있는 동안 제가 할 수 있는 노력을 다하고 있다고 생각했는데요. 막상 위험한 순간이 왔을 때는 저만 안전하게 도망쳤다는 사실이 너무 힘들었어요.

중국에서 만난 사람의 눈, 그 불안한 눈이 아직도 마음에 박혀 있죠. 우리는 중국에서 피난할 수 있는 공간을 제공해 주는 것, 숨어 살면서도 교육 받을 수 있도록 해 주는 것, 아픈 곳을 치료해 주는 것, 당장 필요한 식량을 제공해 주는 것과 같은 생존 지원은 했지만 남한으로 보내 주는 것, 북한에 남아있는 가족을 데려올 수 있도록 돈을 주는 것과 같은 일은 하지 않았거든요. 그곳의 사람들은 모두 각자의 사연으로 너무 절박했고 서러웠어요. 저는 그걸 해결해 줄 수 없고요. 그 경험과 기억을 감당하기가 힘들어요. 모든 사람이 다 불안한 눈빛으로 쫓기고 있었어요.

집에 돌아오고 나서는 1년을 집에만 있었어요. 그때가 저의 공백기에 요. 그냥 너무 힘들어서. 제가 본 것도 힘들었고 북한 사람이 너무 힘든 것도 힘들었고 특히 아이들이 힘든 게 너무 서러웠어요. 박순성 교수님 께 학교로 돌아가고 싶다고 말씀드렸더니 '언제든지 환영이지'라고 하 셨어요. 그렇게 학교로 돌아와서 박사과정을 다녔어요. 박사과정을 시 작하고 나니 정말 집에 돌아온 것 같았어요. 박사과정 2년이 저에게는 치유하는 기간이었어요.

이나영 중국에서의 경험이 어떤 변화를 가져왔나요?

윤보영 공부하는 목적이 좀 달라졌죠. 과거에는 북한이 너무 재미있어 서 하는 공부였어요. 하지만 이제는 북한에 고난의 행군 같은 위기가 다시 온다면 북한 사람이 어떤 어려움에 처하게 될지 모른다 말할 수 없어요. 잘은 모르지만, 이게 북한학을 연구하는 연구자의 책임감 같 은 걸까라고 생각하기도 해요. 가끔 학술회의나 언론에서 북한을 바둑 판 위의 돌처럼 이야기하는 경우를 많이 봐요. 우리가 어떻게 할 수 있 는지 결정해서 놓을 수 있는 돌, 스스로는 아무것도 할 수 없는 존재처 럼 말이에요. 하지만 북한은 북한에 살고 있는 사람들 것이에요. 북한이 앞으로 변화한다면 우리가 스스로 우리 사회를 돌보고 있는 것처럼 북 한의 사람이 해야 해요. 우리는 김일성, 김정일, 김정은에게 집중하지만 북한에도 엄연히 사람이 살고 있잖아요. 그래서 북한 사람이 원하는 삶과 미래는 무엇인지를 늘 염두에 둘 수 있는 연구를 하려고 해요.

이나영 석사과정이 끝나고 물론 그간 경험이 힘들어서 학교로 돌아오시기는 했지만 다른 방향의 선택은 고려하지 않으셨을까요?

윤보영 박사과정을 수료하고는 한국교육개발원 탈북청소년교육지원센터에서 3년 동안 근무했어요. 정규 초, 중, 고등학교에 진학한 탈북청소년 중에 9%가 중간에 학교를 그만뒀어요. 일반학생의 중도 탈락율이 0.7%이니까 10배가 넘는 비율이죠. 중도 탈락이 문제가 되니까 탈북청소년의 교육을 지원하는 부서가 생겼고, 탈북 학생의 특성을 분석하고 탈북 학생의 어떤 부족함을 지원해야 하는지 밝혀 정책계획에 도움을 주는 연구에 참여했어요.

그런데 현장을 다니고 인터뷰를 할수록 탈북 학생이 어떤 특성을 지녔기 때문에 지원을 해야 하는 것이 아니라 어떤 학생이든 스스로의 노력으로 해결할 수 없는 문제가 발생했을 때 학생의 배경과 상관없이 문제를 해결해 줄 수 있는 교육 시스템이 갖춰져야 한다는 생각이 들었어요. 개인의 이력을 생물학적 특성처럼 보고 분류하는 것이 아니라 보편적인 교육 자체가 좋아져야 하는 것이죠.

다시 실무를 해야 한다고 하면 중국이나 남한에서 북한이탈주민을 지원하는 업무를 할 수 있겠죠. 하지만 저는 본질적으로 남북한에 살고 있는 사람들이 서로 다름을 인지하면서 더불어 살 수 있도록 노력해야한다고 생각해요. 저는 북쪽에 사는 사람도 우리와 똑같이 생각을 하는 사람이라는 것을 이야기하고 싶어요. 남북한이 더불어 같이 잘 살 수 있기 위해 제가 할 수 있는 노력을 다할 거에요.

북한학자라는 책임감

오주연 학자에게 전공은 정체성의 중요한 요소일텐데, '북한학이 뭐냐', '북한학이 학문이냐' 등의 말들이 있잖아요. 북한학에 대한 그런 의문 섞인 질문을 받을 때 마음은 어떨지 궁금합니다.

윤보영 '북한학이 학문이냐?'라는 질문은 정말 많이 받았어요. 학부 때부터 지금까지. 학술회의에서 발표하는 자리나 토론을 할 때도요. 저는 논문을 보고 더 좋아졌으면 하는 부분이 눈에 보이면 신나서 제안하고 이야기하는 편인데요. 그러면 저나 우리 과 선배의 제안이 불편하셨던 분이 술자리에서 '북한학이 학문이야?' 이런 이야기를 하는 거죠. 저는 호기심이 많아서 그런 이야기도 끝까지 듣는 편이에요. 이야기 안에 질문이나 의견이 아니라 빈정거림이 들어 있으면 이 사람은 어딘가 자격지심이 있구나 생각해요. 하지만 북한학 전공자들이 북한 원전만 몇 십 년을 들여다봤다고 해서 북한을 잘 안다고 생각하지는 않아요. 그건 그냥 북한 정부의 언어를 익숙하게 알게 된 거죠. 마치 일본어를 공부해서 일본어를 아는 것처럼 해석과 해제의 문법, 방법을 배운 거예요. 맥락을 전반적으로 보는 데는 도움이 되지만 그것만 가지고 북한을 안다고 하면 바보 같은 말이죠. 책 속의 북한을 공부해서 글로 북한을 만들어 놓으면 그건 그냥 연구로 만들어 놓은 북한일 뿐이지, 실제 북한과 좀 다르지 않겠어요? 북한 원전을 달달 외우는 사람이 그 능력으로 새로운 분과에서 온 사람을 낮춰 보며 얘기하기도 하는데 그것 역시 좀 멋이 없죠.

이나영 그럼 박사님은 그 접점을 어떻게 관리하세요?

윤보영 방법을 계속 찾죠. 북한의 공식적인 언어, 글, 영상, 사진, 음악, 그림, 북한 사람의 말을 계속 보면서 다른 학문 분과의 연구방법, 개념을 제 연구의 렌즈로 가져오는 거예요. 지금 우리는 북한을 아주 유별난 곳으로 보지만 과거 다른 연구자들이 했던 연구 틀로 가져와서 보면 꼭 그렇지도 않아요. 과거 연구들을 통해서 북한을 더 명료하게 분석할 수 있어요. 북한학이 학문이냐는 질문에 이렇게 생각해요. 그들이 하는 학문도 과거 그 학문 분과를 개척한 연구자들이 정말 고독하게, 고집스럽게 공부해서 학문의 길을 연 것이라고요. 그 사람이 하는 학문도 알고 보면 역사가 길지 않아요. 저는 사회학, 인류학, 여성학의 학문 분과를 개척한 분들의 글을 읽으면서 그들이 얼마나 고독했는지 생각해요. 북한학과가 1994년도에 처음 생겼으니 이제 27년 차란 말이에요. 그렇게 생각하면 북한학은 지금 한창 루키지요. 학문으로 영역을 넓혀야 할 역할은 이제 우리에게 있는 거죠. 우리 세대에게 있는 거예요. 학부부터 북한학을 했으니까 북한학이 학문 분과로 자리 잡기 위해서 우리는 어떤 면을 보여줘야 하고 어떤 노력을 해야 하는지 고민하고 실천해야 하죠. 무엇보다 북한을 대상화하기보다, 북한학이 학문임을 주장하기보다 한반도 문제에 학문이 어떤 역할과 응답을 할 수 있는지 생각해야 해요.

오주연 멋있네요.

윤보영 앞선 선생님들이 그런 질문에 계속 대답해 주고 계시잖아요. 박순성 교수님, 고유환 교수님이 지속적으로 방법론 연구를 하시는 이유는 북한학이 받는 질문에 대답하기 위해서죠. 특히 학부는 대학원보다 그 무게감이 어떤 면에서 훨씬 무거워요. 대학원생은 본인이 선택했으니까 감당하라고 할 수 있어도 학부에 오는 친구들은 자기 진로를 걸고 들어오는 거란 말이에요. 물론 학부도 개인이 선택해서 지원하는 체계이지만 그 학과에 진학한 학생에 대한 책임이 상대적으로 더 크죠. 나이가 어릴수록 더 세심한 진로에 대한 설명, 체계적인 교육이 필요해요.

이나영 그러면 박사님께서는 북한학이 학부 수준에서부터 유지되어야 한다고 보시나요?

윤보영 학부가 개설되는 학교 당국과 교육자들이 북한에 대한 관점을 어떻게 가지고 있는지 어떤 학문적 깊이를 구축해 왔는지가 매우 중요해요. 저는 북한학과가 있어야 되기 때문에 있는 존재가 되면 그것도 목적으로 도구화한 것이라고 봐요. 북한학이 감정적 측면에서 통일을 독려하는 행사성 학문으로 활용되는 일을 간혹 볼 수 있는데요. 정작 그 수업을 듣는 학생은 아무리 어려도 기성세대가 생각하는 것보다 훨씬 더 현실적이고 일상적인 고민을 가진 이 나라의 국민이에요. 학생들의 이런 고민을 이해하는 역량을 가진 학교에 북한학과가 설치되면 좋겠어요.

다른 학문 분과도 처음 생겼을 때를 보면 해당 시기에 그 학문이 필요했기 때문이거든요. 지금 북한 문제가 해결되지 않았기 때문에 북한학이 필요한 거죠. 통일된다고 북한 문제가 해결되겠어요? 다른 세계관을 가지고 다른 언어체계를 가진 사람들이 통일이 아니라 교류만 해도 힘든 일이 많을 텐데 그런 시대에는 학문이 먼저 고통을 겪으면서 해결할 방안을 마련해 줘야 돼요. 그렇지 않고 현실 속에서 사람들이 개별적으로 해결해라? 그건 그 지역을 연구하는 사람으로서의 책무가 아니죠. 우리는 북한이 어떤 세계관을 가진 곳인지, 북한 정부가 무슨 말을 하는 건지, 북한 사람은 어떻게 살고 싶어 하는지, 남북한이 안전하게 더 좋은 관계로 나아가기 위해서, 더불어 사는 한반도를 만들기 위해서는 어떻게 하면 좋을지 관찰하고 공부하고 해석해서 설명해야 해요. 혹시 북한 사람이 말하는 거 다 이해하세요?

이나영 아니요. 어렵죠.

윤보영 북한 사람의 언어 역시 해석하는 데 노력이 필요해요. 저는 잘 드러나지는 않지만 여전히 말하고 있는 북한 사람의 생각을 짚어가며 보여 주려고 해요. 북한은 정치적인 발언을 함부로 할 수 없는 사회이기 때문에 북한 사람은 매우 사려 깊게 말해요. 그렇지만 하고 싶은 말은 하죠. 함축적으로 언어유희를 하는 거예요. 북한에서 온 사람끼리 노는 공간에서 그들의 대화를 들어보면 알 수 있어요. 강철도 녹일 만큼 강한 의미의 말을 유희하는 말 속에 담아서 놀이하는 것처럼 대화해요. 북한 사람이 정치에 참여하지 못하더라도 어떤 명백한 이데올로기나 조직 또는 체계가 없더라도 아무런 의식이 없는 것은 아니에요. 북한에서 온 사람이 SNS에 편한 말로 올린 글을 한번 보세요.

오주연 낯선 감정이나 단어들이 불쑥 보이곤 하죠.

윤보영 그렇죠? 북한이탈주민끼리 있는 공간에 가 보세요. 계속 언어유희를 해요. 그런데 언어유희 안에 들어있는 말의 의도를 남한 사람은 다 이해하지 못해요. 어느 순간 다툼이 일어나도 남한 사람은 그 맥락을 이해하기 어려워해요. 그래서 '지금 이게 무슨 얘기야? 이 사람 왜 이러지?' 이해가 되지 않으니까 자꾸 '북한 사람은 자존심이 강한가봐'라며 몇 개의 상투어로 특징을 요약해 버려요. 북한에서 온 사람끼리 싸울 때 이유가 말새질[3] 때문일 때가 있어요. 북한에서는 말을 조심해야 하잖아요. 한 사람이 다른 사람에게 자신의 긴밀한 마음 속 비밀을 이야기하면 그건 둘 사이에 그만한 신뢰를 맺었음을 확인하는 의례에요. 그 신뢰를 기만하고 다른 사람에게 이야기를 전달하면 그건 배신이고, 너무나 화가 나는 일인 거죠. 그 맥락을 이해하지 못하면 싸움을 좋아하는 사람, 폭력을 좋아하는 사람, 자존심이 강한 사람들로 북한 사람을 특징지어 버리는, 자칫하면 인종주의적 연구로 흐를 수 있죠.

이나영 북한학을 전공한 사람들은 텍스트를 집중해서 많이 보고 그걸 읽어 내는 능력이 있다고들 하잖아요. 저는 북한대학원대학교에서 거의 10년을 공부했지만 10년을 해도 텍스트를 잘 읽어 낸다고 하는 게 무슨 의미인지 잘 와닿지 않았는데 박사님 얘기를 쭉 듣다보니 무언가 느껴집니다. 여러 측면에서 보고 방법적으로 텍스트를 갖고 노는 그 시간이 축적된 것 같아요. 북한 텍스트를 제대로 읽고 해석한다는 것은 이런 식으로 상황 전체를 이해한다는 것임을 깨닫게 되네요.

---

3) 둘이서 나눈 이야기를 외부로 발설하는 것을 의미하는 북한말이다.

북한이탈주민연구의 윤리성

오주연 북한이탈주민을 통해 북한을 연구한다는 것은 어떤 의미와 한계를 가지고 있을까요?

윤보영 저는 먼저 북한이탈주민들의 이야기를 들어요. 북한에서 온 사람을 인터뷰할 때 케토톱처럼 정보를 캐내는 연구자가 있어요. 북한 사람이 거짓말할 생각을 못 하게 기세를 보여준다면서 '내가 얼마나 북한전문가인지 보여주겠어' 이렇게요. 인터뷰를 하면 사례비를 주지만 돈을 준다고 해서 북한이탈주민을 정보를 빼내야 하는 도구로 봐서는 안돼요. 돈을 받았다고 해도 그 사람은 무조건 자신의 개인적인 정보를 다 줘야 하는 존재가 아니에요. 자신의 경험 중에서 하고 싶은 이야기를 골라서 말을 할 자유와 권리가 그에게 있죠. 저한테는 노먼 덴진 Norman K. Denzin 이나 존 크레스웰 John W. Creswell 이런 분들이 책으로 만난 질적 연구방법 선생님이에요. 질적 연구가 '사회과학적' 연구가 맞느냐는 질문을 얼마나 많이 받았겠어요. 이들은 '우리 연구 맞아' 이걸 설명하기 위해 방법론을 체계화하고 연구할 때 필요한 윤리를 설명해요.

북한이탈주민을 인터뷰할 때 저는 반구조화된 질문을 가지고 만나요. 질문과 쟁점은 준비하지만 순서는 정하지 않고 인터뷰 중에 생각나는 대답을 마음껏 할 수 있게요. 어떤 주제에 대해서 궁금한지 먼저 얘기해요. 제가 이런 주제를 써 보려고 하는데 어떻게 생각하는지 물어보는 거죠. 그러면 북한이탈주민은 단순한 연구의 봉사자가 아니라 능동적으로 자신의 생각을 전개해 주는, 그러니까 같이 연구해 주는 사람이 되죠. 북한에서 왔다고 해서 북한에 대해 모든 것을 아는 것은 아니에요. 남한에 사는 제가 그렇듯이요. 그렇지만 북한은 어떤 곳인가, 어떤 곳일 수 있는가에 대해 그의 경험과 생각, 나의 생각과 자료를 가지고 같이 탐색하는 거예요.

이나영 박사님은 놀이문화를 연구하기도 하셨고 박사논문 같은 경우는 북한이탈주민, 경계 등으로 쓰셨잖아요. 인터뷰를 준비할 때는 연구주제가 일관되지 않아 보였는데 지금 얘기를 들으니까 이해가 됐어요. 주로 경험에 기반을 두거나 북한 사람을 드러내서 보여주기 위한 목적 아래에서 연구 문제를 찾아가시는 거군요?

윤보영 일정 주제를 가지고 인터뷰를 하지만 인터뷰 와중에 주제와 다른 엉뚱한 이야기가 튀어나와요. 그러면 다음에 그때 발견되었던 나의 궁금증을 주제로 또 연구를 이어나가죠. 북한 사회 뇌물 연구는 다른 주제 연구에서 자신이 뇌물을 받았다고 당당하게 이야기 했다가 부인도 받았냐는 질문에 화를 낸 사람과의 인터뷰를 통해서 발견한 문제에요. 뇌물이 '나쁜 거예요, 좋은 거예요?'라고 물어보면 '사회주의적으로 나쁜 거죠. 우리는 공산주의 도덕을 배우잖아요'라고 이야기해요. '그런데 뇌물을 받으셨어요?' 물어보면 '세상이 바뀌었다고요!'라고 대답해요. 차근차근 들어가 보면 북한의 뇌물에 대한 관념과 사회적 맥락이 고난의 행군 이후 달라진 거예요.

기존 북한학계에서 가져왔던 논의로 설명하면 그냥 부정부패죠. 타이타닉호가 빙산과 부딪쳐서 좌초될 때 피아노도 비싸고 자동차도 비싸지만 사람이 우선 살아야 되니까 바다에 버리잖아요. 그런 것처럼 고난의 행군 이전에는 뇌물은 주고받으면 안 됐지만 지금은 나라를 우선 살려야 하고 사람도 살아야 하기 때문에 뇌물을 주고받는 거예요. 나라에서 의무만 주고 임금을 못 줘요. 정부는 각자 할 수 있는 노력을 다 하라고 교육하거든요. 그러면 사람들은 일만 하고 돈을 벌지 못하는 것을 아니까 서로에게 뇌물을 줘요. 내가 받은 상대방의 노력의 대가를 국가에게 맡겨 두는 것이 아니라 개인이 그 자리에서 지불하는 거예요. 그래야 저 사람도 먹고살고 나도 먹고살 수 있으니까요.

이나영 사회가 부정부패해서 뇌물을 주고받는 것이 아니라 일종의 서비스 대가처럼 쓰이는 군요.

윤보영 북한이탈주민도 세대 차이가 있죠. 과거에 탈북한 분한테 이 얘기를 하면 불편해하고 타락했다고 그래요. 북한이 처한 상황과 북한 사람의 문화가 바뀌고 있는 거예요. 저는 이런 것을 분석하는 연구가 너무 재미있어요.

북한학 중간 세대의 마음가짐

오주연 박사님이 북한연구자의 허리 세대라고 생각하는데요. 선배들과 후배들을 비교해 보면 세대별로 북한연구를 하는 지점의 차이가 있나요?

윤보영 젊은 연구자 대 원로 연구자 이렇게 구분하기 어려운 점이 있어요. 이미 구축된 타인의 연구에 자신만의 성찰을 더하지 않는 젊은 연구자의 목소리에 저는 좀 싫증이 나요. 아무리 뛰어난 선생님의 연구여도 새로운 시선으로 모순을 찾아내고 자신의 관점을 더해서 기존의 관점을 탈구축하는 연구를 하는 것이 후학이 선진에게 할 수 있는 예의라고 생각해요. 연구에 집중하는 것보다 그 연구를 통해 자신을 드러내려는 조바심 때문에 젊은 연구자가 성장하지 못하고 실수할 수도 있고요. 원로지만 자신의 생각에만 관심을 갖지 않고 젊은 연구자의 아직 다듬어지지 않은 생각을 존중해 주는 분들이 계세요. 학술회의를 단순히 행사로 생각하지 않고 아직 자리 잡지 못하고 주목받지 못하지만 어지간히 고집부리면서 자기가 하고 싶은 공부를 하는 젊은 연구자가 있으면, 그가 하는 말을 쉽게 판단하지 않고 존중하면서 기다려 주는 원로 선생님이 계시죠. 그동안 동국대학교 북한학과에는 정말 많은 선생님이 와서 강의해 주셨고, 제가 학술회의에서 발표할 때마다 어딘가에 그 선생님이 계세요. 사회자, 토론자, 청중석에요. 제게 눈으로 격려해 주고, 목소리를 조금 더 키우라는 작은 손 사인을 보내고, 너무 긴장한 것 같으면 일부러 고개를 크게 끄덕여 주세요. 원로가 젊은 연구자를 격려하는 방식이라고 느껴요.

오주연 박사님은 어떤 연구자가 되고 싶으세요?

윤보영 저는 북한 사람이 어떤 가치, 행동, 신념, 언어를 공유하고 있는지를 해석해서 외부와 연결하는 연구자가 되고 싶어요. 북한에 살고 있는 사람은 자유가 없이 삶의 모든 측면을 지배당하고 있는 회색의 이미지로 우리 사고 안에 박제되어 있죠. 북한 사람을 고통받는 회색의 사람이 아니라, 그 공간의 진짜 주인으로 민중의 가능성을 드러낼 수 있는 연구를 하고 싶어요. 북한을 정책적 대상이나 타자로만 대하는 연구를 뛰어넘고 싶어요. 학계에서의 제 위치는 어디일까요. 북한, 북한 사람에 대한 제 생각을 꾸준히 성장시켜 나갈 수 있었으면 좋겠어요. 저는 제가 꽤 씩씩하다고 생각하지만 안정적인 공부 여건이 되지 않으면 많이 불안하고 흔들리죠. 제가 다듬어 온 문제에 집중할 수 있도록 애쓰고 있어요.

이나영 지금의 북한학은 정체되어 있거나 위기라고 보세요? 그렇게 생각하신다면 북한학의 발전을 위해 어떤 것이 필요하고 박사님은 이를 실현시키기 위해 어떤 일을 하고 싶으신가요?

윤보영 저는 주로 북한이탈주민을 인터뷰하는 질적 연구방법을 사용하기 때문에 그 과정이 정말 길어요. 연구 계획을 세우고, 다른 학문 분과에서는 이 문제를 어떻게 다뤘는지 찾아보고, 사람을 만나고, 그 이야기를 분석하고, 생각난 질문을 그들에게 하고, 다시 분석하고, 북한의 공식 언어가 그들에게 어떻게 해석되었으며 어떻게 자신의 삶에 투영했는지 해석해야 하죠. 그렇지만 계속 더 명료하게, 북한을 들여다보는 지점에 주목해 가며 나아가고 있죠. 다른 연구자들도 제 눈에는 그렇게하고 있다고 보여요. 동국대학교 북한학과에서 학위 받은 사람 중에 아직 다른 연구 집단으로 이직하지 않은 박사는 거의 사회과학관 안에 있는데요. 각기 다른 방에서 정말 숨 가쁘게 연구하고 있어요. 요란하게 주목받지 않아도 북한에 대한 각자의 문제의식을 점점 더 깊게 예각화하면서요. 연구실에 있다가 식사하고 남산 한 바퀴 도는 게 정말 좋은데 그게 너무 사치스러워서 못하고 있어요. 다른 학교도 그럴 거예요. 과거와 비교했을 때 대학원에 입학하는 사람, 학위를 받은 사람의 비율은 점점 더 늘어 가고 북한에 대한 연구 역시 더욱더 치열해지죠. 정체할 겨를 없이 숨 가쁘게 연구가 진행된다고 느껴요. 위기라고 생각하지 않아요. 연구자라면 자신이 속한 시대에 필요한 연구를 하면서 각자 자신이 하고 싶은 연구를 계속할 수 있게 해 달라고 간절히 소원하지 않을까요. 사회에서 자신의 연구에 관심을 가져 주길 고대하고요. 관심을 가져 주지 않는다고 해서 포기할 수 없어요. 지금 북한학 연구자들이 일구어 놓은 연구들이 다음 연구자들에게 맨땅에 헤딩하지 않을 수 있는 어떤 기반과 장을 만들 거예요. 그리고 그 장에서 만들어지는 다양한 남한과 북한에 대한 이야기들이 한반도에 사는 사람들에게 반드시 도움이 될 거라고 생각해요. 저는 열심히 공부하면서 기도하고 있어요. 너무 소극적인가요. 박사학위를 받고 자리를 잡게 되기까지 너무 긴 시간이 소요되고 그 가운데 사라지는 연구자가 많다 보니 선배들에게 '얼지 마. 죽지 마' 이런 격려를 받곤 하는데요. 마음을 다독이며 공부에 매진하고 있습니다.

북한학의 과제를 묻다

이관형

1979년에 태어났다. 조선대학교 북한학과에 입학했으나 1년 만에 폐과되면서 정치외교학부를 졸업했다. 고려대학교 대학원에서 북한학 박사학위를 받았다. 현재 북한 인권 NGO인 (사)엔케이워치에서 사무국장으로 재직중이다.

주요 저서 및 연구

〈'탈북'에 대한 북한의 시각과 대응 연구〉, 북한대학원대학교 석사학위논문, 2008.
〈북한의 12년 학제 개편을 통한 김정은 정권의 교육정책 분석〉(공저),《북한연구학회보》, 18(2), 2014.
〈북한 주민의 마약 소비 실태〉,《북한마약 조사결과 세미나 자료집》, 북한인권정보센터, 2016.
〈북한주민의 마약 사용 및 중독: 실태와 대책〉(공동연구),《동아연구》, 37(1), 2018.
〈북한 공작원 연구: 전직 공작원들과의 인터뷰〉,《한국군사학논집》, 76(1), 2020.
〈북한 마약 문제 연구: 국가주도형 초국가적 조직범죄 특성을 중심으로〉, 고려대학교 박사학위논문, 2021.
그 외 다수.

이관형 사무국장은 1998년 조선대학교 북한학과에 입학하면서 북한학과 연을 맺었지만, 1년 뒤 학과가 폐과되는 과정을 겪었다. 그렇게 북한학과의 연이 끝났을 수도 있겠지만 연을 놓지 않았고 2008년 북한대학원대학교에서 석사학위를 받았다. 이후에도 다른 분야의 일에 도전하려고도 했지만 때마다 우연히 이어진 인연에 따라 여러 기관을 거치다 보니 현재 북한 인권 NGO인 엔케이워치에서 사무국장으로 일하고 있으며, 2021년에는 고려대학교 북한학과에서 박사학위를 받았다.

이관형 사무국장의 연구에는 탈북 현상과 북한이탈주민 그리고 북한 인권 문제에 대한 관심이 드러난다. 1990년부터 차츰 증가하던 북한이탈주민 입국자 수는 2006년 2천 명을 넘어섰고, 2012년 김정은 정권이 들어서기 전까지 비슷한 수준을 유지했다. 북한이탈주민이 입국자 수가 늘기 시작하면서 1차 자료로는 알기 어려웠던 북한 내부의 이야기를 들을 수 있는 기회가 생겼고 이는 북한연구의 하나의 분기점이 되었다. 학교와 연구소에서 북한이탈주민 인터뷰를 통해 내부의 이야기를 듣고 보충할 수 있는 기회가 생긴 동시에, 탈북 현상과 북한이탈주민을 연구하는 흐름이 새로 생겨났다. 이관형 사무국장도 이러한 시대적 흐름과 개인적인 관심에서 〈'탈북'에 대한 북한의 시각과 대응 연구〉(2008)로 석사학위를 받았다. 이 연구에서는 북한의 1차 자료와 2차 자료, 북한이탈주민 면접을 통해 취득한 정보를 바탕으로 북한이 탈북 현상을 어떻게 보는지 규명했다.

앞서 윤보영 박사가 연구 주제를 발견하고, 북한 사회의 역동을 드러내는 방식으로 인터뷰를 진행한다면, 이관형 국장은 필요한 정보를 취득하고 확인하는 방식으로 북한이탈주민 인터뷰를 진행한다. 북한이탈주민 인터뷰는 북한 내부에 대한 정보를 획득할 수 있는 방법이 적다는 측면에서 북한연구의 한계를 보완할 수 있는 방식이기도 하다. 인적 정보인 휴민트로서의 북한이탈주민의 중요성을 인지하고 북한 당국의 공식 정보와 휴민트 간의 정보 격차를 포착하는 북한연구자의 통찰력을 강조한다.

석사학위를 취득한 이후에는 정부출연 연구기관에서 연구원으로 일하며 북한 교육 등에 관한 연구를 진행하기도 했다. 그러나 그는 북한의 초국가적인 범죄나 마약 실태 등, 전면적으로 다뤄지지 않은 북한 사회의 이면에 관심을 더 기울여왔다. 〈북한 주민의 마약 소비 실태〉(2016)는 그가 북한 마약 문제에 관해 처음으로 발표한 세미나 논문이다. 현장에서 북한이탈주민을 계속 만나면서 북한 마약 문제에 관심을 지속적으로 가져왔고 〈북한주민의 마약 사용 및 중독〉(공동연구, 2018)에서는 북한 내에서 마약에 대한 적극적인 제도적 규제나 예방 교육, 전문 치료 등이 실시되지 않고 있음을 밝혀 냈다.

엔케이워치로 자리를 옮긴 그는 국제 사회에 북한 인권 현황을 알림으로써 변화를 촉구하는 일에도 힘쓰고 있다. 매년 유엔에 청원서를 제출하고 《북한 인권에 대한 국제 옹호활동의 효과》(2020)와 같은 북한 인권 조사 보고서를 발간하기도 한다. 동시에 고려대학교 북한학과에 입학하여 개인적인 연구 활동도 지속해 왔다. 〈북한 공작원 연구〉(2020)에서는 북한 공작원의 개념, 역할, 양성 과정, 임무 수행 등을 북한이탈주민 인터뷰를 통해 정리하고 이에 대한 한국 정부의 대북 전략 수립 방안을 제시했다.

그는 교류협력과는 별개로 북한의 초국가적 범죄나 대남전략을 비롯한 국가 전략을 명확히 알고 이해하는 것을 중요하게 생각한다. 그리고 이러한 연구 활동에 이어 박사학위논문 〈북한 마약 문제 연구〉(2021)를 발표했다. 그는 북한 마약 문제가 북한 주민의 인권 문제일 뿐 아니라 과거부터 이어져 온 북한의 국가주도형 초국가적 조직 범죄의 성격을 띠고 있다고 기술한다.

이관형 사무국장은 학부 시절부터 직접 찾아다니고 만난 북한이탈주민에 대한 관심과 애정을 기반에 두고, 보편적 인권을 기준으로 북한 사회를 깊게 파고들고 있다. 그리고 그 날카로움을 유지하기 위해 배움을 그치지 않는다. 우리는 이관형 사무국장과의 인터뷰를 통해 북한학이 마주하고 있는 과제가 무엇인지, 그리고 이를 해결하기 위해 북한연구자들이 무엇을 해야 할지 고민할 수 있었다.

조선대학교 북한학과 1회 입학생

이나영 혹시 통일을 꿈꾸고 북한학과에 들어가신 건가요?

이관형 전혀 아니었습니다. 수능 점수에 맞추다 보니 그렇게 됐죠. 제가 98학번인데 그때 수능이 상대적으로 난이도가 높지 않아서 점수가 잘 나온 편이었어요. 어느 대학에 무슨 전공으로 가야 하나 고민하고 있었 죠. 그때 아버지가 박카스 한 박스 사들고 아버지 친구분이셨던 유명한 입시학원 원장님을 찾아가 보라 하셨죠. 원장님이 대학이랑 전공별로 점수표가 적힌 큰 종이를 펴시더니 '몇 점이라고?' 묻더라고요. 그분이 추천한 과가 바로 98년도부터 조선대학교 사회과학대학에 신설되는 북한학과였어요. 어느 대학이든 나름 1회 졸업생에게는 메리트가 있다 는 말씀을 듣고 두 번 생각 안 하고 조선대 북한학과에 지원했고 들어 갈 땐 장학금도 받았죠.

오주연 그래도 북한학과를 추천 받았을 때 흥미가 있으니 진학하기로 결정한 거 아닌가요?

이관형 저는 당시 북한에 대해서는 별 생각이 없었어요. 그냥 미지의 세계 정도? 다가가 볼 만한 대상이겠다, 공부해 볼 만한 대상이겠다 그 정도 생각이었죠.

이나영 그래도 그 시대에 북한에 대해 흔히 갖는 이미지가 있었잖아요. 중학생 때 김일성 사망 소식도 들었고 직후에 전쟁이 날 것 같은 두려움도 겪었고요.

이관형 그런 걸 가질 만한 계기가 전혀 없었어요. 저희 집안의 외가든 친가든 실향민이라거나 현대사에 따른 굴곡이 있는 집안은 아니었어요. 그러다 보니 아예 북한에 대해 이렇다 할 생각을 가질 만한 기회나 환경이 없었죠. 제가 살았던 곳이 광주여서 그랬던 것도 같아요. 반공 교육을 받긴 했는데 그렇게 심하지는 않았어요. 어릴 때는 6.25전쟁이나 현충일과 같이 특정 국경일이 되면 계기 교육을 받기도 했지만 딱히 큰 영향을 받지도 않았고요. 나중에 다른 사람들이 빨갱이를 잡던 똘이장군[1] 만화영화를 봤던 이야기를 하거나, 공산당은 모두 뿔이 난 줄 알았다는 얘기를 하면 저도 그 시기를 지냈음에도 불구하고 공감이 잘 안 되더라고요.

---

1) 1978년에 제작된 〈제3땅굴편 똘이장군〉과 1978년에 제작된 〈간첩잡는 똘이장군〉 두 편으로 이루어진 반공 이념을 담은 애니메이션이다.

오주연 전라도라는 지역적 특성이 있었을 수도 있겠네요.

이관형 어릴 때부터 광주에 있는 조선대학교 근처에 살았는데 그때는 대학생들이 매일같이 데모를 하던 때였어요. 아무리 어렸을 때지만 당시 대학생들이 시위할 때 구호를 떠올려 봐도 딱히 북한 관련된 이야기가 있었던 것 같지는 않아요. 그렇게 매일 데모하는 모습을 보다 보니까 조선대 학생들의 이미지가 좋지는 않았죠.

오주연 막상 학교에 들어가니 1년 만에 북한학과가 없어진다고 통보를 받으셨어요. 신설 학과의 실적을 평가하기에 1년은 너무 짧은데 어떤 사정이 있었나요?

이관형 그때는 인식하지 못했지만 당시 한국 사회가 IMF에 접어들면서 정부, 기업, 학교 모두 구조조정을 겪고 있었어요. 1999년도에는 전국적으로 여러 대학이 학과제를 학부제로 구조조정 했고요. 이런 바람이 불면서 조선대학교에서는 북한학과가 1년 만에 통폐합 대상으로 선정된 거죠. 당시에는 정말 부당하고 말이 안 된다고 생각했어요. 나는 이 학과를 졸업하기 위해서 등록금을 내고 들어온 건데, 학교에서 일방적으로 폐과할 테니 전과해라 통보했으니까요. 폐과한다 하더라도, 시차를 두고 학생들에게 양해를 구해야 하는 과정이 있었어야 했는데 그러지도 않았고요. 학교 내부적으로도 좀 시끄러웠던 때에요.

오주연 폐과를 막기 위해 다양한 일을 하신 걸로 알아요. 어릴 때부터 데모하는 대학생들을 좋게 보지는 않았는데 막상 똑같은 일을 해야 하는 입장에 서게 된 셈이죠.

이관형 맞아요. 그때 저도 대학생들이나 학생회처럼 시위하고 데모해야 하는 건가 싶었죠. 하지만 이런저런 안 좋은 일을 봐 오면서 이전의 방식으로 접근하고 싶지는 않았습니다. 그러면서도 효율적인 방법을 찾아야 했고요. 일단은 우리 과의 상황을 짚어보기로 했습니다. 북한학과 1회 입학생이 남녀 학생 각각 21명씩 총 42명이었는데 학생들 간 유대가 깊었어요. 자발적으로 '비상대책위원회[이하 비대위]'를 만들어서 이야기를 나눠 봤죠. 모두 북한학과에 관심이 있던 건 아니어서 사범대, 법대, 행정학과로 전과하기로 마음을 바꾼 사람도 있었어요.

오주연 그때 전과를 생각하지는 않으셨나요?

이관형 북한학과로 입학했다고 해서 무조건 북한학과를 고수해야 할 이유는 없죠. 그때 저는 학문에 대한 호기심이라기보다는 일방적인 폐과 통보 상황이 부당하다고 느껴서 비대위 활동을 계속했어요. 단순했죠. 비대위를 꾸려서 우리 입장을 정리하고, 요약하고, 학교 측의 논리에 반박할 수 있는 근거들을 만들었죠. 그 다음에는 자료집, 보도자료를 구분해서 만들었고 여기저기 보냈어요. 일종의 여론전을 한 셈이죠. 당시 북한학과가 정치외교학과와 함께 정치외교학부 안에 있었는데 1999년에 북한학과 전공을 희망하면서 정치외교학부로 입학했던 친구들도 같이 비대위에 참여해서 힘이 되었죠.

서울에도 상황을 알리기 위해 갔어요. 그때 세종연구소에서 이종석 박사님도 만났는데요. 20대 초반 학생들이 무슨 매너가 있겠어요. 연락도 안 하고 그냥 무작정 찾아갔었는데, 입구에서 경비아저씨가 오늘 세종연구원 창립기념일이서 다들 등산하러 가서 아무도 없다는 거예요. 그래도 여기까지 왔으니까 구내식당 가서 밥이나 먹고 가라고 하시더라고요. 구내식당에 갔는데 마침 이종석 박사님을 만났죠.

오주연 이종석 박사님은 등산을 안 가셨네요?

이관형 네. 안 가셨더라고요. (웃음) 인사드리고 한 시간 정도 얘기를 나눴는데 그동안 본인이 공부해 온 이야기, 북한을 공부하는 방법 등 많은 이야기를 해주셨어요. 그때 해 주셨던 얘기가 아직도 기억나요.

오주연 기억이 남는 이야기가 있다면요?

이관형 북한을 공부하는 방법에 대해서 x축 y축으로 설명을 해 주셨어요. x축에는 시간 순서대로 북한에서 발생했던 사건을 나열하고, y축에는 당시 국제 사회에서 발생했던 사건을 나열해서 사건들을 교차 확인하며 공부하면 훨씬 이해하기 쉽고 폭이 넓어진다고 하셨죠. 뛰어난 연구자가 되려면 영어, 중어, 일어, 러시아어 4개 국어를 할 수 있어야 한다고 하셨고 마지막으로 북한의 원전 자료를 충실히 봐야 된다고 말씀하셨어요.

오주연 북한의 사건과 국제 사회의 사건을 같이 두고 봐야 한다는 건 당연한 얘기인데 막상 인식하고 이해하는 건 쉽지 않죠.

이관형 맞아요. 북한 공부를 할 땐 북한 역사뿐 아니라 중고등학교 때 배웠던 세계사와 한국 현대사를 같이 봐야 해요. 거시적인 부분과 미시적인 부분도 같이 봐야 하죠. 말은 쉬운데 실천은 참 어려워요. 결국은 그게 보일 때까지 열심히 하는 방법밖에 없어요.

당시 교육부에도 민원을 넣었는데, 교육부에서 학교와 접촉을 했는지 통폐합 시기가 약간 늦춰졌습니다. 하지만 시기가 늦춰졌을 뿐 결국 학부로 통폐합됐죠. 비대위 활동을 하면서 '한반도평화연구회'라는 북한 관련 학회를 하나 만들었어요. 군대 갔다 오면 어차피 북한학과는 사라질 테니 북한학과 친구들이 다시 복학을 해서도 관련 학습을 함께 할 수 있는 장을 만들고자 했죠.

오주연 결과적으로는 북한학과에 입학했지만 정치외교학부로 졸업하셨죠. 당시에 북한학을 공부하지 못한 아쉬움이 있었나요?

이관형 결과적으로 전혀 없었습니다. 북한학과가 시작되긴 했지만 커리큘럼이 완벽한 것도 아니었어서 오히려 정치학의 기초를 접할 수 있어서 좋았어요. 또 조선대 북한학과가 남아 있었다 해도 관련 과목이 많지는 않았기 때문에 학점을 채우려면 결국 정치외교학과 수업을 병행해서 들을 수밖에 없는 구조였고요. 지금 와서 생각해 보면 북한 관런 수업을 교양으로 다루는 건 괜찮은데, 학부부터 전공으로 깊게 들어갈 이유는 없지 않나 싶습니다. 사회과학대학 안에서 사회학, 정치학, 외교학, 경제학 이렇게 기초적인 교양과 지식을 쌓아 두면 훨씬 더 좋을 것 같아요. 하지만 제가 그때 북한학을 선택하지 않았다면 지금까지 북한연구를 하고 있을 것 같지는 않네요. (웃음)

이나영 그때 42명의 북한학과 동기 중에서 계속 북한학을 하거나 관련 직업을 갖고 계신 분들은 있나요?

이관형 북한학과 1회 입학생 중에서 석사과정까지 진학한 동기들이 있고, 박사과정까지 진학한 사람은 저 포함해서 세 명 정도 있는 것으로 알고 있어요.

탈북민에게서 북한을 배우다

오주연 학부 졸업 이후 북한대학원대학교 석사과정으로 입학하셨어요. 대학원 진학은 어떻게 결정하신 거죠?

이관형 단순히 1999년도에 결심한 걸 지키기 위해서였습니다. 그해에 경남대학교 북한대학원을 방문할 기회가 있었는데 그때 처음 류길재[2]

---

2) 1987년부터 경남대학교 극동문제연구소에서 연구원과 연구교수로 재임했고, 1998

교수님을 만나면서 북한대학원으로 진학할 결심을 굳혔죠. 군대에 다녀와서 복학한 이후에도 교수님을 저희 학회에 강사로 모시기도 했고, 세미나를 들으러 서울로 올라오기도 했어요. 나중에 들은 이야기인데 제가 막상 대학원 들어와서는 자신을 지도교수로 선택하지 않을까봐 내심 걱정도 하셨대요. 그런데 저는 교수님 말고 다른 분을 선택할 마음이 없었죠. 저 같은 촌놈을 알아봐 주셨고 당시에는 젊고 유능한 교수님이셨으니까요. 그래서 2006년도에 북한대학원대학교에 입학했습니다.

<u>오주연</u> 석사논문으로 북한이 탈북 현상을 어떻게 바라보는지 쓰셨어요. 그 뒤로는 북한이탈주민 교육이나 북한 인권 관련 기관에서 실무자로 일해 오셨고요. 탈북민에 관심을 가지게 된 배경은 무엇인가요?

<u>이관형</u> 탈북민과는 학부 시절부터 교류가 있었어요. 석사과정에서는 연구를 위해 탈북민에게 계속 시선을 두고 있었고요. 당시 북한이탈주민 입국자 수가 늘어나면서 북한이탈주민 관련 논문이 한창 유행할 때였습니다. 대부분 정착, 적응 관련 논문이었는데 축적되는 연구 수에 비해 현실에서는 달라지는 게 없다고 생각했죠. 다들 정착에만 관심을 쏟지 탈북이라는 현상을 근원적으로 파 보려고 하지도 않는 것 같았고요.

년에는 경남대학교 북한대학원 교수로 임용되었다. 2011년 국가미래연구원에 참여하여 '한반도 신뢰프로세스' 정책 입안에 기여하였다. 제37대 통일부 장관을 역임했다.

그냥 연구자들이 만날 수 있는 정도의 탈북민만 접촉하고 눈에 보이는 정도에서 분석하고 쓴 것 같다는 생각도 들었어요. 그래서 1차 자료를 중심으로 북한이 탈북과 탈북자에 대해서 어떻게 생각하고 대응하고 있는지를 알아보려고 했어요. 그때 지도교수님은 그냥 해 보라고 하셨는데 다른 교수님들은 다 그 주제를 말렸어요. 지금이야 북한이 전략적으로 탈북과 탈북민에 대해 언급하지만 당시에는 북한이 스스로 치부를 드러내고 싶지 않을 테니 1차 문헌으로는 관련 내용을 찾기 어렵다고 생각하신 거죠. 다행히 막상 자료를 찾아보니 우려만큼 자료가 없지 않아서 논문을 쓸 수 있었죠.

오주연 탈북민과 만나온 경험들이 논문을 쓰는 데도 도움이 됐을 것 같아요.

이관형 그렇죠. 학부생 때는 북한을 너무 모르니까 북한을 알고 싶어서 무작정 탈북민들을 만나기 시작했어요. 처음에는 어떤 분의 소개로 만났는데 석사과정 시절부터는 다단계처럼 소개 받은 분께 다시 소개를 받으면서 인터뷰를 다닐 수 있었죠. 탈북민한테 밥을 얻어먹고 차를 얻어 마시면서 말이에요. (웃음) 임대아파트 한 동의 1층에서 이야기를 듣고 나면, 2층으로 올라가고 다시 3층으로 가고, 또 그 옆집으로 가고.[3] 한두 명에서 시작한 인터뷰가 몇 십 명이 되고, 몇 백 명이 되니까

---

3) 북한이탈주민은 초기 정착단계에서 임대아파트를 지원받아서 같은 아파트에 거주하는

이제는 탈북민이 아니라 여느 지인들처럼 제 친구이자 친한 형님, 동생 그리고 동료의 관계로 발전하기도 했죠.

오주연 북한이탈주민과는 어떤 이야기를 나누셨어요?

이관형 처음에는 아무것도 모르니까, 정말 이것저것 물어보고 배워야만 했습니다. 학생의 기본 자세는 내가 모르는 부분은 모른다고 인정하고 배우는 거잖아요. 제가 당시에 얼마나 알아서 좋은 질문을 했겠어요. 그래서 주로 그냥 들었습니다. 사실 연구자는 읽기, 쓰기도 잘해야 하지만 듣기, 말하기도 중요해요. 제가 그때 주로 했던 일은 그저 듣는 것이었어요. 그때는 몰랐지만 돌아보면 엄청난 얘기들을 당시에 많이 들었죠. 이 분들이 다른 곳에서는 할 수 없는 이야기들을 저한테 쏟아냈어요. 물어보지도 않았는데요.

오주연 처음에는 주로 들었지만 나중에는 연구자로서 다가가셨겠죠?

이관형 그렇죠. 가장 큰 계기는 석사과정 때 극동문제연구소에서 진행한 한국연구재단의 중점 프로젝트[4]였어요. 제가 그 프로젝트의 조교로 참여했는데, 당시 연구에 참여하신 최봉대 교수님이 인터뷰를 주도해서 하셨습니다. 조교로서 늘 인터뷰를 참관하고 녹취를 풀면서 인터뷰

경우가 많다.

4) 경남대학교 극동문제연구소는 2005년 한국학술진흥재단의 중점 연구소 지원사업의 일환으로 〈북한의 체제전환과 국제협력: 사회주의 체제전환에 대한 비교연구〉 프로젝트를 9년간 지원 받았다.

를 할 수 있는 도구를 배우고 갖출 수 있는 매우 소중한 기회였어요. 동시에 최 교수님을 넘는 연구자가 되고 싶다는 욕심도 들었죠.

오주연 저도 중점 프로젝트가 끝날 무렵에 조교를 했었는데 최봉대 교수님 인터뷰에서 정말 많은 걸 배웠었어요. 그런데 항간엔 최봉대 교수님의 인터뷰 방식은 강압적이다라는 비판도 있었던 것 같아요.

이관형 어느 정도는 어쩔 수 없다고 생각해요. 사회학자나 인류학자 관점에서는 비판적으로 생각할 수 있을 거예요. 라포 형성을 우선하거나 온화하게 접근하는 방식이 아니니까요. 하지만 그 인터뷰에서 중요한 건 짧게는 2시간 내에, 길어도 4시간 내에 필요한 정보를 얻어 내야 한다는 것이었죠. 선택과 집중을 해야 된다면 조금 빠른 속도로 시니컬하게 물을 수밖에 없지 않을까 생각해요. 그렇다고 그 인터뷰가 강압적이거나 인격을 무시하거나 연구자가 아는 정보가 맞다고 밀어붙인 건 아니었어요. 다른 분들과 비교하기는 조금 그렇습니다만, 최 교수님은 정말 연구를 많이 해 오셨기 때문에 다른 연구자들의 인터뷰 실력과 비교할 바가 안 됐죠. 인터뷰를 잘하기 위해서는 배경지식을 정말 많이 알고 있어야 해요. 그리고 그 방식을 탈북민들이 크게 기분 나빠하지는 않았고요. 그때 저는 앞으로도 탈북민 인터뷰를 계속 해야겠다는 마음을 가졌어요. 굳이 업무나 연구가 아니더라도 개인적으로도 인터뷰를 계속 해 왔죠. 아무리 정교한 논증과 학문적 상상력이 동원되더라도 우리가 북한 사회에 접근하는 데는 한계가 있잖아요. 우리의 경험에 빗대어 북한을 이해하고 결과를 도출하려고 하면 안 되죠. 가급적 이 한계를 넘고 싶었고 그러기 위해서는 특정 사건, 시간, 지리를 알고 있는 탈북민을 찾는 것부터가 고단한 작업이었어요.

북한 마약 연구를 시작하다

<u>이나영</u> 대학원 졸업 후에도 북한 관련 분야에서 계속 일할 뜻이 있으셨나요?

<u>이관형</u> 그렇지는 않았습니다. 석사를 졸업한 이후에 몇 개월 동안 취직을 못 해서 굉장히 불안했었어요. 그래서 전공도 포기하고 북한과 관련 없는 분야로 50개 넘는 곳에 이력서를 제출해 보기도 했었어요. 번번이 낙방하거나, 면접을 보러 갔는데 저와 너무 맞지 않거나, 근무 환경이 좋지 않은 곳뿐이었어요. 그러다 경제인문사회연구회에 제출했던 이력서가 운 좋게 교육 관련 정부 출연 연구기관과 공유가 되어서 취직을 할 수 있었죠. 취직한 곳이 주어진 예산을 법률과 규정에 맞게 집행하면서 사업을 진행하는 공공기관이다보니, 사업 계획 수립부터 예산 집행, 결과 도출 그리고 감사까지 전체적인 업무 절차와 과정을 배울 수

있었습니다. 하지만 여러 이유로 이전 기관에서는 2016년에 퇴직했습니다. 퇴직 후 NKDB^{북한인권정보센터}의 윤여상 소장님과 만났는데 그때 북한의 마약 현황에 대한 연구를 언급하시더라고요. 저도 계속 관심 있는 주제였지만 어떻게 시작할지 엄두를 못 내고 있었는데 NKDB에서 마약 관련 프로젝트를 한다고 하셔서 그곳에서 1년 정도 일하게 되었어요.

오주연 북한 마약에는 어떻게 관심을 가지게 된 거죠?

이관형 그전부터 탈북민에게 '빙두'라는 말을 듣기는 했었죠. 북한에서 쓰는 빙두라는 말이 필로폰, 메스암페타민이라는 정도만 알고 있었지 자세히는 몰랐거든요. 그런데 2012년, 2013년, 2014년 해를 거듭하면서 새로 오는 탈북민들이 빙두를 언급하는 횟수가 점점 증가하는 거예요. 특히 이전에 일했던 기관에서 탈북민 교사들을 만났을 때 들은 이야기가 충격적이었습니다. 학생들이 학교에 안 오면 선생님들이 가정 방문을 하잖아요. 중학교 2학년 학생이 학교에 안 와서 집으로 찾아갔대요. 북쪽에서는 필로폰 고체를 기체로 만들어서 흡입하거든요. 가서 보니 그 어린 친구가 그러고 있었던 거죠. 그러면서 그 친구가 하는 말이 '선생님도 같이 하세요' 이러더래요. 현재 북한에는 마약에 대한 이렇다 할 공식 정보 자체가 존재하지 않아요. 1차 문헌에 보면 조선민주주의인민공화국은 마약이 없는 나라라고 말해요. '약쟁이'는 미 제국주의 국가나 자본주의 국가에만 있다고 강조를 하다 보니까 마약에 대한 기본적인 정보 자체도 언급하지 않죠. 예전에 황장엽 씨가 쓴 책에도 북한이 인민들에게 마약의 유해성에 대해서라도 알리면 좋겠는데, 그런 적이 없다고 말했죠.

이나영 마약이 존재하지 않는다고 말하는 나라에서 마약의 유해성을 이야기하는 건 앞뒤가 맞지 않으니까요.

이관형 학교 교육에서도, 사회 교육에서도 일반 사람들이 알고 있는 상식과 교양 차원에서 마약의 유해성을 배울 수 있는 기회가 없고 지금도 마찬가지에요. 그런데 실상은 아이도 하고 임산부도 마약을 해요. 이런 실태를 아는 사람이라면 누구든 분노하지 않겠어요? 아프리카에서 다이아몬드를 캐는 아이들을 보면서도 분노를 하는데 불과 몇 킬로미터도 안 떨어진 곳의 아이들이 그 지경에 있다고 하면 누가 분노를 하지 않겠어요. 저는 당연히 분노했습니다. 더 알아봐야겠다고 생각했고요. 오래전에 오신 분들은 마약에 대한 정보가 아예 없었어요. 2010년 이후에 온 분들만 조금 알고 있고, 최근에 온 사람일수록 마약을 알고 언급하는 빈도수가 높아졌어요. 현재 북한 내 마약 소비 상황이 우리가 상상하고 있는 것보다 더 심각합니다. NKDB 소스를 통해서도 알게 된 정보도 있지만 개인적으로 탈북민들과 계속 관련 인터뷰를 했습니다. NKDB를 나오면서는 북한의 마약과 관련한 논문을 쓸 생각으로 박사과정에 진학했죠.

연구자이자 실무자로 살다

오주연 석사과정을 마치고 10년 정도 실무를 하고 나서 박사과정을 간다는 것이 쉬운 결정은 아니었을 것 같아요.

이관형 어쨌든 직장도 계속 연구와 관련된 일이었고 현장에서 업무와 실무 경험을 쌓다 보니 제 자신의 중간 성과를 박사논문으로 남기고 싶었어요. 그 다음으로의 도약을 위해서도 필요했고요. 그런데 결정적으로 진학을 결심하게 된 건 뜻밖의 계기였어요. 학부 시절에 저희 학회가 전국 북한학과 연합 토론회를 주관했을 때 알고 지냈던 명지대학교 북한학과 후배가 있었어요. 그 후배는 지금 북한 관련 일을 하고 있지는 않고요. 그런데 제가 NKDB를 퇴직했을 무렵 갑자기 연락이 와서 밥을 한번 먹기로 했죠. 가끔 연락하는 정도의 사이었는데 그 친구가 대뜸 '형, 그동안 공부한 게 아깝지 않냐'고 하더니 내일 모레 고려대학교 북한학과 대학원 입학원서 제출 마감이라고 얘기를 하는 거에요. 그러면서 저한테 맞는 선생님은 거기에 있는 것 같다 하더라고요. 그 말을 듣고 바로 원서를 써서 지원해 합격했습니다. 신기한 일이죠.

이나영 이쯤이면 계속 북한학을 하도록 이끄는 어떤 다른 힘이 있는 것도 같네요. 박사과정을 하면서도 계속 일을 하셨죠? 어떻게 일을 하면서 논문까지 쓰셨어요.

이관형 박사과정 입학과 동시에 다른 공공기관의 부서장으로 일을 했었는데 퇴사 후 학업을 이어가고 싶었습니다. 그런데 퇴사를 하니 엔케이워치 안명철 대표님이 같이 일을 해보자고 제안을 해주셨죠. 그래서 지금은 북한 인권 감시기구인 엔케이워치에서 일하고 있습니다. 여기에서 일하는 덕분에 학위논문을 쓸 수 있었어요. 일이 바쁠 때는 일에 집중해야 하니 잠깐 빈 시간이 생긴다고 해도 바로 학업 모드로 전환할 수가 없잖아요. 아마 기관의 여러 배려가 없었으면 논문 쓰기가 더 어려웠을 거예요. 대표님께 마음의 빚을 갚자고 시작한 일이었는데 다른 빚이 또 생겨버렸죠.

오주연 실무와 연구 두 영역을 모두 해 보니 어떤 차이가 있다고 생각하세요?

이관형 저는 업무와 연구의 차이가 없다고 생각해요. 업무와 연구의 절차는 사실 똑같죠. 혹시 다들 〈미생〉을 보셨다면 이해가 빠르실 거예요. 우리 회사가 무역을 중개하는데 아랍권에서 철강을 구매하길 원한다고 해봐요. 그러면 먼저 시장조사를 철저히 해야 하죠. 철강이 어디가 제일 싸고, 아랍권에서 필요로 하는 건 정확히 뭔지 알아야 하니까요. 그 다음에는 계획 단계죠. 상사에게 조사한 내용을 보고하고, 회사는 적합한 계획이 나올 때까지 준비를 합니다. 그리고 계획이 나오면 회사는 이 프로젝트를 실행하기 위해 투자를 하고요. 재무팀에서 돈을 받고 법인

카드를 받아 와야 하죠. 이렇게 돈이 나온 후에는 열심히 실행해야 합니다. 마지막에는 프로젝트가 완료되겠죠.

연구도 마찬가지입니다. 기존 연구를 분석하고, 목차를 세워서 연구 계획을 세운 다음에, 연구에 필요한 자금을 조달받고, 연구를 실행하고, 연구의 진행 과정을 프로젝트 연구자들과 상의하고, 그리고 마지막엔 논문으로 결과를 내는 겁니다.

오주연 그렇게 말씀하시니 상품을 기획하고 만드는 과정과 논문이 크게 다르지 않네요.

이관형 그렇죠. 상품을 팔기 위해서는 기존 상품과 차별성이 있어야 해요. 내 연구의 차별성과 필요성을 따지는 과정과 같겠죠. 그래서 연구와 실무는 다르지 않다고 생각합니다. 저는 경제적 상황이 좋지 않아서 전업 학생만 하기가 어려웠어요. 그래서 직장을 다니면서 공부할 수밖에 없었습니다. 연구자 따로, 실무자 따로 나누는 것 자체가 이상해요. 다른 말로 하면 모두가 연구를 해야 하죠. 〈골목식당〉에서 백종원 씨도 매번 하는 말이 철저한 시장조사와 연구를 통해 자영업이 성공할 수 있다고 하잖아요. 연구도 마찬가지입니다. 철저한 기존 연구 조사와 데이터 취득을 통해서 실행되고 성과를 얻게 되죠.

실무자도 마찬가지에요. 만일 북한 인권 단체 혹은 남북교류협력 단체에서 일하는데 북한에 대해 공부를 하지 않으면 조사할 수 있는 콘텐츠와 데이터에 한계가 생깁니다. 그리고 이런 한계는 결국 일에 영향을 미칠 수밖에 없어요. 반드시 대학원 공부를 하지 않더라도 한번이라도 더 찾아 보고 검색해 보면 얼마든지 알 수 있는 정보가 많아요. 특별한 연구 역량이 아니라 성실하게, 정직하게 데이터를 취득하고 교차 확인하는 역량이 필요한 거죠.

진영 논리를 넘어서는 북한 인권 문제

이나영 아무래도 북한 인권 문제를 다루는 단체에서 일하시다 보니 진영 논리에 따라 보수 진영으로 분류되는 경험도 있으실 거 같아요. 북한 인권 문제에 주목하시는 개인적인 이유가 궁금합니다.

이관형 저는 외부의 시선이나 진영 논리는 생각하지 않아요. 그런 것까지 신경 쓰면서 일을 할 여력도 없고요. 이직을 염두에 두다 보면 이런 시선이 걱정되지 않냐고 묻는 분들도 있는데요. 저는 딱히 그렇지 않다고 대답해요. 제3세계 사람들의 인권이든, 난민 인권이든, 여성 인권이든, 아동 인권이든 관계없이 인권 문제는 사람의 존엄함을 중심에 두고 접근하면 좋겠어요. 인권 문제는 공감의 문제입니다. 북한 내에도 세계인권선언 1조인 '모든 사람은 태어날 때부터 자유롭고 존엄하며 평등하다'라는 보편 상식이 적용되는 것은 매우 중요하다고 생각해요. 요즘 사람들이 가정 폭력, 아동 폭력 문제가 뉴스로 나오면 엄청나게 분노하잖아요. 북한 인권 문제도 똑같다고 생각해요. 다들 북한 주민에게 인도적 지원을 하자고 말하면서 북한 주민들의 인권 문제가 나오면 말을 안 해요. 인권 문제를 언급하면 진영 논리에 휘말리니까 중립에 서고 싶다고 말하죠.

이나영 북한은 '보편적 인권'이 언급될 때마다 국가마다 인권의 기준이 다를 수 있다고 말하잖아요.

이관형 그렇죠. 북한은 정치적, 사회적, 경제적 권리를 침해하지 않는 보편적인 인권 기준을 자본주의 체제, 서방 세계의 논리라고 말하죠. 인권 문제는 자국의 특수성 기준에 따라야 한다고요. 한국의 일부 여론에서도 북한의 3대 세습정권은 북한 주민들이 자율적 의지에 의해 선택해서 따르는 것이라고 말하기도 합니다. 이런 여론의 이면에는 '북한은 특수한 상황이라서 3대 세습정권을 따를 수밖에 없고, 이 정권의 권력 정당성이 주민들에게 세뇌되고 있기 때문에 어쩔 수 없다'는 인식이 깔려 있어요. 즉 북한의 정치체제에 인권 문제가 없다고 생각하는 것이 아니라 '이미 유일적 영도체제, 즉 독재체제에서 살아왔으니 앞으로도 그렇게 살 수밖에 없다'는 논리로 귀결될 수 있다는 점이 우려됩니다.

오주연 엔케이워치의 접근 방법은 국제적으로 북한의 인권 현황을 알려서 국제 사회가 북한을 압박하도록 하는 전략인 것 같아요. 실제로 어느 정도의 효력이 있다고 생각하세요?

이관형 엔케이워치의 입장에서 하는 말이겠지만, 과거에는 보위부[5] 구류장이든 보안성[6] 구류장이든 일단 거기에 들어가면 무조건 고문 당하고 욕설을 듣는 게 일상이었어요. 게다가 구류장 위생 시설 자체가 끔찍하고요. 상처를 입어도 당연히 치료해 주지 않고요. 북한도 문서상으로는 국선 변호사가 존재하지만 쓸 수도 없어요. 물론 국선 변호사가 재판소에서 근무하고 있으니 애초에 말이 안 되죠. 북한도 당국 차원에서는 법관[7]들이 인권 침해하지 말라고 오래전부터 이야기해 왔지만, 한편으로는 사회주의 법무원칙에 따라 법에 대항한 사람들은 무조건 무자비하게 처벌합니다. 그런데 김정은 시대 이후에 확실히 변화가 있다는 것이 확인되었어요. 물론 국경 지역인 함경북도, 양강도에만 해당하는데 구류장 내 구타와 고문 횟수가 눈에 띄게 줄었다고 합니다. 위생

---

5) 1973년 설립된 국가정치보위부는 수령의 권위와 위신, 권력체제에 대한 훼손과 비판을 예방하고 수사와 반국가범죄 법률 집행을 전담하는 부서이다. 설립 이후 대내적 상황 변화에 따라 국가보위부, 국가안전보위부, 국가보위성 등 여러 명칭으로 개칭되었다. 국가보위성은 북한 형법, 형사소송법에 명시되지 않은 법률을 집행하기도 하는데 대표적인 사례가 관리소(정치범수용소) 구금과 운영이다. 또한 관리소 구금 대상인 이주자(정치범)를 결정하는 것도 국가보위성이 수령의 비준을 받아 집행하고 있다.

6) 치안 유지를 주 임무로 하는 북한의 국가기구로 우리의 경찰에 해당한다.

7) 보위원, 보안원, 검사, 판사 등 사법 당국자를 일컫는다.

시설도 과거에 비해서 훨씬 나아졌고 심지어 깨끗한 담요도 준다고 해요. 이전에는 상상도 못했거든요. 물론 지역 보위부, 보안서별로 운영 기금 상황이 고르지 못하고 이러한 변화가 황해도나 평안도 같은 내륙 지역도 확인해 봐야 확실히 변했다고 할 수 있겠지만요.

오주연 북한이 국제 사회의 기준과 시선을 의식한다는 거죠?

이관형 당연하죠. 최근에 김정은 집권 이후에 나오는 혁명 일화집이나 우상화를 목적으로 하는 단행본에서 김정은의 장점으로 부각하는 것 중 하나가 '국제적인 지도자'에요. CNN과 같은 외신, 국제 사회에서 김정은을 칭찬한다, 우리 장군님이 트럼프 대통령도 만났다, 이렇게 위대한 지도자라는 것을 부각하는 거죠. 국제 사회의 인권 문제 비판을 의식한 것은 과거의 사례에서도 찾아볼 수 있어요. 1980년대에 보위원이 탈북한 사례가 있었습니다. 이 보위원의 증언으로 한국을 비롯한 국제 사회에서 정치범수용소가 엄청난 이슈가 되었죠. 이를 계기로 80년대 말부터 90년대 초반까지 정치범수용소 일부가 해체되기도 했습니다. 물론 정치범들은 석방하지 않고 다른 수용소로 이전시켜 이 자체를 근본적인 변화로 보기는 어렵지만요. 북한은 수령에 대한 충실성에 모든 게 다 종속된 구조입니다. 그래서 수령을 헐뜯는 것은 곧 공화국 전체에 대한 모욕이기 때문에 아예 없애 버리는 거예요. 욕을 한 사람뿐만 아니라 그 사람의 가족, 자리에 같이 있던 사람들, 동료까지 동심원을 그려 모든 관계자를 절멸시킵니다. 말이 새어나가지 않기 위해서죠. 그런 사람들이 가는 정치범수용소가 밖에서도 몇 호, 몇 호 수용소라고 알려졌으니 없애라고 한 거죠. 엔케이워치 안명철 대표가 그 해체 작업에 직접 투입되었던 분입니다.

이런 걸 보면 북한 당국이 국제 사회의 시선을 신경 쓰지 않는다고 말할 수는 없죠. 2003년도부터 유엔에서 북한 인권 문제가 주목받기 시작하자 북한에서도 2000년대 중반부터 외무성에서 관련 부서를 만들어 대응하기 시작했습니다. 그리고 해외 주재 외교관들의 성과 지표가 담당 주재국의 유엔인권결의안 '반대표'가 되었습니다. 반대로 담당 주재국이 '찬성표'를 던지면 해당 대사와 외무성 지역국 실무자는 평양에서 개최되는 대사회의에서 비판 대상이 됩니다.

오주연 북한의 정치체제를 역용해서 북한 인권 문제를 해결하라고 압박하는 거군요.

이관형 그렇죠. 북한의 논리 그대로 되받아쳐서 주는 거죠. 공부를 하면 북한이 어디가 아픈지 어느 포인트를 노려야 하는지 알게 되잖아요. 기왕이면 효율적이어야죠. 지금 이 순간에도 북한 사회과학원에서는 '국권'을 보호하기 위해서 열심히 논리를 만들고 있는데 어떠한 논리를 창발적으로 생성한다 해도 진실을 덮을 수는 없습니다.

데이터의 한계를 뛰어넘는 북한연구

오주연 이건 공통 질문인데요. 북한학은 어떤 학문일까요?

이관형 제가 감히 정의할 수는 없다고 생각하지만, 북한학을 배운 학생의 입장에서 생각하면 그냥 사회과학이자 지역학이고 다른 학문들과 조화롭게 어우러져야만 생존할 수 있는 학문이라고 생각합니다.

이나영 분과 학문이 될 수는 없다고 생각하시는 건가요?

이관형 언젠가는 될 수도 있다고 생각합니다. 그런데 학과가 독립하려면 결국 정부에서 하는 대대적인 투자가 필요해요. 북한학과는 일종의 벤처학과잖아요. 다른 말로 스타트업이라서 누군가의 투자가 필요해요. 국가에서 투자하든, 대학에서 투자하든, 투자해야 성장을 하는데 투자가 없으면 어떻게 살아남겠습니까. 조선대학교 북한학과처럼 폐과하면 그냥 사라지는 거죠. 그래서 앞으로의 투자 여부에 따라서 독립 여부가 결정되겠지만, 현재로는 독립하기 힘든 학문입니다. 그리고 당연히 북한만 봐서는 연구를 지속할 수 없고요. 제 논문의 경우도 범죄학의 조직범죄이론이 같이 들어가요. 물론 이런 경향은 북한학뿐 아니라 다른 전공도 마찬가지라고 생각하고요.

오주연 사실 이제는 학제 간 연결이 긴밀해지면서 전공 구분의 엄격함이 점점 사라지고 있죠.

이관형 역으로 다른 전공자 역시 북한연구를 하고 싶다면 북한학이 잡아놓은 틀로 북한에 대해서 공부할 필요가 있습니다. 단순히 기존 연구만 보면서 쉽게 공부하려고 하지 말고 1차 문헌부터 찾고 읽는 연습을 해야 합니다. 열심히 품을 팔고 투자하는 게 필요하죠.

이나영 그냥 소재만 갖다 쓰기보다는 북한에 대한 전반적인 이해가 필요하다는 말씀이시죠.

이관형 물론입니다. 특히 북한은 아시다시피 정치권력이 과잉된 국가입니다. 정치권력 메커니즘 즉 수령의 노동당을 통한 당적지도를 이해해야만 다른 영역도 고찰과 분석이 가능해요. 여기까지 공부하기는 어렵겠지만 이 프레임을 갖추고 나면 이후는 상대적으로 편해지죠. 예를 들어 1960년대 《조선말 대사전》은 굉장히 두꺼웠는데 1972년도 김정일이 등장한 이후에는 사전에 수록된 단어 양이 갑자기 줄어듭니다. '아, 이건 수령이 자본주의 말과 계급적인 말을 다 없애라고 하면서 없어졌구나'라고 그 맥락을 이해할 수 있는 거죠. 북한의 경제, 군사, 문화, 인권 등 다른 영역을 설명하기 위해서는 이 프레임을 이해해야 합니다.

오주연 예시를 들으니까 이해가 가네요. 그러니까 북한연구를 할 때 정치학 이론, 사회학 이론이 필요한 것처럼 북한연구를 하고 싶은 사람도 북한학에서 말하는 기초와 틀을 배워야 한다는 뜻이군요.

이관형 그렇죠. 따라서 다른 전공자들이 북한연구에 접근하고 싶으면 똑같이 자기 전공을 공부하듯이 노력을 들여야 한다고 생각해요. 북한 연구자도 논문 쓸 때 다른 전공 이론들 굉장히 열심히 공부하잖아요. 그리고 볼 수 있는 북한 자료가 적다고는 하지만 사실 마음만 먹으면 얼마든지 찾을 수 있고요.

이나영 그렇죠. 그런 얘기들 많이 하잖아요. 북한연구도 자료가 없다는 핑계는 이제 그만 대야 한다.

이관형 네. 맞습니다.

이나영 국장님은 어떻게 자료를 수집하세요?

이관형 저 같은 개인 연구자들은 조직과 예산의 힘을 빌리는 데 한계가 있기 때문에 공개된 자료, 인적 정보, 위성 자료 등을 통해 정보를 먼저 획득합니다. 공개된 자료에는 북한 당국이 공개적으로 발행하는 1차 문헌도 속하죠. 북한은 이를 '출판보도물'이라고 하는데 이건 최고지도자의 위신과 권위 보호, 로동당의 당면 목적과 최종 목적 달성이라는 명분에 종속됩니다.[8] 따라서 이 명분을 위해서라면 사실과 거짓, 왜곡의 경계를 자유롭게 넘나들 수 있죠. 모든 1차 문헌이 거짓과 왜곡을 하고 있다는 뜻이 아니라 북한 당국이 보여 주고 싶고 전하고 싶은 내용만 전달하기 때문에 비판적이고 객관적으로 접근할 필요가 있다는 말입니

---

8) 〈(사설) 우리 당 출판보도물은 사회주의사상진지를 튼튼히 지키는 위력한 무기이다〉, 《로동신문》, 1995년 11월 1일 1면 참조.

다. 하지만 이건 정해진 분석 틀이나 이론에 따라서 사실과 거짓을 가를 수 있는 게 아니어서 결국 연구자 스스로 양심에 따른 해석이 필요합니다. 정치적 입장에 따른 아전인수식 해석과 일관성 없는 해석은 지양해야 하죠. 그리고 북한 자료뿐 아니라 미국의 CIA에 올라온 자료나 미국의회도서관에 올라온 소련 비밀 해제 문건도 도움이 됩니다. 예전에는 외부에 올려놓지 않아서 힘들었는데 이제는 정말로 잘해놔서 깜짝깜짝 놀라죠. 저는 이런 자료들을 주기적으로 찾아봅니다.

이나영 예전에는 연구자들이 직접 문서고에 가서 노획 문서를 뒤져서 자료를 찾아냈다는 등의 전설처럼 내려오는 이야기들이 있는데, 그런 수고를 더는 안 해도 되는 세상이군요.

이관형 그렇죠. 물론 이렇게 해도 나오지 않는 자료들은 시간과 발품을 들여서 찾을 수밖에 없어요. 헌책방에 가서 절판된 책을 찾는 것과 똑같습니다. 그렇게까지 노력했음에도 불구하고 못 찾는 것들도 당연히 많을 수밖에 없죠. 지금은 CIA가 홈페이지를 바꿔서 접근이 안 되는데 작년 말까지만 하더라도 그곳 라이브러리에서 북한 관련 문서들을 많이 봤어요. '노스 코리아^{North Korea}'만 쳐도 50년대, 60년대, 70년대의 관련 문헌이 쫙 나왔죠. 다만 스캔된 파일이어서 문자를 긁을 수 없어 번역하는 데 힘이 들긴 했습니다. 소련 비밀 해제 문건은 직접 품을 팔아야 하고 중국 공산당도 비밀 해제를 계속하고 있는데 관심 있게 봐야 합니다.

이나영 국장님은 앞서 말씀하신 것처럼 탈북민 인터뷰를 통해 자료를 얻는 부분도 많을 것 같아요.

이관형 아무래도 그렇죠. 휴민트^{HUMINT}는 탈북민 인터뷰가 유일합니다. 그리고 이 방법론은 매우 중요하고요. 북한이라는 대상을 파악할 때 정보 기관이 됐든, 몇 십 년의 연구 경력을 갖고 있는 연구자가 됐든 전혀 접근할 수 없는 영역이 있어요. 바로 북한의 내부 사정이죠. 미국이나 한국의 도서관과 문서고에서 자료를 찾는 노력과 마찬가지로 그 영역에 대해 알고 있는 탈북민을 찾아서 접근해야 합니다. 그 뒤에는 충분한 역량을 갖추고 질문을 던져야 하고요. 현문을 던져야 현답이 나올까 말까 하는데 우문을 던지면 우문이 나올 수밖에 없죠.

이나영 탈북민의 증언을 통해서 북한을 보는 것의 한계를 지적하는 입장도 있는데요. 어떻게 생각하세요?

이관형 말씀하신 것처럼 간혹 탈북민들의 증언에 신빙성이 없다, 북한 체제가 싫어서 나온 사람들인데 어떻게 좋은 시선으로 답할 수가 있겠냐하는 세간의 평가들이 있죠. 물론 탈북민들의 증언들에도 의도적인 거짓, 비의도적인데 결과적으로 거짓이거나, 기억의 왜곡이 존재할 수 있습니다. 그런데 결국 증언이 정확한 내용인지 사실 여부를 판단하는 것은 어디까지나 질문을 던지는 사람 즉 연구자의 몫이에요. 요약하면,

자신이 알고 싶은 정보에 대해 명확히 알고 있는 탈북민들을 찾아서 가급적 정확하고 한정된 질문을 던져야 하고, 그 답을 교차 검증하고 식별할 수 있는 능력이 선행된 후에 이러한 평가가 가능합니다.

연구영역에 따라서는 북한을 들여다보기 위해 위성 정보를 사용하기도 하죠. 민간인은 당연히 군사위성과 같은 첨단 기술의 힘을 빌릴 수 없기 때문에 쉽게 활용할 수 있는 것이 구글 어스^{Google Earth}입니다. 특정 사건에 따른 공간 정보를 파악하기 위해서는 탈북민 인터뷰 시 구글 어스를 함께 활용하기도 합니다. 상대방이 정확한 정보를 이야기하는지는 구글 어스상에서 정확한 장소를 지정하는지 못 하는지로 확인할 수도 있겠죠.

이나영 여러 출처를 통해 모은 정보들의 교차 확인이 중요하네요.

이관형 맞아요. 수많은 시행착오와 함께 여러 사례를 축적해 연구자 개인만의 데이터베이스를 만들어야 합니다. 상대방이 맞는 얘기를 하는지 여부를 내 머릿속에서 꺼낼 수 없다면 내 데이터베이스를 통해 검증하거나, 어떤 자료를 통해 교차 검증할 수 있는지를 알아야 하죠. 그리고 당연히 접근할 수 없는 정보도 있어요. 실례로 북한의 관리소[9], 관리소 중에서도 완전통제구역이 이에 해당합니다. 완전통제구역에 대한

---

9) 북한의 정치범수용소를 이른다. 공식적인 구금 시설이 아니어서 북한에서는 그 존재를 부인한다.

위도와 경도를 가르쳐 줘도, 이 부지가 워낙 넓고 마을형 수용소여서 위성사진으로는 수용시설인지 민가인지 구분하기가 어려워요. 따라서 이 정보는 그곳에서 생활한 정치범 혹은 보위부원, 경비대원만 알 수 있는데 현재까지 완전통제구역에서 석방된 정치범은 없고, 있다고 하더라도 그분들은 혁명화구역에서 구금되었다가 석방된 후 탈북한 분들입니다. 따라서 이 정보를 아는 사람이 누구인지 찾아내고 접근하는 것부터가 연구 역량이라고 할 수 있습니다.

오주연 국장님만의 차별점은 그런 네트워크와 데이터베이스를 갖춘 것이겠어요.

이관형 차별점이라기보다는 그동안 시간과 노력을 투자해서 네트워크를 갖췄기에 가능한 거죠. 이제는 그 덕분에 정보가 알아서 들어오기도 합니다. 고깃집을 오래 하면 아는 도축업자가 좋은 부위가 나오는 날에 알아서 갖다 주는 것처럼요. 그만큼 신뢰 관계를 오랫동안 쌓았으니까요. 저는 그만큼의 품을 들여서 데이터베이스를 갖췄을 뿐이죠. 물론 앞으로도 지속적으로 보완할 예정입니다. 데이터를 많이 축적했다고 해서 뛰어난 연구자인 것은 아니에요. 결국은 데이터들을 기존 정보와 비교 분석하여 사용할 수 있는 정보로 가공하고 결과물을 내놓는 것은 또 다른 역량이 필요하죠. 저도 부단히 노력 중입니다.

국내 연구자들이여 해외로 진출하라

오주연 지금 북한학은 정체되어 있거나 위기일까요?

이관형 위기죠. 학문의 중심은 당연히 대학이기 때문에 대학이 위기인 상황에서 어떻게 북한학만 위기가 아닐 수 있겠어요. 또 하나는 북한학 전공자들이 다양한 분야에 진출하는 어떤 롤 모델이 만들어지지 않은 것도 문제입니다. 2019년 어떤 NGO에서 주최한 워크숍에 강연자로 참석해서 학부생들과 대화를 나눌 기회가 있었는데, 한 학생들이 그런 얘기를 하더라고요. 학부 시절부터 북한학을 전공한 사람들이 사회에 나와 롤 모델이 된 사례가 있으면 우리도 그걸 보고 열심히 할 텐데 아무리 눈 씻고 찾아봐도 없다는 거예요. 이 말이 정말 가슴을 찌르더라고요. 북한 문제는 한국 사회에서 늘 정치 문제로 종속되면서 선출직, 정무직 공무원들이 먼저 화두를 던지고 나머지 행정직 공무원들은 이를 집행하고 수습하는 형태로 나가요. 전문가의 영역이 아니라 정치인과 관료의 영역인거죠. 다른 분야도 마찬가지겠지만 북한 분야는 유독 심하죠. 그래서 정치인이 되거나 공무원이 되지 않는다면 북한 분야 전문가가 실제로 영향력을 발휘할 만한 자리에 들어갈 수 있는 곳이 현실적으로 없습니다.

오주연 북한전문가들이 실제 영향력을 발휘할 수 있는 자리가 없다는 것이 굉장히 아쉽네요.

이관형 자리가 있어도 소리를 잘 내지 않죠. 사실 대학에서 교편을 잡으신 분들은 자리가 안정됐기 때문에 비판할 수도 있는데 어떤 정권인지를 막론하고 잘 하지 않습니다. 박사든 교수든 지식인의 자세는 사회에 비판적인 역할을 하고 대안을 제시하는 것 아닌가요. 북한학은 철학이나 수학처럼 순수학문이 아니기 때문에 철저하게 현실에 기여하는 방향으로 가야 한다고 생각합니다.

이나영 북한학자는 어떤 희망을 가져야 할까요?

이관형 사실 북한에 늘 정치적으로 접근하는 한국의 환경이 아쉽다고 생각한다면, 북한학 전공자들도 이제는 해외시장으로 범위를 넓히는 것이 좋지 않을까 싶습니다. 물론 북한에 관심을 갖는 지역도 미국과 유럽 정도지만 그래도 한국보다는 시장이 크죠. 저는 한국의 북한연구자들이 확실히 해외 연구자에 비해서 강점이 있다고 생각합니다. 해외 연구자들 같은 경우는 한국어를 못 하기 때문에 대개 데이터를 영문으로만 취득합니다. 그러다 보니 2차 자료만 보게 되면서 부정확하고 틀린 데이터를 활용할 가능성이 매우 커요. 실제로 다른 나라의 북한연구를 보면 실망스러운 경우가 많죠. 저희만 해도 미국 연구를 한다고 하면 영어가 기본이고 중국 연구를 한다고 하면 중국어가 기본이잖아요. 필히 그 나라 언어를 알아야 연구를 할 수 있는데 해외에는 아직 그렇지 않은 북한연구자들이 대부분이죠.

오주연 말씀하신 것처럼 세계북한학대회 같은 국제학술회의에서 해외 연구자들의 발표를 들어보면, 이미 국내 연구자들이 충분히 다뤄온 주제이거나 북한을 바라보는 시각이 불편한 경우도 있었어요. 그저 해외의 어디 유명한 대학의 연구자라는 타이틀을 보고 초청하는 건 아닌가라는 생각이 들기도 했어요.

이관형 그렇죠. 봉준호 감독이 2020년 아카데미 시상식에서 수상 소감으로 "1인치 정도 되는 자막의 장벽을 뛰어넘으면 여러분은 훨씬 더 많은 영화를 즐길 수 있습니다"라고 말했듯이, 해외 북한연구자들은 언어의 장벽부터 넘어야 한다고 생각합니다. 좀 더 정확한 데이터를 취득하기 위해서는 아주 기본이거든요. 탈북민 인터뷰도 마찬가지입니다. 일부 탈북민들이 왜곡된 정보를 말해서 논란이 됐던 큰 사례들이 몇 개 있었죠. 이 때문에 전체 탈북민들의 증언 자체가 신뢰도가 없다고 말하는 경우가 있어요. 그런데 해외 연구자들이 한국어를 할 수 있다면 이렇게 해외 매체에 소개되는 탈북민들이 아니어도 다른 탈북민을 많이 만날 수 있잖아요. 언어의 한계를 넘지 못하면 결국 쉽게 얻을 수 있는 인터뷰 같은 자료만 보게 되고 정확하지 않은 데이터를 취득하게 되죠.

이나영 그런 점에서 한국 연구자들이 해외에 더 자신 있게 많이 진출할 필요도 있다는 얘기군요.

이관형 네. 현재 상황의 반대급부로 해외 시장에 파고들면 좋겠어요. 국내 북한연구자들은 한국이라는 플랫폼 안에서만 있으려고 해요. 해외 연구자들의 플랫폼을 통해서도 나아가면 좋겠어요. 저보다 후배 세대들이 외국어도 훨씬 잘하잖아요. 특히 미국은 논문보다는 역시 책이거든요. 책을 내면 이름도 알려지고 사람들의 접근도가 높아지기 때문에 영역을 넓히는 데 도움이 됩니다. 직접 가지 않더라도 여러 방법으로 영역을 확장해야 한다고 생각합니다.

연구로 기여하고 싶은 일

이나영 앞으로는 어떤 연구를 하고 싶으신가요?

이관형 일단 북한의 초국가적 조직범죄가 마약만 있는 건 아니에요. 돈세탁, 무기 거래, 사이버 공격 등이 다 포함됩니다. 북한이 기만하고 은폐하는 범죄의 패턴에 대해 조금 더 파 보고 싶어요. 일종의 기만 백서랄까요? 북한이 써 왔던 수법은 1940년대부터 크게 바뀌지 않았어요. 기술의 발전에 따라 바뀌었을 뿐이지 큰 틀에서는 같습니다. 과거 중국이나 소련이 했던 방식을 열심히 배워서 자기들만의 틀로 적용하고 철저하게 실리적으로 움직이는 거죠. 미국의 제재, 유엔의 제재도 열심히 잘 피해 다니고 있어요. 그런데 어떻게 피해 다니는지를 파악하기가 어렵죠. 그 과정을 더 연구하고 싶습니다.

그리고 두 번째는 만일 기회가 된다면 수령 독재, 다시 말해서 유일지도체제 메커니즘을 통해서 북한의 반인도적 범죄 책임 규명에 대한 시사점을 밝히고 싶어요. 인권 피해자가 국가 수령하고 어떻게 연결이 되는지 공부한 사람들도 설명을 잘 못합니다. 왜냐하면 쉽게 말하는 당적 지도의 과정을 명확히 파악하기가 어렵거든요. 1차 문헌에도 잘 나오지 않고, 세포비서 정도가 아니라 유급 당 일꾼 이상의 책임자급들만이 알고 있는 조직 메커니즘이거든요. 지시를 받고 보고를 올리는 메커니즘을 파악하면 하부에서 벌어졌던 인권 사건들을 최고 꼭대기인 수령하고 연결시킬 수 있어요. 건건이 서류로 확인할 수는 없겠지만 일종의 논리 틀을 만들어서 설명하는 거죠.

이나영 그건 왜 알아내고 싶으신 건가요?

이관형 만일 수령이 ICC^{국제형사재판소}나 유엔의 특별재판소 재판에 회부된다고 하더라도 재판장이 수령이 인권 침해 사항을 지시했다는 증거가 있냐고 하면 현재는 그 누구도 직접적 증거를 제시할 수 없기 때문이에요. 그런 자료는 북한 내부에서 절대 비밀로 분류되어 있거나 파기되었겠죠.

이나영 수령의 명령이 아니라 아랫사람들이 알아서 한 것이다? 이런 식으로 말할 수 있다는 거군요.

이관형 과거 아우슈비츠 사례에서도 높은 자리에 있던 사람들은 밑에서 알아서 한 일이라고 둘러댔지만 증거가 나왔었거든요. 이런 범죄를 처벌하기 위해서는 수령의 명령과 지시가 있었다는 증거가 당연히 필요합니다. 이를 위해서는 이 과정의 지휘 구조를 논리적으로 보여 줘야 하고요. 유엔 총회는 북한의 반인도적 책임규명과 관련해 ICC 회부를 7회 연속 권고하고 있습니다. 이 부분을 정리해 내면 ICC 회부가 아니더라도 다른 사법적 절차를 통한 북한의 과거사 청산에 기여할 수 있을 것 같아요.

오주연 유엔이 기소할 수 있는 근거를 만들어 주는 거죠?

이관형 그렇죠. 그리고 ICC에 기소될 때 처벌할 수 있는 근거가 될 수 있다고 생각해요. 저는 일본에 일제강점기 과거사 청산을 요구하는 것처럼 북한에게도 6.25전쟁부터 현재까지 계속되고 있는 군사적·비군사적 도발, 납북자들과 북한 주민의 인권 문제에 대한 책임을 물어야 한다고 생각해요. 그런데 아직 아무도 그 책임을 물은 적이 없잖아요. 북한이나 남한이나 피해를 받았던 사람들이 보상을 받은 적도 없고요. 북한이 저질렀던 여러 문제에 대해서 청산을 받아야 하는데 청산의 방법 중 하나로 사법적 해결 역시 중요하다고 생각합니다. 그래서 증거가 더욱 필요하고요.

오주연 이런 문제에 열정이 있는 국장님의 원동력은 무엇일까요?

이관형 딱히 뭐 국가와 민족을 위해서 이런 건 아니에요. 다른 방향으로 가 보려고도 했는데 어떻게든 다시 이 길로 돌아오더라고요. 그래서 한 5년 전부터는 이 운명에 순응하기로 했어요. 순응하기로 한 다음에는 뭐든 열심히 해야 하잖아요. 대한민국 헌법에 나와 있는 자유민주주의 체제로의 통일을 지향하는 사람으로서 제 작업이 통일 이후에 과거사 청산에 기여할 수 있다면 좋겠어요. 뭐 통일이 되지 않고 북한이 사회주의 체제를 지속하더라도 북한 주민들이 한국의 70-80년대 수준 만큼이라도 살아갔으면 좋겠어요. 어쨌든 수령 한 명보다는 나머지 2,500만 명이 훨씬 소중하니까요.

북한학의 쓸모를 묻다

김현경

1964년에 태어났다. MBC 아나운서를 거쳐 MBC 보도국 통일외교부 민족 문제 전문 기자와 〈통일전망대〉 팀장을 역임했다. 북한대학원대학교에서 북한학 박사학위를 받았으며 MBC 통일방송추진단장을 거쳐 현재는 MBC 통일방송연구소 소장을 맡고 있다.

주요 저서 및 연구

《MR. 김정일 차 한잔 하실까요》, 한얼미디어, 2006.
〈북한의 남북대화 중단 및 재개 요인분석: 2000년 이후 사례를 중심으로〉, 경남대학교 북한대학원 석사학위논문, 2007.
〈김정은 권력승계의 담론 연구〉, 북한대학원대학교 박사학위논문, 2016.

김현경 소장은 1989년부터 MBC 〈통일전망대〉를 시작해 30년 가까이 이끌고 있다. 그만큼 북한에 관해서 누구보다 많은 정보를 알고 있고 실시간으로 북한 방송을 추적하는 북한 전문가다. 2000년대 이후 남북교류가 활발해지면서 2000년, 2007년, 2018년 남북정상회담 생방송 보도를 담당했고 북한을 여러 차례 방문하여 방송을 제작하였다. 2000년 남북정상회담을 기폭제로 삼아 약 10년간 분야별로 총 296회의 회담이 진행되면서 이산가족 상봉, 경의선·동해선 철도 및 도로 연결, 금강산 관광, 개성공단 건설, 스포츠·문화 교류 등이 추진됐다. 이와 같은 남북관계의 훈풍을 타고 폭발적으로 증가했던 북한 정보와 남북교류협력의 현장이 대중 속에 자연스럽게 스며든 데는 언론의 역할이 컸다. 북한학에 있어 언론 현장은 정책 실행의 현장 못지 않게 중요한 공간이다. 김현경 소장은 북한·통일 분야의 가장 대표적인 기자로 알려졌지만 북한학 박사이기도 하다. 그는 실무와 연구 사이에 경계를 두지 않고 두 분야의 전문성을 모두 활용하고 있다. 그의 보도와 해설을 많은 이들이 신뢰하는 이유는 방송 경력뿐 아니라 북한에 대한 이해와 통찰이 돋보이기 때문이다.

김현경 소장은 현장에서 쌓은 경험과 1차 자료를 꼼꼼하게 교차 검증하며 북한연구를 엮어내 왔다. 석사논문인 〈북한의 남북대화 중단 및 재개요인 분석〉(2007)에서는 남북대화가 주로 한미 간 공조로 남한이 북한에 대한 대북포용정책이 약해질 때 중단된다는 점, 중단된 남북대화는 국제환경과 남북 내부의 다양한 요인이 선순환적으로 상호작용할 때 재개된다는 점을 분석했다.

박사학위논문인 〈김정은 권력승계의 담론 연구〉(2016)에서는 후계자 준비기(2005-2008), 등장기(2008-2011), 계승기(2011-2015)로 나눠 김정일 사망 전부터 김정은을 후계자로 등장시키기 위해 어떤 준비를 했고, 김정은 등장 이후 권력을 장악하기 위해 어떻게 대중적 기반을 갖췄는지 분석했다. 권력승계에 대한 김현경 소장의 연구는 2010년까지 김정은 후계자설에 회의적이었던 미디어와 국제 사회, 정부의 반응을 상기시킨다. 당시 언론은 김정은을 김정남, 김정철과 함께 거론하면서 나이가 어리고 국내 활동이 전혀 없었다는 이유 등으로 유보적인 반응을 보였다. 김현경 소장은 김정일의 건강 이상이 본격적으로 두드러진 이후에서야 김정은을 급하게 후계자로 세웠다고 보는 세간의 인식과 달리, 2005년부터 본격적으로 준비되었음을 북한 자료를 통해 확인했다. 또한 김일성과 같은 시대에 국정을 운영하여 오랫동안 2인자였던 김정일과 달리 젊은 나이에 정권을 이어받은 김정은을 위해 후계자론이 변형되었음을 밝혔다. 이는 김정일과 김정은으로 이어지는 '선군혁명전통' 담론이 현대 정치체제에서 어떻게 혈통승계를 뒷받침하는가에 대한 해설이기도 했다.

북한학과 같은 사회과학 분야의 연구는 실제 사회를 이해하고 분석할 수 있는 가설을 검증할 때 의미가 있지만 관련된 현장에 적용되어 그 필요성이 입증될 때 더욱 빛을 발한다. 북한학은 대북정책 설계 및 수립뿐만 아니라 북한과 관련된 다양한 분야의 실무자들에게도 필요하다. 하지만 현장에서 얻은 정보를 가지고 연구를 만드는 일, 또는 북한학에서 얻은 지식을 가공하여 사용하는 일은 쉽지 않다. 오랜 기간 북한을 '일'로 다루어 온 김현경 소장은 매일 북한 콘텐츠를 생산하는 언론인으로 북한학이 실무 현장에서 적용되는 과정을 직접 경험해 왔다. 김현경 소장은 스스로 북한이라는 텍스트를 읽어내고 분석하는 연구자이면서, 동시에 여러 전문가들의 연구를 교차적으로 검토하고 대중에게 효과적으로 전달하는 방법을 고민하는 언론인이다.

김현경 소장은 북한학이 북한의 특수성을 천착하기보다 그곳에도 사람이 산다는 보편적 이해에 먼저 기반해야 한다고 말한다. 그는 연구자든 실무자든 사람에 대한 이해 없이 우리의 공동체, 북한 사회를 단편적으로 바라보는 것을 철저히 경계한다. 북한을 살아있는 하나의 사회 시스템으로 보며 그 시스템의 변화와 역동을 꾸준히 추적하고 있다. 북한학 또한 고정된 글자가 아닌 한 사회와 사람을 이해하는 창이어야 하며, 이 지식을 잘 전달하기 위해 지식인들이 부단히 노력해 주길 원한다. 그래서 김현경 소장이 만드는 방송 콘텐츠는 딱딱하거나 진지하지만은 않다. 우리는 김현경 소장을 통해 북한학 지식이 글 속에 머무르지 않고 현장의 살아있는 지식으로 활용되는 방법을 엿볼 수 있었다.

구슬이 서 말이라도 꿰어야 보배

오주연 북한연구를 시작하게 된 계기가 궁금합니다. 기자 생활이나 〈통일전망대〉[1] 진행과 관련이 있었던 건가요?

김현경 누구는 계획이 다 있다고 하지만 저는 그러지는 못했어요. 어떤 흐름에 따라 지금까지 왔다는 생각이 듭니다. 지금은 북한대학원대학교인 경남대학교 북한대학원 석사과정에 2000년에 입학했습니다. 1998년 김대중 정부 출범 이후에는 남북관계 현안이 폭주하면서 일이 너무 많았고, 개인적으로도 아이들이 손이 많이 가던 때라 공부는 엄두도 내지 못했었어요. 공부를 하긴 해야 할 것 같은데 뭔가 막연하기도 했고요. 그때 그전부터 인터뷰를 많이 해주셨던 류길재 교수님이 저에게 공부하라고, 북한학과에 들어오면 좋겠다고 강력하게 권유하셨어

---

1) MBC에서 진행하는 북한의 최신 뉴스와 북한 주민의 생활상을 전달하는 TV프로그램이다. 1989년부터 시작해 2000년대 초반 잠시 중단됐었으나 재개하여 현재까지 진행하고 있다.

요. 교수님의 강력한 권유 덕분에 얼떨결에 대학원에 진학하게 됐습니다. 그렇게 저지르고 나니 왜 진작 공부를 안 했을까 하는 생각이 들었습니다. 석사과정부터 박사과정을 마친 후, 그리고 지금까지 북한학 하기를 잘했다고 생각하고 있습니다.

제가 1989년부터 〈통일전망대〉를 진행했는데요. 그전엔 별다른 전문성 없이 북한 TV화면을 보고 프로그램을 진행했어요. 오래 했기 때문에 데이터는 많이 쌓였지만 맥락 없이 쌓여 있었죠. 말하자면 구슬 서 말이 있었고 북한학 공부를 하면서 구슬 서 말을 꿰게 된 거죠. 새로운 퍼즐 조각을 추가로 발견했다기보다는 흩어졌던 퍼즐의 조각을 맞춘 느낌이랄까요? 혹은 완성된 그림이 뭔가 잘못됐다고 느꼈었는데 그 조각을 다른 곳으로 옮기니까 그림이 제대로 맞춰지는 느낌이랄까요. 그 기분이 너무 좋았어요. 회사 일 때문에 속도가 늦어지기는 했지만 박사과정에 도전할 때도 크게 고민하지는 않았어요.

오주연 이미 쌓아 온 북한 관련 데이터가 있었기 때문에 공부를 시작하셨을 때 더 재밌으셨을 것 같아요.

김현경 굉장히요. 북한학을 통해 내가 무엇을 잘 모르는지 알게 되면서 그 답을 찾아가는 방법을 배운 것이 가장 유용했어요. 개인적으로는 북한학과, 특히 북한대학원대학교에 입학하기를 정말 잘했다고 생각해요. 이 학교의 큰 장점은 다양성이라고 생각하는데요. 일반적으로 북한학을 한다고 하면 북한만 들여다보는 어딘가 비슷한 사람이 떠오를 수 있겠지만 사실 저마다 북한을 들여다보는 이유도 다르고, 아주 다양한 사람들이 그 안에 있잖아요.

석사과정에 입학했던 2000년대 초반에는 교수님들보다 학생들의 다양성이 눈에 띄었어요. 그때는 학교도 설립 초기여서 북한과 관련된 일을 하는 전문적인 경력을 갖춘 학생들이 많았죠. 이데올로기적으로나 직업적으로나 북한과 관련된 경험이나 모든 측면에서 스펙트럼이 넓고 굉장히 다양했어요. 초기에는 교수님들이 수업 중에 학생들을 컨트롤하는 데 어려움을 겪을 정도였으니까요. 덕분에 저는 다면적인 경험을 할 수 있었죠. 제가 생각하지 못했던 새로운 시각과 접근방법을 발견할 수 있었습니다. 학문을 한다는 건 좋은 질문을 만나고 발견하는 과정 아니겠어요? 함께 공부하는 사람들이 다양하다는 건 그만큼 더 많은 질문들과 만날 수 있다는 의미이기도 하고요.

오주연 여러 사람의 질문을 내가 듣기도 하고, 거기서 내 질문을 끌어내기도 하고요.

김현경 그렇죠. 저도 제 주장이 강하고 말도 많은 편이지만 기자이기 때문에 뭐든 관찰하고 발견하는 훈련을 많이 받아야 했어요. 그 훈련이 굉장히 큰 도움이 됐던 거죠. 직업적 배경, 훈련으로 쌓아온 자산, 북한을 직접 다닐 수 있었던 기회와 경험이 학업과 만나 서로 시너지 효과를 낸 셈이에요.

그리고 저는 운도 좋았어요. 석사과정에 입학하기 2년 전인 1998년부터 금강산 관광이 시작됐거든요. 회사 일이나 취재를 위해 북한 사람들과 접촉했고 단순 취재를 넘어서 북한 사람들과 함께 일을 기획하고 진행하고 문제를 해결해 봤죠. 2000년부터는 공부를 시작하는 동시에 북한에도 더 자주 왕래했고요. 이 과정에서 공부가 튼튼하고 좋은 기둥을 세워줬습니다. 북한이라는 퍼즐을 맞추는 데 필요한 튼튼한 기둥을 갖추게 된 거에요.

이나영 제 박사논문도 담론연구여서 김정은 권력승계 담론에 대해 쓰신 소장님의 박사학위논문을 흥미롭게 읽었어요. 김정은 권력승계 담론으로 연구 주제를 잡으신 이유가 있었나요?

김현경 박사논문에서 다룬 기간이 2005년부터 2015년까지인데요. 2009년에 김정은 위원장이 공식적으로 후계자가 되었고 2011년 말에 김정일 위원장이 사망했잖아요. 그 이후 북한이 리더십 교체를 준비하고 시행하던 2013년까지의 북한 방송의 흐름이 너무 흥미로웠어요. 당시 제가 〈통일전망대〉 기획부터 진행, 기사 작성까지 거의 다 하던 시기여서 그 기간에 면밀히 봐왔던 북한 방송과 언론 보도가 큰 도움이 되었어요. 선군담론, 리더십 문제, 여성과 아동 문제 등에 대한 표현방식이 변했고, 특히 기존 어젠다나 논리를 갑자기 바꾸는 걸 보면서 많은 의문점이 생겼죠. 공부를 하면서 '선군'을 후계 담론화했다는 걸 발견했고 그 내용을 논문으로 썼죠. 박사논문을 쓴 지 시간이 흘렀지만 다시 논문을 읽어봐도 그 분석이 그렇게 많이 틀린 것 같지는 않아요.

북한의 특수성을 천착하는 것이 북한학이 아니다

<u>오주연</u> 북한학의 존재에 대해서는 어떻게 생각하세요? 북한학은 순수 학문 측면에서 필요한 걸까요. 아니면 정책이나 실무적으로 전문적인 인력 확보 측면에서 필요한 걸까요.

<u>김현경</u> 저는 우리 사회의 근본적인 문제의 뿌리가 냉전, 정전체제, 분단, 북한과 연관되어 있다고 봅니다. 거의 종교에 가까운 사상 문제, 과거의 국가 폭력, 심지어 남녀 간 젠더 갈등의 중심에도 분단체제가 있잖아요. 남성들에게 해당하는 징병제는 아직 북한과의 군사적 대체 문제를 해결하지 못했기 때문에 존재하는 거니까요. 사회적으로 드러나는 이러한 모순은 빙산의 일각일 뿐이고 그 뿌리는 너무 깊고 크죠. 북한학은 이런 걸 다루는 학문이에요. 저는 정치학이나 다른 사회과학적 기반을 가진 분들의 북한연구를 존경하지만 그분들에게 북한 문제는 다른 많은 문제들 가운데 일부일 수 있어요. 하지만 북한학은 이를 가

장 중요하게 여긴다는 점에서 존재 의미가 있다고 생각합니다. 그리고 최근에는 남북관계를 거시적으로 바라보는 연구뿐 아니라 미시적 연구를 포함해 다양한 북한연구들이 많이 나오고 있거든요. 이런 다양한 연구들이 우리 사회에 굉장히 필요하죠. 의학, 건축, 법 등 여러 분야에서 소위 말해 '덕후'처럼 파고 드는 북한전문가들이 참 많아요. 북한학에서 뻗어나가는 다양한 가지들이 전문가들에게 자양분이 되어주고, 이를 통해 북한학도 새롭게 가지를 뻗어나가는 상생구조가 중요하다고 생각합니다. 이 과정을 통해 분단이나 북한 문제와 연결되어 있는 모순의 뿌리들을 발견하고 극복하는 방법을 찾을 수 있으면 좋겠습니다.

이나영 우리 사회를 이해하기 위해서도 북한학은 존재해야 한다는 말씀이네요.

오주연 말씀하신 대로 다양한 연구가 등장하고 있지만 그래도 현장에서 북한 문제를 다룰 때 이런 연구가 더 필요하다, 이런 연구가 없어서 좀 아쉽다 싶은 부분이 있을까요?

김현경 다양성을 보여주는 북한연구의 흐름도 좋지만 이종석 박사님이나 서동만 박사님 같은 분들이 하셨던 방식의 연구, 오랜 시간 동안 축적이 필요한 통시적 문헌 연구들이 줄어든 것 같아요. 최근에는 연구의 유통기한이 점점 짧아지는 느낌이 듭니다. 전통적인 문헌 연구는 북한학의 뿌리라 할 수 있거든요. 이제 그런 연구들이 다시 필요한 시점이라는 생각도 들어요.

오주연 교수님들은 새로운 영감을 줄 수 있는 도전적인 연구도 필요하다고 말씀하시는데, 소장님은 오히려 정통한 연구가 필요하다고 지적하시는 점이 흥미롭네요.

김현경 그리고 《극장국가 북한》[2]처럼 다른 분야에서 탄탄한 이론적 기반, 연구 경험과 레퍼런스를 가진 연구자가 북한을 해석하는 연구도 활성화되면 좋겠습니다. 타 분야 연구자는 북한 데이터와 레퍼런스가 부족하다 보니까 아쉬운 점이 있는 것도 사실이에요. 두 가지를 잘 결합해서 이론과 사료, 통찰을 풍성하게 제공하는 연구가 더 늘어나면 좋겠어요.

이나영 소장님은 북한을 다루는 실무자가 아닌 분들에게도 북한학 공부를 추천하시나요?

김현경 저는 커리어와 밀접하게 연관이 되어 있어서 얼떨결에 북한학 공부를 시작했는데 일에 큰 도움이 되었어요. 그런데 사회 경험이 많지 않거나 학부 진학을 앞둔 젊은이들에게는 곧바로 북한학을 전공하기보다는 다른 전공을 하면서 북한을 텍스트로 다뤄 보라고 권유합니다. 학

---

2) 인류학자 클리퍼드 기어츠(Clifford Geertz)의 인도네시아 제의정치와 권력의 스펙터클에 대한 고전적 연구에서 소개한 '극장국가' 개념을 인용하여 북한 정치가 역사를 어떻게 발명해 문화예술 분야에 반영했는지를 다룬 책이다. 권헌익·정병호, 《극장국가 북한: 카리스마 권력은 어떻게 세습되는가》(창비, 2013).

부나 석사과정에서 타 전공과 북한학 중 무엇을 먼저 하는지에 따라서 일장일단이 있는 것 같아요.

오주연 어떤 이유 때문일까요?

김현경 저는 북한을 알기 이전에 사람과 사회에 대한 이해, 사회의 작동 원리에 대한 이해가 중요하다고 생각해요. 다시 《극장국가 북한》을 언급하자면, 이 책에서 말하는 것처럼 강력한 카리스마를 지닌 1인이 국가권력을 장악하는 체제가 역사적으로 유례가 없는 건 아니죠. 다만 이렇게 오래 세습되고 강력하게 지속되는 점이 특이한 거잖아요. 북한도 사람이 사는 곳이에요. 희로애락, 욕심, 욕망, 이해관계, 권력 등 사회의 속성과 본질은 비슷하다고 봅니다. 이런 본질을 지닌 사회를 통치하기 위해 권력을 유지하고 세습하는 방식은 동서고금 어디에선가 존재하던 방식이고요. 그저 시대적 여건에 따라 권력을 유지하기 위한 방식이나 체제 생존을 위한 전략이 조금씩 변화하는 거죠.

그렇기 때문에 체제 세습과 유지를 위한 북한만의 고정된 특수한 이론과 방법이 있기보다는 체제 유지를 위한 생존 전략의 정점에 수령제가 있는 거예요. 마치 실험실 환경 속에서나 가능할 만한 강력하고 특이한 1인 통치체제죠. 하지만 북한도 내부에서 보면 다양한 이해관계를 지닌 플레이어들이 있을 거예요. 국제정치든 국내정치든 혹은 집단과 집단 사이의 관계든, 권력을 어떻게 다루느냐가 본질이기 때문에 결국 사람

간의 행위를 통해서 봐야 해요. 저의 경우 비교정치나 국제정치 관점에서 다른 나라의 사례나 문학, 영화 등을 봤던 것이 북한을 텍스트로 이해하는 데 큰 도움이 됐어요. 북한학을 할 때도 한국 사회와 세계의 역사, 철학 등 기본 소양이 필요하다고 생각해요. 텍스트를 읽어 내는 능력도 필요하고요.

이나영 대상이 무엇이 되었든 상황을 텍스트로 읽는 능력이 필요하다는 말씀이시네요. 연구를 수행하기 위한 기본적인 능력부터 쌓고 그다음에 북한을 봐도 늦지 않다고 보시는 거군요.

김현경 그렇죠. 저는 그렇게 생각해요. 제가 공부를 시작했을 때 아이가 둘이었습니다. 시부모님과 함께 살았고 직장 생활에서도 차장급의 긴 세대였거든요. 그런 복잡한 환경에서 형성된 눈치와 내공, 정치력이 북한을 이해하는 데 엄청나게 도움이 됐다고 할 수 있죠. (웃음)

오주연 내 삶을 유지하는 방식이 학문에도 도움이 되었네요!

김현경 그 방식이란 게 개인의 전략이죠. 개인을 비롯한 다양한 차원의 플레이어들은 각자 다양한 전략을 구사하면서 살아가잖아요. 그 단위가 커지면서 집단, 국가 단위가 되는 게 아닐까요?

북한을 입체적으로 바라보기

오주연 소장님 말씀을 들으니까 생각나는데 간혹 '덕후'처럼 북한을 파는 젊은 친구들의 이야기를 듣다 보면 정보는 많은데 어떤 지점에서 불편함이 느껴지더라고요. 지금 생각해보니 사람이나 사회에 대한 이해 없이 대상화한 북한만을 이야기해서 그랬던 것 같아요.

김현경 그럴 수 있겠네요. 저는 뭔가 이해가 안 되면 잠시 하던 걸 멈추고 주변을 돌아보는 스타일인데요. 북한 문제도 그렇다고 봐요. 한 방향을 정해 놓고 마구 달리면 보이지 않는 것들이 있어요. 반대로 한자리에 고정되어 있어도 보이지 않는 것이 있죠. 그래서 입체적으로 보는 것이 정말 중요하다고 생각합니다.

이나영 결국 연구하는 우리도 살아 숨 쉬는 생물이고 북한 사회도 살아 있는 생물이니까요. 사실 정치라는 것 자체가 그런 생물을 다루는 것이고요.

김현경 맞아요. 그래서 정치인들이 정치는 생물이라고 하잖아요. 그러니 예측이 틀리기 쉽고요. 한 시점에서 제시된 방향이나 정책, 현상을 분석할 때 북한의 사상이나, 노선, 담론을 고정된 변수로 놓고 보면 답을 얻기 어렵습니다. 핵협상도 북한에게는 하나의 '도전'에 대응하는 일련의 과정이라는 관점을 갖고 봐야 할 겁니다. 도전을 위해 '목표'가 제시되지만 그 목표는 상황에 따라 변할 수도 있으니까요.

그런데 북한연구에서 북한의 담론을 너무 경직되게 해석하는 경향이 있는 것 같기도 해요. 북한 분석에도 정답은 없어요. 북한은 무균 실험실이 아니라 변화무쌍한 사람이 사는 곳이라는 생각을 늘 견지해야 합니다.

이나영 우리 사회가 북한을 살아있다고 보지 않는 경향은 어디에서 기인한다고 보시나요? 정치 구조가 북한을 그렇게 보도록 가둬 놓는 걸까요, 아니면 북한을 대상화하는 언론의 영향일까요?

김현경 저는 우리 사회가 지닌 여러 가지 문제점이 북한연구나 북한을 보는 시각에서 그대로 나타나는 것 같습니다. "능률과 실질을 숭상"하는 국민교육헌장의 시대에는 '왜'라는 질문을 하는 것 자체가 위험하고 사치스러웠어요. 한국은 후발 주자였기 때문에 앞사람이 달리면 무조건 달려가야 했죠. 하지만 지금은 참고할 만한 롤 모델이 없는 완전히 새로운 상황에 직면해 있어요. 그동안 생각하지 않았던 '왜', '어떻게', '무엇부터', '어디로' 등을 새롭게 생각해야 하는 상황이 된 거죠. 이런 질문들이 바로 철학, 역사, 윤리와 같은 기둥들입니다. 기둥이 튼튼하면 다양한 상황들을 잘 해석하고, 이에 대응할 수 있겠지만 우리는 그런 점에서 취약해요. 반면 뿌리 없는 얕은 수준의 담론이나 논쟁은 과잉되어 있죠. 그러다 보니 근본적인 문제보다는 사소하고 부차적인 문제들,

특히 내가 속한 집단과 다른 집단이 어떤 점에서 차이가 나고 차별되는지에 매몰된 것처럼 보입니다. 북한을 보는 시각에서도 굵고 깊은 사유보다는 부차적이거나 아주 일시적인 문제에 집중하는 경향이 있는 것 같아요. 그러다 보니 불필요한 갈등이나 별로 중요하지 않은 부분이 마치 핵심 쟁점인 것처럼 주목받는 상황이 생기곤 하죠.

오주연 언론도 근본적인 것과 부수적인 것, 일시적인 것을 구분해서 보도하면 좋을 텐데요.

김현경 그럼요. 하지만 현실은 언론이 논쟁을 만들고 확산하는 경향을 보이고 있죠. 심지어 논쟁을 만드는 것이 언론의 본령이라고 생각하는 기자들도 있는 것 같고요. 언론인이라면 무책임하게 아무 질문이나 던져 놓고 끝내는 것이 아니라 좋은 질문을 할 수 있어야죠. 상황과 쟁점을 잘 정리하고 사회가 본질적인 것과 부차적인 것을 가릴 수 있도록 도와줘야 한다고 생각합니다.

북한전문가의 기본은 업데이트

오주연 북한 관련 프로그램이 급증하면서 북한을 설명해야 하는 북한전문가의 수요 역시 늘어난 것 같습니다. 대중은 북한전문가들이 북한의 행동을 전망하고 예측해 주길 기대하는데요. 소장님이 생각하시기에 북한전문가들의 역할은 무엇이고 어떠한 자격을 갖춰야 할까요?

김현경 대중과 직접 만나는 입장에서는 다양한 역할을 수행해야 합니다. 말씀하신 대로 북한의 행동을 전망하고 예측하는 것도 중요하고 북한의 미세한 변화를 민감하게 포착해서 해석하는 것도 필요할 수 있겠고요. 국제적, 정치적, 역사적 차원에서 맥락과 해석을 깊이 있게 짚어주는 역할도 있어야 한다고 봅니다. 북한전문가라고 해서 북한만 들여다 보지 말고 시대와 지역을 넘나드는 다양한 사례나 경험, 방법론을 들어서 설명해 주면 좋겠습니다. 예를 들어 최근 김정은 위원장의 통치방식을 보면 각종 회의에서 '포스트모템postmortem'3) 같은 실리콘밸리의 기업 경영 방식을 동원했다는 느낌을 받습니다. 물론 한계와 차이는 있겠지만요. 다양한 영역의 자원을 동원해서 이론적으로 혹은 실무적으로 풍성하게 해석해 줄 수 있다고 봅니다. 또 남북관계나 북미관계에서도 큰 흐름과 표면적인 것, 지속성과 단절성 등을 입체적으로 해석해 줄 수 있으면 좋겠습니다. 맥락이 필요할 때는 큰 그림과 큰 흐름을 이야기해야 하지만 때로 이해를 돕기 위해서는 세밀한 비하인드 스토리가 필요하기도 하겠죠. 넓은 시각에서는 남북관계의 단절과 지속을 보

---

3) 부검 또는 검시라는 뜻으로 회사 내에서 프로젝트를 마치면서 어떤 실수나 문제가 있었는지 과정을 돌아보고 다시 점검해 보는 것을 의미한다.

여줄 수 있어야 하지만 한편으로는 디테일한 이야기가 의도를 짐작하는 데 더 도움을 주는 경우도 있더라고요.

이나영 〈통일전망대〉에서 섭외하는 전문가는 어떻게 검증하시나요?

김현경 저희 프로그램이 중요하게 생각하는 부분은 팩트 업데이트에요. 저는 팩트 업데이트가 되지 않는 연구자들은 자격이 없다고 봅니다. 열심히 공부했던 과거에 머물러 있으면 안 되죠. 그래서 최신 논문이나 기고 등을 찾아서 변화에 민감한지 확인하며 세부적인 분야의 전문가들을 엄선합니다. 특히 북한 사회를 얘기하면서 북한 주민들의 요구와 취향의 변화를 읽어 내지 않으면 안 되겠죠. 북한도 사람들의 입맛이 변하는 사회입니다. 문서나 전언, 사진만으로 파악할 수 없는 영역이죠. 제가 2018년에 평양에 세 번 다녀왔는데 8년 반 만에 평양냉면을 다시 먹고 받은 충격을 잊을 수 없어요.

이나영 평양냉면 맛이 바뀌었던가요?

김현경 색, 차림새부터 시작해서 완전히 바뀌었어요. 세상에…… 평양냉면에 양념장을 내놓는 거예요. 처음에는 놀랐고 그다음에는 깨달았죠. 저한테도 북한 냉면 맛은 안 변할 거라는 편견이 있었다는 걸요. 그러면서 남한의 떡볶이가 시간이 지나면서 어떻게 변했는지 떠올렸어요. 떡, 소스, 조리방법까지 완전히 바뀌었잖아요. 이렇게 북한의 음식 차림이나 조리 방식이 변화하는 것에서도 다양한 이야기를 꺼낼 수 있다고 생각해요. 비슷한 예로 탈피⁴⁾가 있었어요. 북한에서 우리의 구운 오징어에 해당하는 국민 안주가 탈피인데요. 예전에는 탈피를 초고추장에만 찍어 먹었어요. 그런데 평양에 갔을 때 동석한 북한 관리가 종업원에게 "그거 내오라" 이렇게 말하니까 다른 소스를 가져다 줬는데 마요네즈, 와사비, 간장을 섞은 소스였어요.

이나영 마요네즈와 간장을 섞는 건 완전 남한식인데요?

김현경 9년 반 전에 탈피를 먹었던 곳도 똑같은 술집이었거든요. 그런데 거기에서도 이제는 기본 소스로는 초고추장, 추가 주문을 하면 마요네즈 와사비장이 나오는 거죠. 이전에 비해서 말도 못하게 맛이 풍부해졌어요. 옥류관 냉면의 양념장과 맥주집의 탈피, 와사비장으로도 여러 설명이 가능합니다. 이전에 비해 북한이 먹고살 만해졌다는 거 아니겠어요? 공급되는 재료가 다양하고 풍부해졌다는 거니까요. 또 아는 게 많으면 먹고 싶은 것도 많아진다고, 경험과 정보가 많아져서 주민들의 요구가 높아진 거라는 해석도 가능하고요. 음식 외에도 여성들의 치마 길이나 헤어스타일도 달라졌고요. 부부가 함께 가면서 남편이 아이를 안고 가는 것도 인상적이었어요. 예전에는 몰래 손을 잡던 젊은 남녀들이 이제는 대놓고 손을 잡거나 팔짱을 끼고 다니더라고요. 대중의 취향이나 정서, 문화가 변화하고 있고 사회가 이를 맞춰주기 위해서 호응하

---

4) 껍데기를 벗겨낸 북어를 지칭하는 북한말이다.

고 있어요.

오주연 대중의 수요에 따른 응답이군요.

이나영 연구자가 가진 오감을 활용해서 북한을 이해하고 변화를 포착해야 된다는 말씀이시네요.

김현경 엄격한 연구자라면 동의할 수 없겠지만 저는 그렇습니다. 문헌으로도 변화를 감지하기 위한 방법이 있다고 봅니다. 북한의 사전을 잘 살펴보면 시간에 따라 사전의 내용이 바뀌는 걸 발견할 수 있어요. 우리는 북한 사회가 경직되어 있어서 과거 김일성이 했던 말은 단 일점일획도 바꿀 수 없다고 생각하는데요. 사실은 그렇지 않다고 봅니다. 왜냐하면 해석권자가 절대적인 권한을 갖기 때문입니다. 주체사상도 마찬가지죠. 생각보다 해석이 탄력적이에요. 수령의 교시도 어느 시기에 어떤 맥락 속에서 나왔는지, 현재 맥락 속에서는 그것이 어떻게 해석되는지를 봐야 하는데 그저 교시 한 토막을 뚝 따와서 '김일성이 이렇게 얘기 했고 김일성의 권위는 절대적이기 때문에 이건 지금도 그대로 통용돼'라고 말하면 바보 같은 이야기가 될 수 있습니다. 그렇게 아는 것보다는 차라리 모르는 게 약일 수도 있죠.

오주연 농담으로 하는 말이지만 어떤 전문가를 불렀을 때 차라리 내가 설명하는 게 낫겠다는 생각은 해 보신 적은 없으세요? 2018년에 남북정상회담 당시 어떤 커뮤니티 사이트에서 소장님 방송 사진 캡처를 해

놓은 게시물에 '김현경 기자의 분석은 믿고 본다'는 류의 댓글이 많이 달려있던 걸 봤거든요. 그동안 소장님이 탄탄하게 전문성을 쌓아 오셔서 그렇다는 생각이 들어요.

김현경 감사한 일이네요. 아마도 저는 북한전문가로서 북한에 대한 전문 정보를 말하는 것보다 시청자들에게 어떻게 잘 전달할지에 집중하기 때문에 수용자들이 쉽게 받아들여 주시는 것 같아요. 전문 정보를 방송에서 이야기할 때는 전달력이 아주 중요해요. 정확한 발음을 말하는 것이 아니라 시청자가 뭘 궁금해 하는지를 생각하고, 그걸 어떻게 설명하고 어떤 그림으로 뒷받침해야 이해하기 쉬울지를 함께 고민합니다. 아무래도 그런 감각도 필요하죠.

오주연 그런 감각은 연구자보다는 언론인의 역량에 가깝네요.

김현경 그렇죠. 그런 면에서 다른 전문가들에 비해 절대적으로 유리하죠. 비디오와 오디오를 어떻게 효과적으로 전달할 것인가 하는 문제는 제가 계속 해 왔던 일이에요. 저는 초년생부터 리포터, 피디, 작가, 기획자를 다 해 봤습니다. 편집도 당연히 해 봤고요. 그래서 취재나 자료조사, 연구를 할 때도 전달을 염두에 두고 준비합니다. 또 다른 유리한 조건은 취재나 정보접근에서의 다양성입니다. 현장 취재, 인터뷰, 북한 방송 모니터 등을 할 수 있잖아요. 여기에 더해 텍스트의 내러티브와 리터러시 해석을 중요시합니다. 북한에서 새로 나온 노래나 영화, 《로동신문》이런 것들을 보고 들으면서 '이 사람들은 지금 뭐가 필요해서 이런 이야기를 하는구나'라는 걸 읽어 내고 검증하려 하죠. 핵심 메시지를 적절히 소화하면서도 재미도 놓치지 않으려고 노력해요.

눈치와 호기심

오주연 〈통일전망대〉를 만들 때도 북한학이 도움이 되었을까요?

김현경 사실 학술과 실무를 엮어내는 건 쉽지 않지만 저에게는 절대적으로 도움이 됐죠.

이나영 북한학을 전공한 팀원과 그렇지 않은 팀원이 북한 콘텐츠를 다루는 데 차이가 좀 있나요?

김현경 물론 북한학 전공자의 이해가 훨씬 빠릅니다. 그런데 실제 현장에선 북한학 전공 여부보다는 기본 역량의 차이가 훨씬 두드러져요. 눈치가 빠른 사람, 일머리 있는 사람이 있잖아요. 북한 문제를 다루는 뉴스나 프로그램도 마찬가지에요. 열려 있는 자세도 더 필요하고요. 앞서 업데이트가 중요하다고 말했는데요. 업데이트를 할 때 가장 기본적인 건 어제까지는 맞다고 생각했던 것이 오늘은 틀릴 수 있다는 걸 받아들이는 겁니다. 그러기 위해서는 스스로 열려 있어야 해요.

오주연 업데이트 외에 언론 현장에서 필요한 역량이 또 있을까요?

김현경 눈치와 호기심, 순발력이 있어야죠. 특히 북한 취재 현장에서는 눈치와 임기응변이 정말 많이 필요해요. 2001년에 10박 11일 동안 평양에서 여성 카메라 기자와 단 둘이 취재를 한 적이 있어요. 이 취재 출장으로 〈여기자 북한방문기 평양 10박 11일〉이라는 50분짜리 르포 한 편, 뉴스 꼭지 15개를 만들어 왔어요. 물론 가기 전에 북측과 아이템 협상을 해서 방문지, 취재 협조 사항 등을 미리 협의하고 자료조사도 많이 하지만, 막상 현장을 가봤더니 모든 것이 계획과 달랐어요. 민족수난기 계몽가요를 취재하기 위해 북한에 구체적으로 요구사항을 전달했었는데 막상 현장에 가보니 국립도서관 격인 인민대학습당에 북한에서 가요 책을 출판한 전문가 한 사람을 불러 놓고 2시간을 배정해 놓은 게 전부인 거예요. 우리는 인터뷰이 외에도 노래를 불러 줄 가수가 필요했거든요. 그때 아나운서 초년생 시절에 아무나 붙잡고 어떻게든 아이템을 메꿔 나가던 현장 리포터 경험을 십분 활용했어요. 당시에는 방송 작가도 없던 시절이라서 출연진이 제대로 섭외가 안 된 상황에서도 어떻게든 방송을 만들어 내야 했어요. 그런 경험을 살려 다행히 인터뷰를 잘 마무리 했어요. 북한의 가요 전문가 할아버지 입장에서는 제가 이난영의 〈목포의 눈물〉이나 김시스터즈 같은 얘기에 추임새를 넣으며 맞장구를 치니까 말이 좀 통하는 사람으로 느껴졌던 것 같아요. 부족한 촬

영분은 현장에서 악보를 볼 수 있는 여성 사서 분들에게 직접 연주를 부탁해서 연출했습니다.

또 기억에 남는 상황은 개성 민속여관의 식당에서 있었던 일이에요. 거기에서 여성 봉사원들과 꽤 괜찮은 인터뷰를 할 수 있었어요. 처음에는 여성 봉사원들이 인터뷰에 비협조적이셨는데 제가 개인 소반에 12첩 반상이 반짝반짝 닦인 놋그릇에 담겨 나온 걸 보고 '이 그릇을 다 닦느라 얼마나 힘들었어요'라고 말하니 마음이 움직인 거예요. 이후에는 놋수저 좀 닦아 본 여성들끼리의 수다가 자연스럽게 이어졌죠. 충성심이 강한 역사 해설사에게는 김정일 위원장의 발언을 동원해 공략했고요. 김정일 위원장이 개성사람들을 '깍쟁이'라고 했는데 그 유래가 뭐냐 하는 식으로 물어보니 개성에 대한 이야기가 줄줄 나왔습니다. 소통의 기본이 그렇듯 북한 취재 현장에서도 공감은 정말 중요하죠.

이나영 북한 사람들은 내 상황과 마음을 알아주는 사람이라고 생각했겠네요.

김현경 방송에서는 공감과 센스가 중요해요. 개성 민속여관에 먼저 다녀온 타 방송사는 인터뷰가 잘 안돼서 밥만 먹고 돌아왔다고 하더라고요. 아까 북한 상식보다 일반 상식이 중요하다고 얘기했는데 연구도 취재도 다 그런 것 같습니다. '북한 식당에서는 밥이 이렇게 나오는구나', '맛이 어떻구나'라고만 생각하는 것이 아니라 한 걸음 더 나아가 볼 수 있어야겠죠. 이 음식을 차려 나오기까지 재료 공급은 어떻게 하고, 연관된 다른 사업들은 상황이 어떻고, 고용은 어떻게 되고 있는지 질문해 보는 겁니다. 국영식당이 중앙공급 시스템에서 공급받는 재료가 달라지면 맛도 들쭉날쭉할 수밖에 없어요. 그런 원리를 바탕에 깔고 대화를 하다 보면 아무래도 얻어 오는 정보량이 많아집니다. 상대가 '이 사람 뭘 좀 아네?'라고 나오게 되는 거죠.

이나영 사회와 인간의 본질을 이해하는 바탕 위에서 개방적인 태도와 끊임없이 질문하려는 자세가 있어야 상대를 더 잘 볼 수 있다는 말씀이시네요. 결국 소장님께 실무나 연구 모두 기본적인 토대는 세상에 대한 관심이겠어요.

김현경 그렇죠. 호기심이 중요합니다.

오주연 방송 이야기를 하다 보니 평소에 북한에서 촬영하는 프로그램은 어떻게 북한 당국과 협력하는지 궁금했어요. 2019년에 방영한 JTBC의 〈두 도시 이야기〉도 그렇고요. 남과 북에 있는 성격이 비슷한 도시를 비교한 프로그램이었는데 북한에서 직접 촬영했더라고요. 평양에 10박 11일 가셨을 때도 그렇고 직접 북한에 가서 찍는 경우 방송 제작 협력은 어떻게 이루어지나요?

김현경 그게 시기별로 트렌드가 있어요. 예전에는 우리 방송사가 북한과 직접 협업을 했습니다. 현장 취재나 다큐멘터리 외에도 KBS에서는 드라마 〈사육신〉, 〈평양노래자랑〉도 제작했었고요. MBC에서는 윤도현, 이미자 평양공연도 진행했었죠. 드라마 〈대장금〉이 유행할 때 한상궁 배역의 양미경 씨가 북한 곳곳을 다니면서 전통음식 기행도 찍었어요. 제가 평양에서 취재할 때는 비전향 장기수 집을 방문하기도 했었고 2018년에는 태권도 단체의 방북에 동행해서 평양 현지 위성 생중계 뉴스도 진행했습니다.

남북교류가 활발하던 2000년대는 참 재미있었습니다. 북한에서 지금 말하는 소위 '먹방'도 찍어봤었는데 금강산 관광구역에 북한 냉면집이 여러 개가 있었어요. 금강산 현지 금강원, 목란관이 있었고 평양에서 내려와 분점을 낸 옥류관도 있었습니다. 〈통일전망대〉 팀이 현지에서 세 개 식당의 냉면 경연을 하자고 그랬더니 이 사람들이 진짜 치열한 사회주의 경쟁을 하더라고요. 잔뜩 차려놓고 나서 제가 얼마나 맛있게 먹는지를 진지하게 쳐다보는 거예요. 그렇게 2시간 동안 세 그릇을 먹었어요. 대충 먹는 시늉만 하고 뱉을 수도 없어 배가 불러서 혼났죠. (웃음) 이런 방송 협력이 가능했던 시절이 있었죠.

오주연 프로그램을 만들고 싶을 때는 북한과 직접 소통을 하셨던 거죠?

김현경 그렇죠. 행사 주최 측을 통해 간접적으로 하기도 하고요. 분위기가 좋을 때는 행사에 동행해서 현장만 가도 얼추 취재가 되던 시절도 있었습니다. 워낙 남북교류가 많다보니 일일이 취재에 간섭을 하지 않

기도 했고요. 특히 금강산 같은 곳에서는 취재를 많이 했어요. 〈두 도시
이야기〉 얘기도 하셨는데 이 프로그램은 남북 간 직접 소통이 힘들어진
상황에서 해외교포가 대신 그 역할을 맡은 경우에요. 남한 방송국에서
기획해서 발주를 하고 해외교포가 가서 감독을 하고 북한 사람들과 찍
는 방식이었어요. 참 신선했죠. 그런데 이런 기획도 회차를 거듭하면서
대중의 관심에서 멀어졌습니다. 아무래도 북한 사람들이 자기들 기법
으로 찍고 리포팅을 하다보니 조선중앙텔레비전 느낌이 나더라고요.

이나영 2019년 무관중으로 진행해서 화제가 되었던 월드컵 평양 예선
이 있었잖아요. 남한에 있는 외국인들이 그 기간에 평양에 가서 찍어온
프로그램도 재밌었거든요.

김현경 SBS 〈샘 해밍턴의 페이스北〉이죠. 기획도 좋았지만 기획보다 프
로그램이 더 잘 나와서 드물게 성공한 사례입니다. 샘 해밍턴씨의 대중
성과 개인 역량이 컸죠. 이 프로그램도 해외교포가 중개를 했는데 북한
방송인이 제작하는 대신 외국인 관광객들이 거의 셀카로 찍어오는 방
식이었어요. 남한 국적자들은 가지 못했고요. 그때가 하노이 회담이 결
렬된 이후 북한이 빗장을 닫아 걸 때였거든요. 이런 방식은 남북 사이
의 담장이 높으니까 옆으로 구멍을 만드는 방식이에요. 남북 방송 교류
측면에서는 후퇴했으니 안타까운 현상이죠.

최근에는 외부 카메라를 받아들이는 대신 북한 내부에서 자체적으로

대외용 콘텐츠를 생산합니다. 그러면서 방송 교류협력은 더 힘들어지는 것 같아요. 과거에는 북한 내의 남북경협 현장을 4-5일 동행 취재해서 프로그램을 만들어도 사람들이 그리 신기해 하지 않던 때도 있었거든요.

북한 정보를 가공하는 새로운 방식

<u>오주연</u> 〈통일전망대〉에 사용하는 콘텐츠는 어떤 기준으로 기획하세요? 재미도 있어야겠지만 의미도 있어야 하니 고민이 많으실 것 같아요.

<u>김현경</u> 지금 〈통일전망대〉에서 저는 총괄책임자, 기획자의 역할을 하고 있습니다. 프로그램을 제작할 때는 기본적으로 시청자들의 관심사를 가장 중요하게 생각하죠.

<u>오주연</u> 요즘 사람들은 북한의 어디에 관심이 있다는 생각이 드세요?

<u>김현경</u> 그때 그때 다르죠. 기본적으로 화제가 되는 이슈를 다뤄야겠죠. 이번 주는 당연히 북한원전 건설 문건 얘기를 안 할 수가 없었습니다.[5] 당장의 논란에 집중하기보다는 과거 북한원전 건설의 경험과 지금 건

---

5) 21년 2월 8일 인터뷰 당시, 산업자원부 공무원이 감사원에 자료를 제출하지 않고 삭제한 파일 중 '북한지역 원전건설 추진방안'있다는 것이 보도되어 논란이 일었다.

설 계획이 가능한지 등을 종합적으로 보면서 산업자원부 문건의 성격이나 타당성에 대해 포괄적으로 짚어봤어요. 이 과정에서 잘못된 정보나 선입견도 수정했습니다. 1994년에 북한과 미국이 핵 합의를 한 뒤에 우리가 경수로 건설에 참여하기로 한 것으로 알려져 있지만 사실 선후관계가 틀립니다. 북미 합의 이전에 김영삼 정부가 먼저 경수로를 지어 주겠다는 입장을 보였기 때문에 제네바 합의에서 경수로 조항이 들어갈 수 있었거든요. 어쨌든 그렇게까지 했는데도 경수로 건설은 무산됐죠. 김영삼, 클린턴 대통령의 승인에도 불구하고 진행이 안됐는데 산업자원부에서 작성한 타당성 검토 문건으로 마치 남북 간에 밀약이 이뤄진 것처럼 판단할 수는 없죠. 이런 식으로 아이템 선정을 할 때 시의적으로 궁금한 사안을 다룸과 동시에 시청자들이 맥락을 이해하는 데 도움이 되도록 노력합니다.

오주연 단순히 북한 콘텐츠 중에 재밌는 것을 고르는 것이 아니라 현재 대중이 관심이 있는 주제를 가지고 기획하는 방식이군요.

김현경 그렇죠. 설 명절 때는 명절 선물을 주제로 다양하고 깊은 정보를 전달해요. 북한에서 유행하는 설 선물 중에 담배가 있는데요. 흡연에 관대한 문화 외에도 담배의 교환 가치가 높다는 정보를 전하는 거죠. 또는 남한의 제수용품을 배달해 주는 경향을 얘기하면서 북한에도 제수용품을 시장에서 사는 것이 추세라는 것을 소개합니다. 여성의 노동력을 전 부치는 데 쓰기보다 시장에서 경제활동을 하는 데 쓴다는 이야기를 전하면서 실제로 경험해 본 탈북민과 이걸 해석할 수 있는 전문가를 함께 모셔서 깊이 있게 들여다보는 거죠. 또 명절에 선물 택배로 쓰레기 대란을 겪고 있는 우리의 고민을 얘기하면서 북한의 쓰레기와 재활용 처리방법에 대해 함께 알아보기도 하고요. 북한은 설날에 애들은 놀고 김일성 동상에 다녀오고 밥 먹고 쉰다는 수준의 소개는 30년 전에나 가능했던 거죠. 그래서 해를 거듭할수록 고민이 많아요.

이나영 과거에는 북한의 설날 풍경을 소개하는 정도로 충분했는데, 지금은 남한과 북한을 비교하며 설명하는 방식으로 변화했네요.

김현경 그래서 〈대한뉴스〉를 비롯해서 우리의 옛날 자료를 많이 찾아요. 3, 4월이 북한에서는 봄철위생월간이거든요. 북한 사람들이 나가서 페인트칠하고, 학생들은 학교시설 보수에 참여하는 걸 보면서 신기해하지만 저도 옛날에 학교 근처 망우리 공동묘지까지 가서 휴지 줍고 청소했거든요. 〈대한뉴스〉에 보면 광화문에서 빗자루 들고 청소하는 고등학생과 연예인 뉴스가 나와요. 우리도 방식이 조금 다르기는 했지만 동원이 있는 사회였어요. 이제 북한도 김정은 집권 이후 교육법이 바뀌면서 학생 동원을 금지하는 조항이 들어갔습니다. 사실이라면 바람직하고 필연적인 변화지요. 오래전 북한 얘기에 머물지 않고 팩트를 업데이트하고 맥락을 살려내서 입체적으로 그려야 해요. 정체된 정보로 북한을 이상한 국가 행위자로만 그려 내는 것은 경계해야 합니다.

오주연 〈통일전망대〉 팀이 유튜브도 하던데 어떻게 시작한 건가요?

김현경 저희 김필국 팀장이 유튜브를 해보고 싶다고 했어요. 처음에 확대경이라는 개념을 가지고 북한을 보자고 했을 때 환영했어요. 팩트를 제대로 다뤄보자고 했죠. 김정은 위원장이 강냉이국수공장 시찰을 나가서 '국수는 먹을 때 면이 딸려 올라와야 먹는 맛이 있다'고 해서 면의 길이를 30cm로 생산하라는 지시를 했다는 뉴스를 다룬 적이 있어요. 그래서 비교해 보기 위해 마트에서 국수를 사 와서 직접 재어 봤죠. 북한과 관련된 수많은 허위정보들, 카더라 류의 소문들 말고 각도기를 들이대고, 자로 재고, 초를 재고, 개수를 세는 컨셉의 프로그램입니다. 국수의 길이가 뭐가 그리 중요하겠습니까? 하지만 북한에 대해 근거가 있는 얘기를 하고 싶다는 우리 제작진의 몸부림이에요.

이나영 그래도 우리가 찾을 수 있는 팩트와 근거를 가지고 접근하는 것이 인상적이네요.

김현경 그렇긴 한데 기대만큼 조회 수가 나오지 않아 아쉽죠. 이 채널에는 화제성, 시선을 잡는 악마적 존재나 스토리가 없거든요. 쉽지 않지만 그래도 그렇게 해 보려고 합니다. '텔레비죤-북'이라는 뉴스레터도 실험적으로 하고 있어요. 조선중앙TV 모니터 요원들이 매일 자료를 생산하는데 제대로 활용하지 않고 없어지는 게 너무 아까워서 그 중의 일부를 어떻게든 가공하고 보급하자는 취지였죠. 저희 기자들이 한 번 더 자료를 보고 정리하는 데 도움을 주는 의미도 있고요.

이나영 북한 정보를 제공해 주는 뉴스레터 신선합니다. 구독자는 어떤 분들인가요?

김현경 의외로 북한전문가 그룹에서 좋아하시더라고요. 유튜브에 나오는 정보들은 찾아보면 되지만 북한 TV는 찾아서 보는 것이 쉽지 않으니까요.

이나영 주변에 북한 전문 기자에 대해서 궁금한 학생들이 꽤 있더라고요. 북한학과 전공하는 친구들이 희망하는 진로 중 하나이기도 하죠. 북한 전문 기자는 뭘 하는지, 이런 분야의 수요가 있는 지 궁금합니다.

김현경 레드 오션이죠, 완전히. 제가 일단 기사를 쓰는 입장에서는 좀 벗어나 있기 때문에 질문에 대답을 하기에 충분하지는 않지만 사실 지금처럼 짧은 보도를 하고 '제목 장사'가 중요한 상황에서 무슨 전문성이 필요하겠어요. 하지만 깊이를 조금이라도 더하면 그때부터는 차이가 확연히 날 수밖에 없어요. 그런데 자리가 너무 좁죠. 북한을 다루는 면이 각 신문사에 얼마나 되겠어요. 저는 누군가가 아나운서, 기자가 되고 싶다 그러면 이유를 물어봅니다. 보통 '남 앞에서 얘기하는 게 좋아요'라는 식의 대답을 많이 해요. 그런데 남 앞에서 얘기를 해야 하는 게 꼭 아나운서야 할 필요는 없잖아요. 지금은 연예인도 연반인[6]과의 싸움을 하는 시대고요. 저는 언론인도 마찬가지라고 봐요. 기자 자격증을 발급해 주는 것도 아니고 저널리즘의 경계가 어디까지인지 잘 모르겠단 말이죠. 북한전문가 영역 또한 그래요. 미디어 환경이 변화하고 있으니 기존의 직업군에 대한 고정관념을 벗어 버렸으면 하는 바람이 있습니다.

이나영 역시 일관되게 열린 태도를 중요하게 보시네요.

김현경 계속 변화할 수 있게끔 가볍게 뛰면서 필요한 곳에 끼어 드는 거죠. 자신에게 커다란 기둥이 튼튼하게 있으면 이리 저리 연결해도 되고, 가변형 벽체를 만들어도 되고, 그렇게 유연했으면 좋겠습니다. 세상이 어떻게 변할지 몰라요. 우리 직업군 자체가 어떻게 살아남을지 모르죠.

오주연 〈통일전망대〉와 같은 프로그램은 언제까지 계속될까요?

김현경 MBC는 공영방송이기 때문에 당분간은 괜찮을 것 같아요. 사실 〈통일전망대〉가 소위 장사가 되는 프로그램은 아니지만 방송통신위원회 등 제도권을 포함해 국민들은 공영 방송에게 평화통일을 준비하는 역할을 요구하고 있습니다. 국제적으로도 북한에 대한 관심이 증가하고 있고요. 구글에서 북한이 언급되는 횟수도 폭발적으로 증가하고 있죠. 하지만 공급 초과인 국제 뉴스 시장에서 북한 이슈는 공급이 수요를 따라가지 못하고 있어요. 그러니 더욱 무거운 책임감으로 해야겠죠.

---

6) 연예인에 가까운 일반인을 일컫는 말. 인플루언서라고도 칭한다.

북한학의 현장을 묻다

엄주현

1970년에 태어났다. 동국대학교 대학원에서 북한학 박사학위를 받았다. 2002년부터 (사)어린이의약품지원본부에서 일했고 현재는 사무처장으로 재직 중이다. 주로 보건의료 협력사업을 담당하며 50회 이상 북측을 방문했다.

주요 저서 및 연구

《《김일성저작집》을 통해 본 북한의 보건의료 인식과 체계의 구축》, 북한대학원대학교 석사학위논문, 2014.

《《경제연구》 분석에 기초한 남북 협력 방안 연구》, 《통일인문학》, 71, 2017

〈북한 의약품 생산체계의 형성과정에 대한 고찰〉(공저), 《약회학지》, 62(4), 2018.

〈북한 보건의료체계 구축 과정 연구〉, 동국대학교 대학원 박사학위논문, 2020.

《북조선 보건의료체계 구축사 I 》, 선인, 2021.

그 외 다수.

엄주현 사무처장은 20여 년간 남북교류협력사업에 종사하며 역사를 만들어 온 NGO 실무자이자 북한 보건의료체계 연구자이다. 그는 2000년 남북정상회담 이후 폭발적으로 성장한 남북교류협력사업으로 각계각층에서 다양한 성격의 대북협력 사업이 촉발되던 시기 어린이의약품지원본부(이하 지원본부)에 들어갔다. 지원본부에서는 만경대어린이 종합병원을 건립하고 여러 병원의 현대화 사업에 참여하는 등 여러 차례 북한을 방문하고 북한의 실무자들과 협상해 왔다.

2000년 이후 남북교류협력 NGO는 우리 사회의 정치 구도나 국제 정세에 따라 변화하는 북한과의 관계 속에서도 인도적 지원과 다양한 측면의 개발협력사업으로 돌파구를 찾아왔다. 북한과 만나는 영역은 민간이 접근할 수 없는 철저히 정부의 영역이라고 여겼던 이전의 패러다임을 바꿔 놓은 것은 대북정책의 전환뿐 아니라 이와 같은 NGO와 시민들의 힘이기도 했다. 그리고 남북교류협력 NGO를 비롯한 현장의 실무자들이 북한학을 전공하기 시작하면서 북한 정치·경제 분야에 한정되어 있던 연구 주제가 더욱 풍부해지고 현장의 경험이 연구 내용에 반영되었다.

앞서 만나 본 김현경 소장이 언론 현장에서 북한학 지식을 활용한다면 엄주현 사무처장은 남북교류협력 현장에 북한학을 접목시키고 있다. 그는 현장에서 얻은 경험과 호기심을 풀기 위해 북한의 보건의료체계에 대한 연구를 진행해 왔다. 특히 그는 북한의 보건의료분야는 사실상 붕괴되었다고 보는 일반적인 판단과 달리 북한식 사회주의 보건의료체제가 무엇인지 새롭게 구성하고자 했다. 이러한 물음은 북한을 '실패국가'라고 규정하는 오래된 담론의 영향에서 벗어나 북한을 있는 그대로 보기 위한 북한학적 실천이기도 하다.

석사논문인 〈《김일성저작집》을 통해 본 북한의 보건의료 인식과 체계의 구축〉(2014)에서는 북한에 이미 인민을 위한 보건의료체계가 구축되었으나 1990년대 경제·정치적 어려움으로 인해 정상적으로 운영되지 않았다는 기존의 인식에 문제를 제기했다. 북한의 1차 문헌인 《김일성저작집》에 기반하여 김일성 시대에 병원이나 의료인을 양성하는 등의 보건의료체계 기반이 구축됐으나 의약품, 의료기기들을 생산하는 물적 생산 토대가 완벽하게 갖춰지지 않았었다는 연구 결과를 내놓았다. 그리고 이 결과를 통해 남북 간 보건의료 협력 사업에서 어떤 측면이 우선되어야 하는지에 대한 방향성도 도출했다.

석사논문에서는 《김일성저작집》을 주로 분석했다면 〈《경제연구》분석에 기초한 남북 협력 방안 연구〉(2017)에서는 김정은 집권 기간인 2012-2017년 사이 북한 경제잡지인 《경제연구》를 분석하여 남북 협력 방안에 대한 정책적 제언을 제시했다. 주제어 빈도수 분석을 통해 현재 북한이 어떤 측면에 집중하고 있는지를 확인하고 해당 결과에 대응하는 정책을 제언했다. 엄주현 사무처장은 1차 자료를 통해 북한이 어떤 이야기를 하는지 듣고, 이를 정리해 내고, 현장에 적용할 수 있는 지점을 찾아 내고 있다.

박사논문인 〈북한 보건의료체계 구축 과정 연구〉(2020)는 1년 만에

《북조선 보건의료체계 구축사Ⅰ》(2021)로 발간되었다. 이 책에서는 1945년부터 1970년까지 북한 보건의료체계 구축 과정을 다룬다. 다른 분야와 마찬가지로 북한의 보건의료 현실을 파악할 수 없는 지금, 어떻게 이 간극을 좁히고 보건의료 교류협력을 추진할 수 있을 것인지에 대한 방향성을 찾고자 했다. 현재는 1970년대 이후 북한의 보건의료체계도 순차적으로 연구하고 있다. 엄주현 사무처장은 보건의료 교류협력을 위해 부정적 시각과 고정된 논리를 떠나 북한의 사회주의 보건의료체계가 어떻게 구축되어 왔는지 밝히고 이해할 필요가 있다고 본다. 그동안의 보건의료협력 방식은 북한 보건의료체계를 복구하는 것이 아니라 남한 보건의료체계를 접목시키는 방식으로 이루어졌다. 하지만 점점 북한이 남북 간 대등한 보건의료협력을 원하면서 북한의 보건의료체계에 대한 심화적 이해의 필요성이 높아지고 있다.

엄주현 사무처장은 북한학의 효용성이 잘 드러나는 곳이 남북교류협력 현장이라고 말한다. 북한 사회가 가지고 있는 특수성은 보편적 이론만으로 온전히 이해하기 어렵기 때문에 북한을 연구대상으로 보는 독립된 학문체계의 중요성을 지적한다. 그리고 학문을 기반으로 북한을 이해하고 분석하는 일은 북한 관계자들과 직접 만나는 현장에서 교류협력사업 실무자가 갖춰야 할 소양이라 말한다. 우리는 엄주현 사무처장을 통해 실무자의 이론적 자산이라 할 수 있는 북한학이 현장에 어떻게 접목되는지 실제 사례를 만날 수 있었다.

어쩌다가 들어선 교류협력사업

오주연 오랫동안 대북교류협력 활동과 북한학 연구를 해 오셨습니다. 이런 길을 걷게 된 배경과 계기가 궁금합니다.

엄주현 대학 시절 운동권은 아니었는데 야학을 하고 공장 활동[1]을 했어요. 공장에서 만난 동료들은 당시 저와 비슷한 20대 초반 또래였는데 중학교 정도밖에 못 나온 친구들이 너무 많았고 월급의 대부분을 시골에 계신 부모님께 보내는 친구들이 다수였어요. 제가 대학생활을 하는 게 참 선택 받은 것이자 특권이라는 생각이 들었어요. 그래서인지 대학을 그냥 이런 식으로 졸업하면 안 되겠다는 생각이 들었죠. 1993년에 대학을 졸업하고는 인권운동사랑방에서 활동하면서 비전향 장기수 선생님들을 만났고, 《완전한 만남》[2] 등을 접했습니다. 이념 하나 때문에

---

1) 노동현장을 이해하고 배우기 위해 비밀리에 공장에 취업하는 활동을 뜻한다.

2) 비전향 장기수 8명의 이야기를 담은 소설이다. 김하기, 《완전한 만남》(창비, 1991).

190

수십 년의 감옥 생활을 했다는 게 이해가 안 되면서도 존경하는 마음이 들기도 했죠. 그러다 결혼과 출산 후에 신문에서 '어린이의약품지원본부^{이하 지원본부}'의 활동가를 뽑는다는 공고를 봤고 그렇게 2002년부터 지원본부에서 활동하게 되었습니다. 와서 보니까 본부 구성원들은 대부분 보건의료인들이고 대북사업을 주로 했어요. 지원본부가 만들어진 건 1997년이었지만 2001년에 사단법인으로 전환하면서 입사하던 당시에는 이런저런 실무를 맡게 되어 정신이 없었죠.

오주연 언제부터 실제로 북한에 가게 되셨나요?

엄주현 처음으로 북조선 사람을 만난 건 2004년 12월에 심양에서였어요. 평양에 처음 간 건 2005년이고요. 같은 분야의 민간단체 활동가들에 비해서는 많이 늦었죠. 1996년 창립한 '우리민족서로돕기운동'이나 '어린이어깨동무' 같은 경우는 1998년, 1999년부터 북쪽을 다니기 시작했거든요. 첫 방북을 한 2005년부터 정신없이 1년에 네다섯 차례 평양을 방문하면서 사업을 했습니다.

처음 평양을 방문했을 때, 순안공항^{평양국제공항}에서 평양 중심구역으로 들어가는 길에서 본 북녘의 모습을 잊을 수가 없습니다. 여전히 엄청난 어려움이 묻어 있었어요. 북측이 '고난의 행군'을 겪었던 시기에 저는 인권운동사랑방에서 활동했어요. 그때에도 북한에 관심이 없었던 것은 아니지만 당시만 하더라도 남쪽에도 해결해야 할 인권 문제가 너무 많앉어요. 그래서 북은 북대로 우리는 우리대로 스스로의 문제는 알아서 해야 한다는 입장이라 북측 사정에는 큰 관심이 없었거든요. 그런데 실제로 가 보니 그 어려움이 더 와닿더라고요.

오주연 눈에 보이니까요.

엄주현 네. 어려운 상황이었다는 것을 막상 알게 되니까 미안함이 들었어요. 주어진 환경에서 최대한 후원금을 많이 모아서 북측을 지원해야 한다는 생각이 들었죠. 2005년부터 5년 가까이는 그런 마음으로 정말 열심히 했어요. 그런데 돌이켜보면 무식하면 용감하다고, 진짜 단순하고 무식하게 사업을 했다는 생각이 들어요.

오주연 왜 그런 생각이 드셨어요?

엄주현 북쪽의 체제나 사회에 대한 고민 없이 그냥 많이 갖다 줘야 한다고만 생각했던 거죠. 어떻게 말하면 순수했던 거예요. 한편으로는 제가 89학번이니까 운동권 거의 끝 세대라고 할 수 있는데 사회주의에 대해서 그저 막연하기도 했죠. 예전 선배들은 이론을 파는 경향이 있어서 사회주의 이론에 대해 정통했을지 모르지만, 우리 세대만 하더라도 87년 항쟁을 겪고 91년에 소련이 붕괴되는 걸 보면서 사회주의가 실패한 제도처럼 보였으니까 굳이 이론적으로 공부할 필요를 느끼지 못했어요. 물론 빈부격차가 심화되는 걸 보면서 자본주의가 완벽하지 않다고 생각하기도 했죠. 그래서 이에 대한 대안으로 사회주의란 무엇일까라는 고민과 궁금증은 계속 갖고 있었어요. 그런데 여전히 북은 스스로 사회주의라고 말하잖아요. 그러다 보니 일하는 과정에서 북조선 사회주의의 정체가 늘 궁금했어요. 북쪽에서 보건의료사업을 하면서 만난 북쪽의 보건의료인은 남쪽과 너무 달랐거든요. '저 사람들은 왜 저렇게 행동하지? 여긴 어떤 사회지? 어떤 체제이기에 이렇지?' 사업을 수행하는 내내 이런 질문을 하게 되었어요. 만나면 만날수록, 얘기하면 얘기할수록 궁금한 것들이 많아졌어요. 저랑 비슷한 생각을 갖고 있거나 같이 활동했었던 사람들과 얘기를 나눠보면 다들 찾아서 공부를 많이 하셨더라고요. 저도 몇 년을 거치면서 공부를 좀 해 보고 싶다는 생각을 했어요. 그리고 얼마 지나지 않아 남북관계가 경색되면서 실제로 시간의 여유가 생겼죠.

이나영 공부할 시간이 생긴 셈이네요. 아무래도 바쁠 때는 공부할 생각을 하기가 어려우니까요.

엄주현 맞아요. 2012년에 북한대학원대학교 석사과정에 들어가게 됐는데 너무 재미있었어요. 제 일과 밀접하게 관계있는 공부를 하는 거니까요. 교류협력사업을 하면서 느꼈던 북한학의 필요성을 직접 확인할 수 있었어요. 특히 남북이 끊임없이 교류협력을 해야 하는 이유로 민족동질성 회복 등의 이야기를 많이 하거든요. 하지만 이것이 근본적으로 가능하려면 우리에 대해서도 잘 알아야 되지만 사실 북쪽에 대해서 알아야 한다는 생각이 들었죠.

오주연 선생님은 북한 사회를 직접 보셨고 경험도 하셨으니까요.

엄주현 네. 그래서 자연스럽게 2년 동안 열심히 공부하고, 제 일과 관련된 북측의 보건의료체계에 관해 석사논문을 쓰고 졸업했어요. 그 후 바로 동국대 박사과정을 진행했고요.

이나영 박사과정은 왜 동국대로 진학하셨나요?

엄주현 당시 환경재단에서 활동가들한테 장학금을 주는 프로그램이 있었어요. 그 프로그램을 통해 대학원에 진학을 했는데, 마침 가능한 학교 중에 북한대학원대학교는 없었고 북한학과가 있는 대학으로 이화여대와 동국대가 있었어요. '북한학은 북한대학원대학교'라고 생각을 하고 있었지만 동국대와 북한대학원대학교 사이에서 고민을 많이 했죠. 여기저기에 의견을 여쭸는데 다양한 조언을 들었어요. 여러 학교를 경험해 보는 것이 좋다는 분들도 있었고, 북한대학원대학교 같은 경우에는 북한학의 실용적 측면이 성격이 강한데 동국대는 정통 학문적인 연구가 가능하다는 의견도 들었어요. 아무래도 박사과정 진학에서 가장 중요한 건 지도교수님을 선택하는 거였고요.

박사과정에서 진행한 연구는 1945년부터 1970년까지 북한 보건의료 구축사를 묶는 작업이었습니다. 이를 위해 1945년 《정로正路》[3]부터 《로

---

3) 《정로》는 1945년 11월 1일 창간된 조선공산당 북조선 분국의 기관지로 조선로동당

동신문》전체를 다 봐야 했어요. 자료를 수집하는 데 거의 1년이 넘게 걸렸고 논문을 작성하는 데도 2-3년이 걸렸어요. 기존에 써 놓은 양이 거의 천 페이지 정도라 글을 정리하려면 1-2년은 더 필요했는데 지도 교수님인 박순성 교수님께서 보시더니 이미 충분하니 빨리 정리해서 심사를 하자고 하셨어요. 심사를 하자는 말에 용기를 얻어서 일단 마무리를 했죠.

오주연 북한학 석사, 박사 과정까지 하고 나니 '북한학이란 무엇이다'라는 스스로의 정의가 생겼을까요? 북한학은 어쨌든 분과 학문으로는 존재하기 힘들다는 이야기를 하잖아요. 보건의료 분야도 보건의료라는 학문체계에서 북한을 연구하면 될 텐데 굳이 북한학에서 이 주제를 다뤄야 하는지, 이런 필요성에 대한 문제제기를 들으셨을 것 같아요.

엄주현 학문체계와 관련한 이론적인 건 잘 모르겠어요. 제가 북한학을 접하게 된 이유도 실용적인 측면이 컸고요. 하지만 개인적으로 북한에 학문적으로 접근할 만한 가치는 분명히 있다고 생각해요. 지금 북한은 그 어느 나라도 가지 않는 길을 가고 있는 중이잖아요. 남북이 통일이 되든 한반도의 평화를 바라든 북한을 보다 명확히 이해할 필요가 있거든요. 이런 특성을 이해하지 않고 그냥 객관적으로 아니면 평이하게, 보

중앙위원회 기관지인 《로동신문》의 전신이다. 1946년 9월 1일 《로동신문》으로 제호가 바뀌었다.

편적 측면에서 접근하면 이해가 안 되는 경우가 더 많더라고요. 북한에 사는 사람들이 바라는 것, 그들이 세우고자 했던 나라의 이념을 가지고 공부하는 방식이 분명히 필요하다고 생각해요.

이나영 실무를 하면서 공부가 필요하다고 생각이 들었다는 지점이 이 부분이었을까요?

엄주현 네, 북한학을 하면 할수록 그런 생각이 들어요. 그래서 원전을 읽기 싫지만 열심히 읽고 이해하려 하고요. 그래야지 조금 더 다가갈 수 있고 그들이 어떤 생각을 갖고 있는지 알 수 있잖아요. 북쪽만의 독특한 사상체계와 경제체계가 분명히 있어요. 사회주의라 하더라도 중국식 사회주의가 아니거든요. 제가 볼 때 그들은 자신들의 고유성을 유지하기 위해 끊임없이 노력하고 있어요. 그걸 시험하는 과정이기도 하고요. 한편으론 그런 고유성을 잡아내고 싶은 욕심이 있어요. 될지 안 될지 모르겠지만요. (웃음)

이나영 보편적인 이론만으로 북한을 보는 건 쉽지 않기 때문에 특수성을 살리기 위해서라도 북한학은 존재해야 된다는 말씀이시군요.

엄주현 네, 저는 그런 입장이 강해요.

오주연 그러면 다른 국가에서도 특수성에 근거한 북한학이 존재할 여지가 있을까요? 아니면 우리나라에서 민족 문제를 풀기 위한 특수한 학문의 영역으로 북한학이 존재하는 것이라 보세요?

엄주현 수업 중에 어떤 선생님께서 어쨌든 북한학도 하나의 지역학이라고 하신 말씀에 저는 동의해요. 그리고 지역학을 연구하기 위한 마음가짐에는 기본적으로 그 지역에 대한 애정과 사랑이 있어야 하죠. 그들의 언어를 배우려고 하고, 거기 가서 살아 보려고 하고, 사람들을 만나려고 하는 것도 다 그런 차원이죠.

오주연 마음이 같이 움직여야 가능한 공부겠네요.

엄주현 많은 사람들은 북한이 더 이상 사회주의 국가가 아니라고 얘기해요. 그런데 북한은 끊임없이 자기식의 사회주의를 계속 하고 있다고 말하고요. 외부에서는 북한의 체제가 김정은, 김씨 가문의 권력 획득을 위한 하나의 수단에 불과하다고 보지만 많은 인민들이 추종하는 경향도 분명히 있거든요. 아무리 독재국가라 하더라도 위로부터의 독재만으로 유지되기 어렵다는 말이죠. 소련과 동구의 사회주의권은 체제가 전환되었지만 북한의 미래는 어떨지 궁금합니다. 그러면서도 공부를 하면 할수록 '아, 나는 북에 가면 못 살겠다', '북에서 살기도 참 힘들겠다'라고 생각해요. 그렇지만 북의 인민들은 실제로 거기서 살고 있고, 교류협력 활동가로서 그들의 삶이 실질적으로 어떻게 작동하는지 계속 궁금해요. 그 의문의 지점이 저는 학문적으로 의미 있다고 보는 거고요.

'북한어린이살리기의약품지원본부'에서
'어린이의약품지원본부'로

__이나영__ 지원본부 단체 명칭에 대한 에피소드가 있더라고요.

__엄주현__ 처음에 지원본부 이름이 '북한어린이살리기의약품지원본부'였어요. 북쪽 사람들과 만나는 과정에서 이 단체 이름 누가 지었냐고 하더라고요. (웃음) 남북이 만나면 북한, 남한 혹은 북조선, 남조선이라는 명칭을 안 쓰잖아요.

__이나영__ 그렇네요. 그럼 단체 이름에 북한이 들어가서 그랬을까요?

__엄주현__ 그렇죠. 그 다음에 '살리기'. 무엇을 살리고 죽이냐면서 '북한', '살리기'를 빼고 어린이의약품지원본부로 바꾸었죠. 2007년 노무현 정부에서 북한 영유아 지원사업을 했어요. 국제기구처럼 규모를 키워서 어린이 모자 보건 사업을 해 보고 싶었던 거죠. 그런데 그때 북측은 영유아, 어린이, 모자 등의 용어를 지닌 협력사업을 불편해 했어요. 나름대로는 어린이들을 대우하는 정책을 지속적으로 펴 왔는데 대외적인 시선이 신경 쓰인 거죠.

__이나영__ 북한 당국 입장에서는 자기 나라 아이들을 제대로 키우지 못한다고 알리는 꼴이니까요.

__엄주현__ 그런 부분에서 사업을 협의하는 과정이 너무나 어려웠습니다.

그 과정을 진행한 민족화해협의회^{이하 민화협} 참사 등의 북측 인사들이
단체 이름에 어린이가 들어가 있으면 윗선에 보고하기가 힘들다고 토
로할 정도였으니까요. 어렵게 2008년에 진행하기로 했는데 이명박 정
부가 들어서면서 완전히 중단됐습니다. 지원본부가 컨소시엄으로 참여
했던 대안군인민병원 산부인과 및 소아과 사업은 새로 짓기 위해 건물
을 다 해체했는데 사업이 중단되었고요. 나중에 들은 바로는 해당 단위
에서 자체적으로 건설을 했다고 하더라고요. 사업을 진행한 참사들이
너무 힘들어 했죠. 어렵게 합의하고 대안군인민병원을 설득해서 물자
지원하고 새 건물을 짓겠다고 했는데 이런 상황이 되어버렸으니까요.
민화협 참사가 담보할 수 있는 일도 아니었는데 끝까지 수습하느라 고
생을 많이 했다고 들었어요.

오주연 북한이 남한에게 요구하는 신뢰란 이런 맥락이겠네요. 북한에
가면 사업을 담당하는 지속적인 파트너가 있나요?

엄주현 북측도 우리나라 공무원과 똑같이 일정 기간이 지나면 보직 순
환을 해야 해요. 공무원의 특성인 셈이죠. 민화협은 조국평화통일위원
회⁴⁾ 산하의 단체인데요. 대북교류협력 단체들은 민화협 협력부, 사회
교류는 민화협 사무소, 경제협력은 민족경제협력연합회로 파트너가 다
달라요. 10년 가까이 사업을 제대로 못하는 동안 사람들이 다른 곳으로

---

4) 우리의 통일부에 해당하는 북한의 대남기구이다.

배치 받는 경우도 있었죠. 중국 심양에 원래 민화협 대표부가 있어서 그쪽으로 제안 이메일도 보내고 했는데 2018년 들어서 심양 대표부가 이제 사업을 안 하고 남쪽 민간단체 사업은 베이징 조선대사관 담당참사 관할로 다 바뀌었다고 하더라고요.

대북제재 상황에서 교류협력사업을 한다는 것

이나영 남북관계가 경색기에 들어서면서 교류협력 분야는 어떻게 대처해 왔는지 궁금합니다.

엄주현 2008년에 이명박 정부가 들어서고 천안함 사건 등이 발생하면서 교류협력사업이 정상적으로 이루어지지 않았죠. 2008년, 2009년까지만 하더라도 상황이 이렇게 심각해질 거라고는 생각을 못 했어요. 왜냐하면 나름 10년 동안의 교류협력의 역사가 있었기 때문에 아무리 정권이 바뀌었다 해도 완전히 무시할 수는 없을 거라고 생각했던 거죠. 기다리기도 하고 일정 정도 싸워 보기도 했지만 상황은 점점 더 악화되었죠. 그러다 보니 자연스럽게 대북활동을 했던 단체들끼리 모여 연대사업도 하고, 실무자들끼리 모임도 하기 시작했어요. 2011년 6월에는 '인도적 대북지원을 위한 대화와 소통'이라는 대북교류협력 민간단체

연대체가 만들어져서 정치적으로 활동도 해봤고요.

이나영 그렇다면 요즘에는 어떤 일을 하시나요? 북한 관련 일은 아무것도 못하는 상황인 건가요.

엄주현 현재 남북이 직접 접촉하는 사업은 못 해요. 하지만 중간에 해외동포가 끼면 가능하죠. 북측도 이런 방식을 원하고요. 조선로동당에서는 남쪽 사람들과 직접적인 소통을 하지 말고, 남한 물자는 절대 받지 말라고 해요. 그래도 물자를 받았던 담당자 입장에서는 또 받을 수 있는 방법을 찾겠죠. 그 방법 중 하나가 해외동포에요. 아시겠지만 북측은 교류협력에서 남한보다는 해외동포들을 먼저 활용했어요. 고난의 행군 때도 해외동포들이 직접 북쪽에 가서 지원했던 역사가 있고요. 해외동포는 조선족부터 뉴질랜드 교포, 미국 동포 등 다양합니다. 북측을 지원하려면 돈이 필요한데 해외동포를 통해 남쪽에서도 지원할 수 있고요.

오주연 지원에는 주로 의약품과 같은 물자가 들어가는 건가요?

엄주현 저희 기관은 이전에는 주로 어린이영양관리연구소, 대동강구역병원, 철도성병원, 만경대어린이종합병원 등에 직접 지원사업을 했었어요. 하지만 이명박, 박근혜 정부 때 이런 직접 지원사업이 중단되었습니다. 그 뒤로 2010년, 2013년에는 드문드문 북쪽을 방문할 수밖에 없었어요. 2018년에 정세가 한번 변하고 나서야 평양을 가게 됐고요. 그해 연초부터 6월까지는 북측이 정부 간 협의만 했어요. 그러다 7월부터 민간단체들이 북측과 만나기 시작한 것 같아요. 7월 즈음 북측이 우리 단체 보고 중국에서 만나자고 해서 실무협의가 시작되었습니다. 가서 들어 보니 남쪽 당국이랑 협의해 보니까 되는 게 아무것도 없다, 계속 제재 때문에 안 된다고 하는데 민간에서는 무엇을 같이 할 수 있냐고 묻더라고요. 우리도 잘 모르겠다고 답했어요. 왜냐하면 이미 북측은 2014년에 인도적 지원 물자를 더 이상 안 받겠다 선언한 상태였거든요. 완제의약품 같은 인도적 지원 물자는 안 받겠다 하고, 2017년 12월 유엔 제재 2397호[5]는 어떻게 운영되는지도 모르겠고 이쪽도 난감하다고 말이죠. 일단 우리도 지금의 유엔 제재 하에서 어떻게 물자가 들어갈 수 있는지 알고 싶으니까 완제의약품을 먼저 한번 받아보라고 제안했죠. 이 제안에 북이 합의한 거예요. 귀국해서 물자 반출 승인을 받아서 보냈고 이후 그 물자에 대한 모니터링으로 11월에 평양을 갔어요. 북측 사람들이 '이제 실험은 다 끝났냐'고 물었어요. 자기들은 애초에 얘기했던 것처럼 완제의약품 못 받는다, 특히 남한 것은 못 받는다고 했죠.

이나영 못 받는다는 건가요, 안 받는다는 건가요?

엄주현 엄밀히는 안 받는 거죠. 왜냐하면 의약품이 포장부터 북쪽과 많

---

5) 유엔안전보장이사회 대북제재 결의 2397호는 북한의 ICBM급 '화성-15형' 발사에 대응한 조치이다. 주요 내용으로 유류 공급 제한 강화, 해외 파견 북한 노동자 24개월 이내 송환, 수출입 금지 품목 확대, 해상 차단 조치 강화, 개인 및 단체 제재대상 추가 지정 등을 포함한다.

이 다르잖아요. 남한 물자인 게 너무 티가 나는 거죠. 김정은 정권 들어서서 북쪽은 제약공장에서 약을 직접 생산하고 싶어 해요.

이나영 완제품이 아닌 의약품의 재료를 받고 싶은 거군요?

엄주현 사실 옛날부터 그랬어요. 1990년대 말 2000년대 초 흐름이 인도적 차원에서 개발협력으로 넘어가면서 그때부터 원재료를 받고 싶어 했는데 방향성이 더욱 명확해진 거죠. 의약품을 만드는 원료도 자기네가 충분히 수급할 수 있는 원료로 활용하는 방안을 찾고 있어요.

이나영 정말 자력갱생의 길을 개척하고 있는 거네요.

엄주현 그러니 원료의약품은 받겠지만 남쪽에 어느 제약회사에서 만든 완제의약품은 못 받는다 이렇게 된 거죠. 사실 원료의약품의 경우 남쪽의 제약회사들도 인도나 중국에서 수입해서 생산합니다. 그래서 중국에서 필요한 원료를 사서 육로로 신의주를 통해 평양으로 보내는 방법을 썼습니다. 2019년에 물자가 두 차례 들어갔어요. 2020년에도 들어갔어야 되는데 코로나19 때문에 북중 국경이 완전히 닫혀서 어려워졌죠. 2020년에 산 원료의약품이 아직 창고에 있어서 국경이 열리기를 기다리고 있어요.

이나영 대북제재가 작동된다 하면 인도적 지원이나 개발협력사업이 어려울 줄 알았는데 끊임없이 방법을 강구하고 계시는군요.

엄주현 완제의약품으로 유엔결의안이 어떻게 작동하는지 한번 실험해

봤다고 했잖아요? 북쪽으로 가는 모든 물자는 '못' 하나라도 승인을 다 받아야 해요. 시절이 좋았을 때는 완제의약품 같은 경우는 조건만 맞으면 일주일 만에 승인 받고 인천항에서 남포로 보내는 데까지 2-3주면 다 끝났었어요. 그런데 지금은 22개 종류의 완제의약품 성분을 비롯한 모든 것이 합당했음에도 불구하고 승인받는 데만 3개월 이상이 걸렸어요. 물건 하나하나가 유엔 제재인지, 미국 제재인지, 국내 제재인지, 전략 물자인지 아닌지도 확인해야 하기 때문이에요.

이나영 제재가 너무 다양하네요.

엄주현 특히나 원료의약품은 중국에서 사 온 거잖아요. 그러면 중국 업체한테 대금을 보내줘야 되는데, 북에 가는 물건이라고 하면 우리나라 은행에서 송금을 안 해줘요. 세컨더리 보이콧[6] 때문에 잘못하다가는 벌금이 나오니까요. 유엔에서 면제 승인을 다 받은 거라고 해도 꺼려하죠. 게다가 북에 들어가는 배를 구하는 것도 쉽지 않아요. 북에 들어갔다 나오기만 해도 조사를 받아야 하니까요.

오주연 북한이 그 정도로 고립되어 있군요.

엄주현 유엔 제재가 실제로 어떻게 작동하는지, 돌파할 구멍은 있는지 한번 해 봐야 아니까 2019년, 2020년에는 의료장비 보내는 걸 신청해

---

6) secondary boycott. 제재 국가와 거래하는 제3국의 기업 혹은 금융기관까지 제재하는 조치를 말한다.

봤어요. 거의 6개월 이상 걸려서 승인이 났죠. 시간이 오래 걸리기도 했지만 현재로서는 승인 받았다 해도 북측이 남한의 물자는 안 받는다고 해서 못 들어가고 있고요. 그럼에도 유엔 제재가 어떻게 운영되는지는 계속 확인해 볼 필요는 있어서 이런 식의 시도를 다양하게 해 보고 있어요.

이나영 식량을 지원하거나 하는 다른 인도적 지원 단체들도 이런 절차를 거치고 있나요?

엄주현 국제기구를 통하기도 하는데 비슷한 경로이긴 해요. 국내에서는 그래도 지원본부가 선도적으로 사업을 하고 있다고 자부해요. 원료 의약품도 그랬고 유엔 제재 면제 승인도 미국 시민권자나 외국 국적자가 대표로 되어 있지 않은 국내단체로는 저희가 제일 먼저 했었고요. 특히 2019년에는 평양 만경대어린이종합병원에 넣을 휴대용 초음파 기계를 승인 받아야 했는데 유엔 1718위원회[7]에서는 평양으로 그런 장비 넣는 걸 통상적으로 승인을 안 해줬죠. 외교부에서도 우리가 승인을 받았다고 하니 되게 놀랐다고 얘기할 정도였어요. 이렇게 시도하는 것을 북측에게 보여 주고 싶은 측면도 있어요. 유엔 제재 결의가 금방 해지될 것 같지 않으니까 이런 방법도 고려해 보자, 이렇게 해 보니까 되

7) 2006년 10월 북한 1차 핵 실험 직후, 안보리 15개국 만장일치로 통과된 유엔안보리 결의 제1718호에 의해 설립된 유엔 안보리 대북제재위원회를 지칭한다. 1718호는 북한의 무기 수출을 금지하는 내용을 포함한다.

더라, 그러니 이것도 한번 생각해 보자 이렇게요.

이나영 코로나19 이후에도 우리나라는 계속 뭘 보내겠다고 하지만 북한에서는 받지 않겠다고 했죠. 그런데 세계백신면역연합^{GAVI 8)} 같은 국제기구에는 북한이 백신을 신청했더라고요.

엄주현 저희도 2020년 1월에 코로나19 PCR 검사 장비를 보내기 위해 북측과 협상을 해 보려고 했어요. 그때는 이 장비가 한국과 프랑스 업체에서만 생산이 됐었거든요. 그런데 결국은 안 받더라고요.

이나영 북한도 굉장히 완고하네요.

변화하는 북한, 변화해야 하는 교류협력사업

오주연 직접 지원사업을 하시면서 북한의 변화를 가까이에서 보셨을 것 같아요. 북한의 변화가 가장 크게 느껴지는 부분은 어떤 건가요?

엄주현 북한이 거의 70년 가까이 제국주의 원조에 대해서 엄청 강하게 비판해 왔잖아요. 그러다 1995년에 유엔에 인도적 지원을 처음 요청했어요. 원조는 '침략의 방패'라고 얘기를 했을 정도였지만 결국 원조 요

---

8) Global Alliance for Vaccines and Immunization. 개발도상국의 백신에 대한 접근성을 높이기 위해 설치된 국제기구이다.

청을 하게 된 거죠. 그 후로 원조를 받은 세월이 거의 20-30년이 됐고요. 그사이 남한과 좋았던 10년이 있었고 안 좋았던 10년의 역사도 경험했습니다. 시행착오를 겪은 거죠. 2017년에 제가 북측 담당자에게서 들은 이야기는, 이전에 장비 등을 남한에서 많이 받았는데 10년 동안 장비에 맞는 소모품 물자가 없어서 결국 다 무용지물이 됐다는 거였어요. 그래서 이제는 이렇게 의존하는 사업은 못 하겠다고 말하더라고요.

오주연 솔직히 얘기하면 물건 말고 돈으로 달라는 이야기는 아닌가요?

엄주현 그렇다기 보다는 이제는 단순한 완제품 지원이 아닌 북측이 스스로 원료를 생산할 수 있는 기술 협력, 보건 분야를 예로 들자면 의료 장비를 만들 수 있는 기술 협력이 필요하다는 의미입니다. 지속가능성이 중요해진 거죠.

이나영 원조가 끊겨도 지속적으로 생산할 수 있는 토대를 만들려는 것은 어쩌면 이 불확실한 정세에서 학습된 결과이겠네요. 국제개발협력 쪽 흐름에서 지향하는 방향과도 맞닿아 있고요.

엄주현 김정은 정권이 들어서고 2016년에 제7차 당대회를 하면서 '사회주의 강성국가' 건설을 천명했어요. 북조선식의 정상화를 시도하고 그 연장선에서 2018년에 남북교류협력이 활발해질 가능성이 생기면서 대외 의존 경향이 늘어나는 것을 경계하는 측면도 있다고 봐요. 여기저기에서 들려오는 얘기가 2020년에 평양의학대학병원에서 남한 물건을 받으려고 시도했다가 걸려서 초급당위원회에서 엄청나게 비판받고 직위해제 된 사람이 있었다고 해요. 신의주 세관에서는 부정부패 혐의로 담당자들이 바뀌기도 했고요.

오주연 우리 생각에는 북한 정권이 안 된다 하면 아무것도 못 들어갈 것 같은데 당이 반대하든 수령이 동의하지 않든, 개인 차원 혹은 작은 단위 조직 차원에서 반입이 가능하기도 하네요.

엄주현 제가 알기로 무언가를 받는 단위 조직의 대다수는 이게 남쪽에서 온 물건이나 돈이라는 걸 모를 거예요. (웃음) 사실을 아는 소수가 있는 거죠.

이나영 해외동포가 중간에 있는 지원이라면 북한에서 받는 건 달러나 위안화일 수도 있으니 뒤에 남한이 있다고 생각하지 못할 수 있겠어요. 별 의심 없이 '중국에서 왔네?'하면서 반입 처리하면 되니까요.

엄주현 그럴 수 있죠. 더불어 이번 코로나19를 거치면서 김정은 정권의 입장에서는 사상을 정비하는 기회를 삼는 듯해요. 향후 대외 환경이 언제 어떻게 변할지 모르지만 당의 정책에 반하여 사고하고 행동하는 사람들을 정비하는 차원도 있다고 봐요. 또한 외부 지원 없이도 충분히 우리끼리 잘 살고 있음을 대외적으로 알리는 과정이기도 하고요.

이나영 말씀하신 것처럼 20년이면 그 경향이 사회에 알게 모르게 꽤 배었을 테죠. 주는 물자를 받아서 쓰기는 굉장히 쉽고 편한 일이니까요.

엄주현 그리고 주겠다고 하는 곳도 많고요.

이나영 외부에 의존하려는 경향에서 벗어나기 위해 원조를 받는 국가 중에 나름의 생산 라인이나 시스템을 재구축하려는 시도를 하는 국가들도 있을지 갑자기 궁금해지네요. 북한의 경우가 특이한 걸까요?

엄주현 계속 원조를 받는 나라도 많지만, 북측이 유독 자립에 대한 인식이 강경한 편이죠. 특히 남북관계에서 남한이 북측에 인도적 지원을 한다는 사실은 대등한 경제협력이나 교류협력 분위기를 어렵게 만들잖아요. 북측은 기본적으로 자신들의 미래를 구상하는 데 있어 인도적 지원 부분을 그리 크게 보고 있지 않아요. 80년대 중반까지 나름 잘 살아온 국가, 전쟁 이후 완전히 파괴된 국토를 일정 정도 발전시킨 국가라는 나름의 자부심이 있기 때문에, '가난하고 굶주린 북한 어린이를 살립시다' 식의 구호와 지원이 계속 되는 것을 원치 않아요. 우리도 인도적 지원이나 대북지원을 부정적으로 보는 이유로 퍼주기 프레임도 있지만, '남한에도 어려운 사람이 많은데, 왜 북한을 지원하냐'는 의견도 있거든요. 원조 프레임은 이제 남북 양쪽 모두 설득이 어려워요.

이나영 북한에게 남한은 끊임없이 독자적인 무언가를 만들고 구축해야 하는 경쟁 상대로 작동한다는 것이 여기에서도 드러나네요.

엄주현 그럼요. 경제 차이가 너무 크긴 하지만 남북이 서로에게 그런 거예요. 그리고 제재 문제는 정말 생각보다 심각해요. 예전에 이라크가 한

5년 동안 제재를 받는 동안 특히 항생제 같은 의약품이 못 들어가서 50만 명의 어린이들이 죽었어요. 탈수하고 열이 날 때 항생제나 해열제를 먹으면 쉽게 나을 수 있는데 그런 약이 없어서 그랬던 거죠. 그런 걸 생각하면 2017년에 채택된 유엔의 대북제재 결의안을 북측은 어떻게 견디나 싶을 정도입니다.

오주연 북한의 유아사망률은 어떤가요?

엄주현 놀라운 건 김정은 시기 이후 보건의료 지표상 사망률 수치가 정말 많이 줄어들었어요.

오주연 그런 지표를 의심하는 사람들도 많잖아요.

엄주현 믿지 않는다면 어쩔 수 없지만 어쨌든 전반적인 경향을 보면 영아사망률, 5세 미만 아동사망률, 모성사망률 등의 지표가 많이 줄었어요. 북측의 경우 최고의 건강지표를 보여준 시기가 80년대 초중반이거든요. 김정은 정권 들어 그 시기보다 전염성 질환이나 영유아 관련 항목에서는 더 나아진 지표를 보여주고 있어요. 물론 선진국이나 남한과 비교하면 여전히 떨어지지만 전 세계 평균이나 개발도상국 평균에 비하면 월등히 낫죠. 오히려 만성질환 등의 보건의료 이슈가 중요한 문제로 대두되고 있어요. 하지만 이를 해결하기 위해서는 경제적 문제와 연동되는 근본적인 변화가 필요합니다. 북측에서도 이를 개선하기 위해 관심을 갖고 노력하고는 있는데 해결하기 쉽지 않은 문제죠.

오주연 기술 협력이 필요한 부분인거죠?

엄주현 그렇죠. 북측은 지난 25년 동안 국제기구, 국제단체들한테 지원을 받아 왔어요. 받을 마음만 있으면 굳이 남한이 아니더라도 다양한 통로로 지원받을 수 있어요. 특히 김정은 집권 이후 베트남, 러시아, 중국 같은 국가들과의 관계 개선에 치중했고, 이들 국가와의 협력도 가능하죠. 남쪽이 인도적 지원을 하는 중요한 논리 중 하나가 북측의 정권과 주민들을 분리해서 봐야 한다는 것이었죠. 주민들의 생활이 어렵기 때문에 어떤 식으로든 인도적 지원이 필요하다는 것을 강조하기 위해서요.

이나영 그럼 당국과 인민이 그렇게 멀리 떨어져 있지 않다는 건가요?

엄주현 현장에서는 정권과 인민을 떼어 놓고 보기가 어려워요. 우리는 민간이지만 북쪽 파트너는 민화협이라는 당국자가 나오거든요. 협력사업을 하는 사람은 대부분 이 상황을 알지만 민간단체 입장에서는 대중에게 설명하기 복잡하니까 이런 상황을 굳이 설명하지 않죠. 어려운 북녘 어린이에게 의약품을 지원한다고만 말하면 아주 선명하니까요. 지원본부 안의 후원자들에게도 설명하기 어려운 일이니 일반 시민들에게는 더욱 이 부분을 설명하고 설득하는 것이 어려워요.

오주연 이러한 북한과의 관계적 특수성에서 다른 국제개발협력 단체들과 대북교류협력 단체는 확연한 차이가 있겠어요.

엄주현 맞아요. 우리 정부는 국제기구의 원칙, 인도적 지원의 원칙 등을 끊임없이 얘기하고 기준에 맞추려고 노력을 해요. 그 기준들이 보편적이고 합리적으로 보이지만 실제로 북측의 현장에서 사업을 해 보면 그 모든 원칙을 적용하기가 참 어려워요. 북측도 국제기구 등과의 사업에서는 이런 원칙을 지키지만 남북 간 사업에서는 다른 잣대를 적용하려는 경향도 있습니다.

이나영 그런데 이런 내용은 어떤 사람들에게는 '너무 북한 입맛에 맞추는 거 아니야?'라는 평가를 받을 수도 있을 것 같아요. 사업을 하는 입장에서는 이게 현실적인 방안이라고 생각하지만, 색안경을 쓰고 보는 사람들은 '북한 눈치 보네? 뭐 얼마나 갖다 퍼주려고?'라고 이야기하죠. 이런 비난이 강해질 경우 단체 운영 측면에서 역효과가 나지는 않을까요?

엄주현 개발협력의 기본 전제는 지원 받는 대상의 입장과 요구를 충분히 반영해야 하는 것 아닐까요? 대북교류협력사업도 개발협력의 역사 속에서 만들어진 하나의 사례에요. 상대가 원하지 않는 것을 계속해서 지원하겠다고 하는 것이 더 폭력이죠. 그럼에도 대북교류협력사업은 정치적인 문제로 해석되는 것이 현실이죠. 2018년에 남북 정상이 세 차례나 만나고 두 차례의 선언문을 발표하면서 정전체제 종식과 평화체제 얘기를 했잖아요. 저는 교류협력이 이제 한 단계 발전하기 위해서는 체제의 전환이 필요하다고 절실히 느껴요. 종전체제가 평화체제로 전환되어야지만 한 단계 발전된 개발협력이 가능한 상황이 조성될 거예요. 그렇지 않으면 이데올로기에서 자유로울 수 없어요.

연구를 통해 습득한 지식을 현장에서 활용하는 법

오주연 북한에 직접 가서 얻은 경험과 북한의 원전을 읽고 분석해서 얻는 지식에 어떤 차이가 있고, 그 둘을 서로 어떻게 보완하는지가 궁금합니다.

엄주현 북한 원전을 읽기 시작한 건 대학원을 다니면서부터에요. 남북관계가 안 좋았던 2017년 2월인가, 북쪽에서 느닷없이 만나자고 해서 심양에서 만난 적이 있었어요. 북쪽 선생님들과 앉아서 얘기를 듣는데 《로동신문》에서 했던 얘기를 그대로 하는 거예요. 그때 '아, 이거구나'라는 생각이 들었어요.

오주연 북한학을 했기에 경험한 것이겠네요.

엄주현 그렇죠. 북쪽 관계자가 《로동신문》의 기조와 똑같이 얘기하는 걸 직접 들은 거예요. '당이 결심하면 우리는 한다'는 게 이런 거구나 했죠. 현장에서는 보건의료인들과 주로 만나니까 지원한 부분에 대해서 어떤 불편함이 있는지, 더 필요한 게 있는지 이런 이야기를 하지 당 정책에 대해 얘기할 일이 별로 없었거든요. 그런데 심양에서 원료의약품을 북쪽 내에서 생산할 수 있으면 좋겠다, 보건의료 역시 경협성 사업이 됐으면 좋겠다 등의 김정은 시기에 계속 봐왔던 《로동신문》의 내용을 그대로 언급했어요. 그때부터 지원본부에서는 북측의 문헌을 보고 방향성에 맞는 사업을 기획해서 지속적으로 북측에 제안하기 시작했어요. 그렇게 사업제안을 한 결과, 2018년에 당국 간 협의가 매끄럽지 않았을 때도 지원본부로 먼저 연락이 와서 사업 협의를 할 수 있었어요. 특히 더 놀라운 건 2018년 6월 23일 지원본부 창립기념일에 맞춰서 북측으로부터 축하 팩스를 받은 일이에요. 이는 지원본부가 북측의 정책 방향을 읽고 끊임없이 거기에 맞는 사업을 제안한 것에 대한 화답이라 여겼습니다. 결국 2018년 11월에 5년 만에 평양을 방문하게 되었고요.

이나영 고무적이네요.

엄주현 예전에는 3개월에 한 번씩은 현장에 가서 담당자들과 직접 보면서 사업 협의를 했습니다. 하지만 남북관계가 나빠지면서 이게 불가능해졌고 북측의 정책 방향이나 경향을 공부하는 것이 더 중요해졌어요. 북측에 제안할 만한 아이디어를 끊임없이 얻기 위해서도 북측에 대한 공부가 중요합니다. 때로는 북측에게는 개발협력사업이지만 남쪽에서는 인도적 지원으로 포장할 필요도 있고요. 활동가라는 건 그런 전략을 세우는 사람인거죠. 그리고 이런 역할에는 공부가 필요하더라고요.

오주연 일반 회사가 사업을 기획하는 것과 비슷하다는 생각이 들어요. 새로운 사업을 할 때도 이 사업과 비슷한 사업이 있었나? 있었다면 왜 실패했지? 이런 것을 알아야 사업계획서를 쓸 수 있잖아요. 보통은 대북교류협력사업이라 하면 북한 사람과 남한 사람이 만나서 그냥 면 대 면으로 이야기하면 되는 거야라고 생각하지만, 사실은 서로 국가나 기관의 대표들이고 자신이 속한 곳의 정책에 따라 움직이기 마련이죠.

엄주현 그럼요. 그런 부분에서는 북측도 매우 철저합니다. 그러니까 북측에서 나오는 글들을 단순한 레토릭으로 치부해 버리면 알아낼 수 있는 것이 아무것도 없죠. 여전히 지원 규모를 크게 키우면 북측이 받을 거라고 생각하는 사람들이 있습니다. 하지만 아무리 지원 규모가 커도 자신들의 방향에 맞지 않으면 받지 않습니다, 아니 받지 못합니다.

연구하는 활동가가 나아가야 할 길

이나영 북한을 지원하는 것과 연구하는 것에는 어떤 차이가 있나요?

엄주현 활동가인 제 입장에서는 연구와 실무가 결합되는 것이 가장 좋습니다. 향후에는 아마 인도적 지원보다는 개발협력이나 경제협력이 강화될 것이기 때문에 그 방향으로 연구가 더 심화될 필요가 있고요. 그런 측면에서 지금 시기는 기회일 수 있다고 생각해요. 남쪽의 미래가 북쪽에 있을 수 있고 북쪽의 미래도 남쪽에 있을 수 있거든요. 쉽지 않겠지만 향후에 더 발전적인 교류협력을 준비하면 미래에 좋은 결과를 만들 수 있다고 생각해서 실무자로서 그런 준비를 해야겠다 싶어요.

오주연 북한의 보건의료체계를 구체적으로 정리해 온 연구들이 많지 않았습니다. 학위를 받고 나서 처장님의 활동 범위가 조금 더 확장됐을까요?

엄주현 아직은 모르겠어요. 기본적으로 저의 사업은 남쪽 보건의료인과 함께 하는 건데 이 분들이 꽤 보수적이에요. 그리고 예방의학이나 사회주의 의학 부분에 대해서 터부시하는 경향도 강해요. 북쪽, 즉 사회주의 보건의료체계는 붕괴했고 실패했다는 전제가 깔려있죠.

오주연 실패한 체제를 왜 굳이 공부하냐는 생각일까요?

엄주현 그렇죠. 그렇게까지 알 필요가 있냐고 생각하는 것 같아요. 그래도 저는 제가 해 온 연구가 지원본부 선생님을 비롯한 남측의 보건의료인들에게 도움이 되었으면 하는 생각에서 2021년 사업으로 '북한 원전 연구 모임'을 계획하고 있어요. 이 모임을 위해 2권의 책을 선정했습니다. 하나는 1947년에 발행된 《쏘련의 보건》이라는 책입니다. 해방되자마자 리동화라는 고려인이 29명의 북쪽 보건의료인들을 인솔해 6개월 정도 소련 유학을 시켰거든요. 당시 소련의 보건의료체계 전반을 배우고 와서 보고서로 쓴 책이에요. 다른 하나는 리병남이라는 북측 초대 보건상의 일대기를 그린 장편 소설이에요. 이 두 권의 책으로 연구 모임도 하고 배경지식에 관한 강연도 들으면서 같이 공부를 할 겁니다. 올해부터 몇 년간은 이런 공부를 하면서 사회주의 보건의료와 공공의료를 이해하고 동시에 북측의 보건의료도 이해할 수 있는 사업을 하려 하고 있어요.

오주연 모임의 내용과 구성이 생소하지만 굉장히 흥미롭네요. 사실 북한을 연구하다 보면 데이터가 없다는 이야기를 많이 하는데요. 특히 의료 분야의 경우는 현황 데이터도 중요할 것 같은데 주로 북한이 발표하는 자료 외에도 자료를 습득하는 통로가 있나요?

엄주현 흔히 자료가 부족하다고 얘기를 하죠. 그런데 사실 있는 자료도 제대로 안 보는 경우가 많아요. 세계보건기구[WHO]에 의하면 국가 보건의료를 구성하는 5가지 요소가 있어요. 보건의료 자원과 이 자원의 배치, 배치한 자원을 토대로 하는 서비스, 서비스 제공을 위한 재정적 지원, 관리 및 정책이죠. 저는 《로동신문》에 실린 보건의료와 관련된 기사를 모두 추출해서 위의 5가지 요소로 분리하고 기초 자료로 활용했어요. 우리는 보건의료 서비스라고 하면 치료를 먼저 떠올리잖아요? 그런데 북측은 치료보다는 예방의학 서비스가 거의 70%를 차지해요. 우리나라와 북측의 보건 정책 방향이 이렇게 차이가 납니다. 그동안 우리는 우리의 보건 정책 방향대로 북측에 의사, 치료, 대형 병원 위주로 지원했는데 북측 보건의료에서는 극히 일부분만 차지하는 영역이었어요. 이렇게 남북이 완전히 다른 보건의료체제를 가지고 있다는 사실을 정확히 이해하는 것부터 다시 시작해야 합니다. 365일 매일 발행되는《로동신문》에는 적어도 하루에 한두 꼭지씩은 이 분야의 기사가 실리고 있고, 특히 코로나19 이후에는 방역과 관련한 기사가 매일 10건 이상씩 게재됩니다. 이런 자료를 검토하면서 우리와 다른 점, 변화된 점을 데이터로 축적해야 합니다. 물론 이 외에도 국제기구들의 자료와 탈북민들의 증언도 중요하기도 합니다. 다양한 측면에서 자료를 최대한 수집해보고, 나름의 객관적인 시각을 만들려는 노력이 필요해요.

이나영 실제 사업을 하면서 쌓이는 북한 내부의 정보들도 있죠. 보건의료 단체가 여러 군데 있는데 각자 활동하면서 쌓인 데이터를 교류하거나 연구 자료로 활용하기도 하시나요?

엄주현 그게 되게 어려운 문제에요. 교류협력 단체들은 북측과 논의하는 과정에서 북한의 보건의료 현황에 대한 자료들을 일부 확보하게 되죠. 하지만 이 자료가 외부로 공개되었을 때 안 좋은 영향을 받는 경우가 많았어요. 지원본부의 경우에는 통일부 기금사업을 하면서 북쪽으로부터 지원한 의약품을 몇 명의 환자들에게 투약했는지에 대한 자료를 받은 적이 있었습니다. 이 자료를 통일부에 사업 결과로 제출했는데, 그 다음부터 통일부가 다른 단체들한테도 그러한 자료를 요구했어요. 다른 단체들도 북측에 가서 이러한 자료를 요구하니 어떻게 됐을까요. 이후 북측은 서류로 된 자료를 일절 주지 않게 되었습니다. 그래서 정보를 공유한다는 것이 참 어렵습니다. 특히 내밀한 사항을 나누는 데는 한계가 분명히 있어요.

이나영 마지막으로 북한연구자이자 실무자로서 사무처장님의 개인적인 목표와 더불어 대북교류협력단체의 패러다임 전환 등에 대한 계획을 말씀해 주시면 좋겠습니다.

엄주현 학위를 받을 거라고는 생각도 못했는데 학위를 받았고 책을 낼 거라고 생각도 못 했는데 책이 나왔어요. 책 제목이 《북조선 보건의료 체계 구축사 I》[9]이에요. 1945년에서 1970년까지 북한이 어떻게 보건의료 체계를 만들어왔는지 정리했고요. 다음 2권은 1980년대 중반 보건의료체계가 완전히 구축되고 안정화되는 시기를 거친 후 고난의 행군을 맞으며 체계 붕괴의 위험 전까지 시기를 다루려고 해요. 이후 1990년대 후반부터 김정은 시기까지를 마지막 3권으로 정리해 볼까 하고요.

그리고 향후 완전히 새로운 패러다임으로 남북 보건의료의 교류협력

---

9) 《북조선 보건의료체계 구축사 I 》(선인, 2021).

을 준비하는 사업을 준비하려고 해요. 지금부터 한 3년간은 앞에서 말했던 것처럼 진보적이고 공공의료에 관심 있는 보건의료인들과 함께할 수 있는 원전자료 읽기 모임과 젊은 보건의료인들 중 해외 지원에 관심이 많은 층을 북쪽과 어떻게 접목할 수 있을지 생각해 보려고요. 이분들은 적어도 공공의료에 대한 관심이 많기 때문에 북한의 공공의료에 대한 관심도 높아요. 그런 측면에서 북한의 보건의료를 같이 연구하는 사업도 병행하는 거죠. 단순히 인도적 지원만을 위해서 지원본부가 탄생한 게 아니라 남북 보건의료인들의 교류협력을 위한 단체니까요. 그러면서 직접적이지 않더라도 제3자를 통해서 북한과 계속 연계를 가지는 사업도 병행을 하려 해요. 북한에는 9개의 도와 남포, 개성, 평양시를 포함한 12개의 행정구역이 있는데 각 구역마다 의학대학들이 있어요. 의대가 있다는 것은 임상병원인 도급병원 등이 같이 있다는 거죠. 저희가 이 병원들에 치과 물자, 즉 스캐너랑 보철 기구 등 6가지로 구성한 12세트를 지원하려 했고 2020년에 유엔에서 제재 면제 승인을 받았어요.

오주연 각 지역의 대학병원마다 지원한다는 계획이네요.

엄주현 네. 이를 계기로 북한의 도급병원에 접근하는 노력을 해 보려고요. 도급병원에 다양한 과들이 있으니 여러 과에 필요한 의료 물자를 승인받아서 반입시킬 수 있는 방안을 고민하고 있어요. 지금은 북한에서신을 보내는 것조차 불편해 하는 상황이라 쉽지는 않아요. 그래도 준비를 해 가면서 계기가 있을 때 끊임없이 제안해야 여전히 북쪽과 사업을 하려는 사람이 있다는 걸 알릴 수 있으니까요.

이나영 완전 보천보전투[10]네요? (웃음)

엄주현 그렇죠? 3년 동안 연구도 계속하고 인적 인프라도 확대하는 방향으로 열심히 준비해 보려 합니다.

---

10) 1937년 6월 김일성의 지휘하에 일제 시기 함경남도 갑산군의 보천보의 경찰서와 관공서 등을 동북항일연군이 점령한 사건으로 습격 작전뿐 아니라 다양한 방식의 작전을 펼친 전투였다.

북한학의 위기를 묻다

김성경

1977년에 태어났다. 영국 에섹스대학교에서 사회학 박사학위를 받았고 성공회대학교 동아
시아연구소, 싱가포르국립대학교를 거쳐 현재 북한대학원대학교에서 교수로 재직 중이다.

주요 저서 및 연구

〈북한이탈주민의 월경과 북·중 경계지역〉, 《한국사회학》, 47(1), 2013.

〈북한 주민의 일상과 방법으로서의 마음〉, 《경제와 사회》, 109, 2016.

〈북한 출신자와 '사회 만들기': 호혜성과 환대의 가능성〉, 《문화와 정치》, 5(1), 2018.

〈한(조선)반도에서 내셔널시네마의 정전(正傳)을 기억하는 방법: 나/라운규〈아리랑〉에 대한
남북한 해석의 분단〉, 《문화와 사회》, 27(2), 2019.

《분단 너머 마음 만들기》(공저), 사회평론, 2019.

《갈라진 마음들》, 창비, 2020.

그 외 다수.

김성경 교수는 문화사회학 이론을 바탕으로 북한학의 새로운 주제와 연구방법론을 제시하는 활동적인 연구자다. 그는 분단 문제는 한국 사회의 주요 모순을 드러내고, 북한학은 한국 사회 그 자체를 보는 거울이라고 말한다. 김성경 교수는 남북관계 혹은 북한 문제에 대한 관심으로 북한연구를 시작한 앞의 연구자들과는 달리 사회학과 인류학을 기반으로 하는 이주 및 다문화연구에서 북한이탈주민을 세부 주제로 다루기 시작하면서 북한연구를 시작했다. 이제 북한연구를 시작한 지 10년이 지나 북한연구자라는 수식어가 자연스럽지만, 여전히 북한학이 무엇인지를 고민하는 외부자의 시선을 견지하고 있기도 하다.

　　2000년대 후반부터 급증한 북한이탈주민연구는 북한이탈주민의 현황을 파악하는 양적 연구, 정서 상태와 관련한 심리학적 연구, 정착지원 정책을 다룬 정책 연구가 주를 이루었다. 이와 같은 연구 경향은 통일이라는 당위적인 목적, 동화 패러다임 안에 갇힌 연구라는 한계를 지녔다. 김성경 교수는 〈북한이탈주민 일상연구와 이주연구 패러다임 신고찰〉(2011)에서 기든스의 사회구성론과 인류학적 접근을 통해 북한이탈주민의 일상체계를 주목하자고 제안했다. 이는 북한이탈주민의 이주와 정착 과정에 대한 사회학적 연구이기도 하지만, 변화하는 북한연구의 새로운 접근법과 방향성을 보여주는 한 단면이기도 했다. 이러한 방향성은 김성경 교수의 연구에서 지속적으로 드러난다.

　　〈북한이탈주민의 월경과 북·중 경계지역〉(2013)은 북한이탈주민을 만나면서 그리고 북중접경지역을 방문하면서 보고 느끼고 생각한 것들을 민족기술지 연구방법으로 풀어 낸 연구다. 기존 연구들이 경제난 혹은 정치적 탄압으로 인한 탈북 현상에 초점을 맞췄다면 이 연구는 다른 접경지역보다도 함경북도 출신의 탈북 주민이 많으며 재입국을 반복한다는 등의 측면에서 경계지역이 해당 지역 주민의 장소 감각에 의한 것이라고 주장한다. 중국에서 신분이 불안정함에도 불구하고 경계지역에 머무르는 이유는 경계지역을 그들의 정체성을 형성하는 장소로 인식하기 때문이라 할 수 있다. 하지만 동시에 북한 여성들에게는 이 공간이 경제적인 기회를 주는 공간이자 불평등한 젠더 관계가 재생산되는 공간임을 짚었다.

한편 김성경 교수는 사회구성적 측면에서 연구자는 단순한 관찰자에 머무는 것이 아니라, 의미를 발견하고 구성하는 참여적 행위자임을 계속해서 발견한다. 〈2014 인천아시안게임 남북 여자축구 관람기〉(2015)와 〈공감의 윤리, 그 (불)가능성〉(2016)에서 자아문화기술지로 북한이탈주민과 함께 남북 여자축구를 관람하고, 탈북경로를 지나는 자신을 관찰한다. 이 과정에서 그는 한국인임을 매일같이 증명해야 하는 북한이탈주민과 북한에 대한 애정을 갖고 그들과 공감해야 한다는 생각을 가진 연구자의 정서구조에 주목한다. 서로 소통하는 듯 보이지만, 여전히 이면에는 피아를 나누는 정체성에서 자유롭지 못한 사람들의 마음이 존재한다는 것이다.

이러한 문제의식은 이후 책 《갈라진 마음들》(2020)에서 더욱 확장되어

전개된다. 김성경 교수는 분단이 개인의 마음에 '분단적 감정구조'를 만들며, 이렇게 만들어진 마음이 북한에 대한 적대적 입장은 물론 문화콘텐츠나 일상에서도 과도한 민족주의 감성이나 불안정한 개인성 등의 모습으로 현 상태를 재생산하는 결정적인 역할을 하고 있다고 주장한다. 분단이 더 이상 낯설지 않은 오늘날 시민들에게 우리 사회가 분단으로 인해 어떤 심리를 갖고 있으며, 어느 방향으로 이 문제를 극복해야 할지 진지한 고민거리를 던진다. 이 연구를 통해 분단을 해체하는 것은 통일이나 남북관계 개선에서 시작하는 것이 아니라 사실은 우리 마음에 달린 것이 아닐까라고 자문하게 만든다.

김성경 교수는 고집스럽게 연구를 하는 동시에 자신이 속한 곳에 대한 책임감과 소명의식도 기꺼이 안는다. 그는 북한학이 단순히 전망하고 예측하는 데서 나아가, 안목을 가지고 한국 사회와 북한 사회 모두를 이해하는 데 도움이 되어야 한다고 말한다. 북한학계가 더욱 발전하기를 바라기에 북한학의 가장자리에 서서 북한학의 현재와 당면 과제를 거침없이 이야기하는 데 그치지 않고, 그 판을 만들어 갈 후속 세대의 뒤를 받쳐주기를 원한다. 우리는 질문하는 김성경 교수를 통해 북한학이 어떤 면에서 위기일 수 있는지, 그리고 그 위기를 고민하는 마음이 어떤 실천으로 이어져야 할지 가늠할 수 있었다.

하나원과 북중접경지역

오주연 교수님의 책 《갈라진 마음들》을 보면 하나원에서 북한이탈주민을 만나고 나서 연구 주제는 물론 삶이 변화했다고 쓰셨어요. 그 이유가 궁금합니다.

김성경 영국에서 문화연구를 하고 난 뒤에 성공회대학교 동아시아연구소에서 연구교수로 일하게 되었어요. 그때 동아시아연구소에서 진행한 프로젝트 연구 주제가 〈'이동'을 통한 문화로서의 아시아 구성〉이었어요. 처음에는 한류를 연구하는 프로젝트라고 알고 들어갔는데, 운명이었는지 주제가 바뀐 거죠. 게다가 다른 연구자 분들이 관련 키워드로 먼저 조선족, 고려인 등을 고르고 나니까, 제게 남은 건 북한이탈주민이었어요. 그렇게 북한이탈주민연구를 하게 됐죠. 영국에서 배운 방법론이 일상연구[1]이다 보니 먼저 북한이탈주민을 만나야 된다 생각했어요.

---

1) 일상연구는 거대담론과 구조로 개인의 행위를 분석하는 연구방법과는 달리 연구대상

다행히 성공회대학교를 졸업한 학생 중 한 명이 하나센터에서 일하고 있어서 그 하나센터로 가서 도움을 요청했어요. 보통 하나센터에서 연구자가 그렇게까지 도움을 받는 건 어려운 일인데 제게 정착도우미[2]를 제안해 주었죠. 그때까지만 해도 필드워크 연구 중에 연구자가 정착도우미를 하며 실행한 연구는 없었어요.

오주연 정착도우미를 하면서 하나원에 가 볼 기회가 생긴 건가요?

김성경 네. 그렇게 하나원에 가게 되었어요. 하나원에서 주민들이 짐 가방을 들고 이제 막 하나원 밖으로 나가려고 하는 그 순간부터 지역으로 전입하는 순간까지 모든 과정을 곁에서 경험하게 된 거죠. 북한이탈주민들이 한국에서 새 삶을 시작하는 경험을 옆에서 같이 하면서 한편으로는 전입한 북한이탈주민과 접촉하게 되는 사람들과도 인터뷰를 했어요. 북한이탈주민과 마주치는 다양한 위치의 사람들을 만나면서 분단을 경험하고 있는 사람들의 층위가 얼마나 다를 수 있는지를 느꼈죠. 정말 매혹적이었어요. 그러면서 북한을 더 알고 싶다, 북한을 연구하고

의 일상을 참여 관찰하여 거꾸로 거시적인 구조의 동학을 파악하는 연구를 의미한다.

2) 하나센터는 '북한이탈주민 지역적응센터'의 다른 말로, 하나원에서 나온 북한이탈주민의 거주지 적응교육과 북한이탈주민 특성을 고려한 심리 및 진로상담, 취업서비스 안내 등을 제공하는 곳이다. 전국 각지에 25개의 하나센터가 지정되어 운영되고 있다. 정착도우미는 북한이탈주민이 하나원에서 지역 거주지에 도착할 때까지 신변을 보호하고, 거주지에서의 생활을 안내하는 민간 자원봉사자를 말한다. 지역 하나센터에서 신청하면 교육을 이수한 이후 활동이 가능하다.

싶다는 욕심이 생겼죠. 또 북한을 연구하는 것이 결국 한국 사회를 연구하는 것이라는 확신 같은 게 들었죠.

이런 확신을 안고 그해에 북한과 중국의 접경지역에 갔어요. 작은 밴을 타고 일주일 정도 다녔는데 차에서 잠을 거의 못 자고 음식도 안 맞아서 몸이 힘들었어요. 하지만 두 주먹을 꼭 쥐고 파이팅 하는 마음으로 그곳에 한 달을 더 머물렀습니다. 도대체 접경지역에 관심을 갖는 연구자들은 어떤 사람들일까, 그리고 여기 사는 사람들은 어떤 사고방식을 갖고 있을까 그런 궁금함 같은 것이 계속 저를 이끌었어요. 접경지역에 사는 조선족을 비롯해 여기저기에서 다양한 사람들을 만나다 보니 이 사람들의 삶이 일국적이지는 않겠다는 걸 느끼기도 했고요. 이후 돌아와서 이때 경험을 토대로 이론을 찾고 공부해서 쓴 작업이 〈북한이탈주민의 월경과 북·중 경계지역〉[3]입니다.

오주연 우연한 시작이었지만 이런 경험을 통해 북한연구가 필요하고 중요하다고 생각하시게 됐네요.

김성경 중요하죠. 저는 굉장히 중요하다고 봐요. 이 부분에서 비판을 받아야 하는 건 한국 사회학이에요. 적어도 한국 사회의 가장 큰 문제 중에 하나는 분단 문제와 연관되어 있거든요. 그런데 그걸 사회학자들이 데이터가 없어서 연구를 안 한다? 이건 자신의 학문적 책임을 방기하는

---

3) 〈북한이탈주민의 월경과 북·중 경계지역〉, 《한국사회학회》, 47(1), 2013.

거라고 생각해요. 분단과 북한 문제는 우리 사회의 굉장히 근본적인 문제인데 그걸 깊숙하게 보지 않는 건 정말 잘못된 거죠. 미국을 봐요. 미국에서 가장 첨예한 이념의 지점은 누가 봐도 인종이에요. 그런데 우리는 여전히 북한이에요. 노동, 복지 등의 문제도 결국 분단과 얽혀 있어요. 그만큼 깊숙한 사회적 모순인데, 그 모순을 파고들어가는 좋은 연구가 없다는 것은 한국 사회학의 책임 방기라고 생각해요.

북한이탈주민연구와 북한학

오주연 교수님은 북한 사회문화 연구 중에서도 북한이탈주민 관련 연구를 많이 해 오셨어요. 북한이탈주민연구에 대해서는 평소 어떤 생각을 갖고 계세요?

김성경 북한이탈주민이라는 존재는 사실 굉장히 다양한 의미가 있어요. 북한이탈주민에서 파생될 수 있는 연결고리들이 많죠. 이주와 다문화 프레임뿐만 아니라, 북한과 연결된 측면도 많고요. 인권 문제와 남북관계 문제와도 연관되죠. 우리 사회의 정치적 양극화, 극우의 문제와도 관련이 있어요.

이나영 북한이탈주민연구는 한국 사회의 모순을 보여줄 수 있는 지점에 서 있네요.

김성경 그런데 요즘은 북한이탈주민 관련 연구가 많이 줄었어요. 북한이탈주민연구가 많이 줄어든 상황에서, 긴 호흡으로 북한의 사회문화 분야를 지지해줄 수 있는 학과적 풍토가 지속될 수 있을지도 고민이에요. 사회학도 마찬가지에요. 사회학자들도 북한이탈주민을 인터뷰하는 연구를 점점 꺼려하고 있죠. 이주자 연구가 더 각광 받아요. 이주자 연구는 나름의 프라이드가 있거든요. 그 안에 권력 관계가 없지 않아 있죠. 이주자들은 연구자들 보고 뭐라고 하지 않아요. 그들을 다뤄 주는 것만으로도 감사하다는 이야기를 듣고요. 하지만 북한이탈주민은 조금씩 관계를 맺다 보면 자꾸 문제제기를 하죠. '당신들이 뭐가 그렇게 잘났어'부터 시작해서, 때로는 연구에 개입하고 연구의 윤리성에 문제를 제기하기도 해요.

오주연 무슨 말씀인지 알 것 같아요. 북한이탈주민은 이주민들과는 달리 우리가 한 민족이고 동등하다고 생각하시니까 부딪침이 생기는 것 같아요. 북한이탈주민은 지원을 받고 남한출신주민은 지원을 하는 위치에 있다 보면 아무래도 위계관계가 생기잖아요. 반대로 북한이탈주민이 반드시 필요한 상황에서는 그들이 상위에 있는 것처럼 되기도 하고요.

김성경 맞아요. 연구도 그래요. 북한이탈주민들과 접촉했지만 그 관계에 지쳐 손을 놓는 경우도 많아요. 그러니까 유행할 때 몇 번 연구해 보다가 다 나중에는 안 하는 거죠. 석사, 박사 과정 중에는 연구 주제로 선택해도 그 이후에 북한이탈주민연구를 하는 사람은 거의 없어요. 하지만 북한을 보기 위해, 북한이탈주민과 관련된 여러 질문들을 해소하기 위해서도 북한이탈주민연구는 필요해요. 연구자들이 그런 도전을 꺼리고 있는 것은 안타까운 일이죠.

이나영 저는 북한 사회문화 분야를 연구하지만 북한이탈주민 관련 연구는 크게 관심도 없고 해 본 적도 없거든요. 북한학에 대한 저의 편협한 사고일 수도 있는데 북한이탈주민을 본다는 게 결국 북한을 보는 건가? 그런 고민이 있어요. 북한 관련 학술지 중에《현대북한연구》의 경우에는 북한 기초연구를 지향하다 보니 사실상 북한이탈주민연구는 받지 않잖아요.

김성경 그렇죠. 저 스스로도 고민은 있어요. 그런데 기본적으로 저는 분단체제 자체, 분단의 연결성 이런 것에 대한 관심이 많으니까 북한 사회를 보면서도 특히 남한과의 연결성을 더 많이 보는 편이죠. 장점일 수도 있지만 북한 사회를 들여다보고자 하는 학생들에게는 어떻게 느껴질지 모르겠어요. 분단을 이야기하더라도 다른 교수님들이 100 중에 60 정도 북한 내부에 관심을 쏟는다면 저는 40 정도이니까요.

이나영 북한대학원대학교는 북한 내부를 보고 싶어 하는 사람들이 대

다수잖아요.

김성경 거기에 더 관심이 많죠. 물론 북한 내부를 잘 보는 것도 중요하지만 북한 사회를 연구하는 데 현실적인 한계가 많아서 쉽지 않아요.

이나영 그렇죠. 가볼 수가 없으니까. 일상을 본다 해도 그게 일상인지 아닌지도 모르고.

김성경 특히 사회학자들은 직접 그곳에 가서 거리만 걸어 봐도 느끼고 알 수 있는 것이 많은데 그게 안 되는 점이 아쉽죠.

지금 여기의 문제에 답하려는 학문

이나영 문화연구를 하는 입장에서 북한을 연구할 수 있는 통로가 부족하다는 것은 가장 큰 한계이자 단점 같아요. 북한학계에서는 이 문제를 어떻게 해결해야 한다고 보세요?

김성경 그런데 북한학 못지않게 사회학도 지금 위기에요. 제가 느끼는 우리 사회학계의 가장 큰 문제 중 하나는, 결국 사회학은 이 사회의 문제점에 대한 이야기를 해야 되는데 그 역할을 충분히 해내지 못한다는 거예요. 사회학의 중심이 되는 몇몇 대학의 연구자들은 요즘 한국 데이터를 잘 쓰지 않아요. 방법론으로 굉장히 예민해져 있기 때문에 한국의 통계 데이터로는 자기 방법론을 발전시킬 수 없다고 생각하죠. 예를 들어 어떤 연구자가 에이징 소사이어티$^{Aging\ Society}$를 얘기하고자 한다 해도, 한국이 아닌 미국 데이터로 미국의 에이징 소사이어티를 가지고 쓰죠. 그러고는 미국 저널에 논문을 내요. 한국의 사회학자고 한국 대학에 있는 연구잔데 한국 연구를 안 하고 미국 연구를 하는 셈이죠.

이나영 충격적인데요. 사용할 수 있는 통계기법에 맞는 자료가 한국 사회에는 빈약해서 그런 건가요?

김성경 그런 거죠. 통계청에서 만들기는 하지만 여러 가지 한계가 있다거나, 접근이 안 된다거나, 비교 대상이 안 된다거나 그런 이유 때문이죠. 그럼에도 불구하고 이런 연구 실태에 저도 많은 충격을 받았어요.

이나영 한국 학자들이 한국에 앉아서 미국 데이터를 인터넷으로 보는 것이 무슨 의미가 있을까요.

김성경 안타까운 일이에요. 물론 딜레마도 있습니다. 연구자가 배운 것을 활용하여 연구 결과를 실을 만한 곳이 외국 저널이다 보니 한국 내용으로 쓸 수는 없고 외국 데이터를 보게 되는 거죠. 그렇게 한국 사회와는 유리되는 연구가 한국 사회학에 축적되고 있어요. 그래서 일부 사회학자들은 기성 학회가 아니라 외부의 독립적 연구모임에서 활발히 활동하기도 해요. 노동 문제나 세대 문제와 같은 주제를 연구하거나 다른 방법론을 보여주기 위해서요. 하지만 이런 목소리들은 변방 취급을 받죠.

오주연 주류 학자들이 보기에는 외국 저널에 논문을 내지 못하면 능력 없는 연구자처럼 보일 수도 있겠네요.

김성경 그렇죠. 한국 대학이 외국 저널에 실린 것을 더 높게 평가해 주는 현실도 있어요. 하지만 사회학과 같은 경우는 더욱이 로컬적 문제에 대해 얘기를 해야 한다고 보거든요. 지금 여기에서 사회학자들의 고민은 지금 여기의 문제점을 밝혀 내는 것인데, 그것이 점점 유리되고 있는 거죠. 총체적인 문제에요. 북한학을 다루는 연구자의 역할과 소명의식도 여기에 있다고 보죠. 우리 사회와 연결된 연구를 지속해야 한다는 책임감 같은 것이요.

질문하는 북한학을 위해

오주연 북한연구를 하다 보면 자료의 부족도 문제지만 정치적으로 눈치를 보게 된다고 할까요? 자꾸 외부의 눈치를 보고 검열을 하게 되니 북한학계가 나름의 기준을 가지고 자기 성찰을 거듭하는 학문으로 발전하기 힘들다는 평가도 있어요.

김성경 맞아요. 자기 검열이 작동하죠.

오주연 너는 누구의 편이냐고 물어서 매번 학자들이 이 질문에 대답하게 만들죠.

김성경 어찌 보면 여성학과 북한학이 이 점에서 되게 닮은 거죠. 북한학과 여성학은 스스로가 곧 전선이에요. 이 전선을 두고 내 편과 네 편을 계속 나누는 모습이 있어요. 자기들 안에서 계속 치고받고 싸우는 거죠. 여성학 내부에서 성희롱, 성폭력 이슈로 싸우는 걸 보면, 어쩔 때는 여성학 자체가 사실은 거대한 남성의 게임이라고 느껴요. 여자들을 그 안에 가두는 거죠. 여성과 북한은 제가 보기에는 그런 측면에서 닮아있는 것 같아요. 타자화되어 있고, 약자로 존재하죠.

저 같은 경우는 뭐랄까, 주류 학계에서 북한을 어쩔 수 없이 이야기해야 하면 불러 주는 사람으로 선택 받는 느낌이 있어요. 그럴 때마다 어떤 느낌이 드냐면 '북한연구자들 얘기를 어느 정도는 들어 줄 수는 있어. 그런데 그 연구는 무슨 의미가 있니?' 이런 인상을 받아요. 북한학계를 타자화하면서 대하는 거죠.

이런 상황을 스스로는 어떻게 소화해야 할지 생각해 보면 두 가지 방안이 있는 것 같아요. 하나는 그냥 이 학계의 관습대로 사는 거에요. 북한 텍스트를 읽고 전망도 하면서 우리끼리 작은 세계를 만들고 유지하는 거예요. 편할 수 있어요. 또 다른 하나는 나가서 타자화된 인식과 싸우고, 학계 내부에서도 북한연구를 더 멋지게 해보자, 다른 학문과도 교류를 해보자, 해외에 요즘 유행하는 연구는 이런 거라는데 한번 적용해 보자고 이야기하는 방안도 있어요.

하지만 이렇게 행동하는 순간 내부에서도 불편한 존재가 되죠. 때로는 북한 텍스트를 얼마나 읽고 북한에 대해서 얼마나 아냐는 질문이 이어지기도 하고요. 하지만 그 질문은 애초에 성립하지 않는 질문이에요. 과연 나는 한국 사회를 얼마나 안다고 이야기할 수 있을까요? 제가 살고 경험한 한국과 어떤 이의 한국은 전혀 달라요. 그럼에도 우리는 서로에게 한국을 얼마나 아느냐고 묻지 않아요. 하지만 유독 북한학에서는 이런 질문이 나오고는 하죠. 그리고 이 질문에 답하기 위해서 연구자들끼리는 《로동신문》을 매일 읽는다든가 나는 북한에 몇 번 다녀와 봤다거나 이런 대답을 해야 하죠.

이나영 사회학에서는 당연히 이런 질문들은 나오지 않겠죠.

김성경 그런 질문보다는 연구 프레임과 해석의 타당성이나 객관성을 고민하죠. 이제 사실 논쟁에서 구성주의적 고민으로 많이 넘어간 상태잖아요. 다른 사회과학에서는 링귀스틱 턴^{linguistic turn}, 이모셔널 턴^{emotional turn}, 어펙티브 턴^{affective turn 4)}과 같은 논의로 가고 있는데, 북한은 연구자의 예측과 전망이 현실이 되고 있느냐, 아니냐 이 싸움만 여

---

4) 인간이 경험하고 감각하는 것이 사람들의 신체와 정신의 변화를 일으키고, 이러한 변화가 사회의 정치적, 경제적, 문화적 변화에도 영향을 미친다는 접근법이다. 진화 생물학, 신경과학, 사회학, 정치학, 문화연구 등 광범위한 학문 분야에 영향을 미치고 있다.

전히 하고 있는 거예요.

이나영 북한학이라는 학문에 합의된 개념이나 방법론이 없는 점도 문제일 수 있겠네요. 객관적인 학문적 접근으로는 논의가 안 되니까 비판도 당신이 북한에 대해 얼마나 아냐는 인신공격식이 되는 것이겠죠.

오주연 사실 북한연구의 대상이 어쩌면 북한을 넘어서야 혹은 북한이 아니어야 그 다음으로 갈 수 있을 것 같다는 생각도 들어요. '북한을 어떻게 하면 더 알 것인가'에 매몰된다면 이를 넘지 못하겠죠.

김성경 모두가 이미 잘 알고 있다는 것에 도리어 질문하면서 지금까지 발전해 온 것이 사회과학이죠. '진실'이라는 개념의 허망함, 실은 구성되는 것이라는 인식이 방법론적인 정밀함을 만들어 왔는데, 북한학은 여전히 과거에 머물러 있어요. 북한을 예측하고 그걸 맞추는 방식으로 가다 보면 북한이라는 나라 전체가 굉장히 주도면밀하고, 담론 체계에 전혀 빈틈이 없는 것처럼 느껴지잖아요. 하지만 저는 의도하지 않은 것의 결과가 굉장히 중요하다고 봐요. 기든스$^{Anthony\ Giddens}$는 구조화 이론에서 '의도하지 않은 결과$^{unintended\ consequences}$' 얘기를 많이 하거든요. 사회를 잘 들여다보면 의도한 것보다 의도하지 않은 것이 영향을 미친 경우가 실제로 많아요. 우리 사회의 젠더 논의에서 김지은씨의 증언이 커다란 반향을 일으킨 것처럼요. 김정은 위원장이 한 어떤 말의 의미 해석에 집중하다 보면 그 의도하지 않은 것들의 힘을 간과하곤 하죠. 상황이 여의치 않으면 자신이 한 말을 주워 담기도 하고, 또는 그때의 말이 부메랑처럼 되돌아올 수도 있는 데도요. 김정은 위원장의 말을 해석해서 계속 프레임을 만들수록 해석하고 예측하는 것에 매몰되어 북한 사회의 역동성을 상상하지 않게 돼요. 이건 북한연구가 가진 굉장히 큰 단점이 될 수 있어요. 북한에서 일어날 수 있는 의도치 않은 결과들을 우리가 계속 잘라내 버리니까요.

오주연 사람들이 계속 던지는 북한에 과연 '사회'가 존재하는가라는 질문, 이런 질문 자체가 북한에는 의도하지 않은 결과가 없다고 생각하는 걸 보여주고요.

이나영 북한 사회를 볼 수 있는 창구가 한정적이다 보니 의도하지 않은 것들을 우리가 어떻게 볼 거냐는 문제와도 연결되네요. 우리가 볼 수 있는 건 의도한 담론들밖에 없으니까.

김성경 어떤 측면에서는 북한에 접근하기 힘든 것은 남한과도 연결고리가 있다고 봐요. 국가보안법부터 시작되는 분단 인더스트리^{industry}가 있는 거죠. 우리가 말로는 평화를 추구하지만 이런 분단 인더스트리가 여전히 존재하는 한 평화를 만들어 낼 수 있는 기반을 만들기가 쉽지 않아요. 학문 재생산과도 연관되는데, 계속 이런 식이면 모두 계속 그 안에서 사는 거죠. 우리 모두가 분단 인더스트리의 일부분이니까요. 이렇게 말하지만 저도 나중에 북한에 대해 전망하고 있는 건 아닐까 모르

겠네요. (웃음)

북한을 연구하는 마음

오주연 교수님의 연구 중에 〈2014 인천아시안게임 남북 여자축구 관람기〉나 〈공감의 윤리, 그 (불)가능성〉[5] 같은 연구를 흥미롭게 읽었어요. 연구자가 스스로를 관찰하면서 성찰하는 작업이었죠. 교수님도 분단 사회에 속한 연구자로서 대상을 관찰하는 동시에 관찰의 대상이 되는 재미있는 기획이었다고 생각해요. 이런 연구 경향을 포함해서 북한연구를 해 온 10년 동안의 마음가짐의 변화나 연구 경향의 변화에 대해 이야기해 주세요.

김성경 연구 초반에는 관찰자의 입장에서 북한연구를 관조했던 거 같아요. 앞에서 말하기 어려운 부분은 뒤에서 한계를 지적하거나 비판도 많이 했죠. 그러다가 조금씩 북한연구가 가지고 있는 어떤 태생적이고 구조적인 한계도 느끼게 되었어요. 지금은 약간 안쓰러운 마음도 들어요. 뭐라고 해야 할까. 이제는 제가 북한학계의 가족 구성원이 된 것 같

---

5) 〈2014 인천아시안게임 남북 여자축구 관람기〉, 《문화와 사회》, 18, 2015; 〈공감의 윤리, 그 (불)가능성〉, 《북한학연구》, 12(1), 2016.

은 그런 기분이기도 해요. 하지만 그곳에 안주하고 싶지는 않죠. 끊임없이 다르고 새로운 것을 해 보고 싶다는 욕심이 있어요. 급진적인 변화를 시도해 본 게 바로 그런 자문화기술지^{auto-ethnography 6)}라든가 두려움의 지리학 같은 식의 아이디어였어요. 지금도 계속 새로운 것을 고민하고 있죠. 개인적인 성향도 한 몫 하는 것 같아요. 새로운 것을 배우고 도전하는 걸 좋아하고, 이를 통해 대상을 다각도로 보고 싶은 마음이 있거든요. 그래서 제 연구들을 보면 여태껏 같은 주제로 작업한 적이 없어요. 북한이탈주민을 키워드로 쓰더라도 주제나 방법들을 바꿔가며 썼죠. 이론도 똑같이 쓴 적이 없고요.

6년 반 정도는 마음 연구를 했으니 앞으로는 초점을 페미니즘으로 옮겨 볼까 싶기도 해요. 그 전에도 페미니즘을 공부했지만 중심적인 건 아니었으니까요. 물론 10년 뒤에는 또 다른 것으로 옮겨갈 수 있죠. 마치 테트리스처럼 색깔이 다른 블록을 잘 맞춰서 하나의 그림을 만들고 싶은가 봐요. 하지만 북한 텍스트에 관해서는 제가 가진 약점과 한계도 분명히 있죠.

이나영 이론을 잘 다루는 것은 북한학계에서는 큰 무기잖아요.

김성경 무기는 무기인데, 북한연구가 가지고 있는 기본적인 틀에서는

---

6) 한 대상을 객관적으로 분석하는 연구자의 태도에서 벗어나 연구자 개인의 경험을 성찰적으로 연구하여 기록하는 연구방법이다.

어느 한쪽 날개가 약한 셈이죠. 두 날개를 같이 달고 날아야 하는데 이 점에 계속 열등감을 갖고 있어요. 늘 북한 텍스트를 좀 더 읽어봐야겠다 생각은 많이 해요. 곧 몇 년 안에 텍스트와 이론, 양쪽 날개에 균형을 갖고 있는 분들이 대거 은퇴를 하는 시기가 올 거예요. 그전에 후속 세대가 나와야 하죠. 이제 내가 중간이니까 그런 부담감이 더 크게 느껴져요.

이나영 그렇게 말씀하시니 위기감이 느껴지네요. 연구 얘기를 하다 보니까 연구자의 입장에서 새로운 연구 주제를 찾는 어려움을 어떻게 해결하시는지 궁금해요. 아마 북한연구자들, 특히 비교적 신진연구자들은 내심 이런 것들이 궁금할 것 같아요.

김성경 제가 가장 중요하게 보는 건 '사회학적 상상력'이에요. 저에겐 그게 가장 기본이 되는 힘이죠. 밀스^{C. Wright Mills}는 사회학적 상상력을 "개인의 문제는 곧 사회의 문제이기도 하다^{The personal troubles can be connected to public issues}"라고 얘기했죠. 개인적 경험만 이야기하면 그건 그냥 인상기가 되겠지만 개인적 경험을 사회의 문제로 연결하고 확장한다면 그것이 사회학적 상상력이죠. 예를 들면 이런 거예요. 어느 날 배달 앱을 이용해 음식을 시키고, 배달원에게 받은 음식을 먹으면서 영화 〈미안해요 리키〉⁷⁾를 본 날이 있었어요. 그런 날은 배달 왔던 사람을

---

7) 노동 문제를 다룬 영화를 계속해서 만들어 온 영국의 감독 켄 로치(Ken Loach)의

생각하면서 이와 얽혀 있는 문제들을 자연스럽게 생각하게 돼요. 영국에서 공부할 때 그런 트레이닝을 받은 것 같아요. 저도 영국 가기 전에는 공부를 제대로 안 했거든요. (웃음) 주변의 어떤 지점들이 눈에 띌 때마다 이게 사회적 문제인지 계속해서 질문을 던지게 돼요. 그리고 그런 지점들이 사회적 문제인 것을 포착하게 되면, 다음부터는 관련된 것을 찾아서 계속 읽어 가요. 물론 계속 읽고 있으니까 보이는 걸 수 있고, 아니면 먼저 포착하고 읽으면서 연결하는 것일 수도 있죠. 이 과정으로 연구 질문이 만들어지면 여러 가지 방식으로 데이터를 모으고 글을 써요. 이미 쟁점인 문제를 파고들기보다는 사람들이 잘 포착하지 못했던 문제를 발견하고 드러내는 작업을 더 좋아해요.

북한학의 과제와 미래

<u>오주연</u> 북한학의 발전을 위해서는 어떤 것이 필요할까요?

<u>김성경</u> 토론이 중요해요. 강의, 세미나, 학회 이런 게 실은 되게 중요하거든요. 그런데 요즘 북한 관련 학회에서는 본인 발표만 하고 가는 경

2019년 작품이다. 세계적인 현상으로 자리잡은 '긱 이코노미(Gig Economy)'로 불안정해진 일자리에 종사하는 노동자의 삶을 다뤘다.

우가 많아요.

이나영 맞아요. 다른 사람 연구는 잘 안 듣더라고요.

김성경 그러다 보니 토론이 안 되는 거죠. 최근 각종 학회를 줌^{Zoom}으로 하면서 점점 더 그런 경향이 짙어지는 것을 느껴요. 다른 일을 하다가 자기 순서에만 딱 들어오기도 하고요. 연구를 하면서 잘 안 풀리는 지점은 서로 대화를 통해 찾아갈 수도 있는데, 토론이 점점 없어지다 보니까 아이디어를 발전시키는 일이 잘 안 되고 있죠. 저는 다른 선생님들이 주는 영감을 좋아해요. 세미나에서 다른 사람의 질문에 감복하고 나면 집에 가서까지 계속 생각나요. 요즘은 그런 게 없어 아쉽죠.

오주연 연구자들은 사실 질문 받는 걸 두려워하잖아요. 평가 받는 느낌이기도 하고요.

김성경 그렇죠. 하지만 연구자 자신에게 엄청난 도움이 되죠. 좋은 학술지도 결국 평가자가 적극적인 관심과 참여로 비평을 하는 곳이죠. 평가를 받는 사람은 비판과 적당한 거리두기를 하면서 감정적으로 받아들이면 안 되고요. 성장하는 학적 토대가 만들어지려면 이런 학술지 토론, 학술 토론이 더욱 많아져야 해요. 북한학계는 아쉽게도 그런 공간이 점점 없어지고 있어요. 현재 대부분의 북한학 학술회의 내용이 평가와 전망이죠. 그러다 보니 '이 연구 주제에 대한 내 해석은 이래요', '이런 것도 같이 봐야 하지 않을까요', '이 주제가 북한 현상을 읽는 데 중요한 주제인가요?' 라는 질문이 점점 적어지고 있죠. 이렇게 되면 연구자는 고립되고 말죠.

이나영 다른 학계는 어떤가요?

김성경 정도의 차이가 있을 뿐이지 다른 학계도 마찬가지죠. 조금 덜하거나 더한 데가 있는 거고요. 그런데 북한학계는 정파적인 경향 때문인지 점점 심해지고 있어요. 우리 학계가 북한을 다양한 관점으로 볼 수 있으면 좋겠지만 다양한 이야기를 받아들일 수 있는 토대가 안 돼 있으니, 이런 논의를 시작해도 어느 순간에 싸우자는 게 되어버려요. 뭉뚱그려 보지 않고 다양한 소재와 다양한 주체, 다양한 섹터들에 대한 구체적 연구가 나오길 기대하는데 전망은 그리 밝진 않은 것 같아요. 할 일이 많죠.

오주연 지금의 북한학은 어떤 토대 위에 있다 보시나요?

김성경 처음에는 분단체제 내에서 적을 아는 걸로 시작되었죠. 초반에는 국정원이나 안기부가 그 역할을 해 왔어요. 그런 접근에서 초기 북한연구자들이 더 넓은 시각을 가지고 보자고 생각하면서 북한연구의 틀과 시각이 확장되었죠. 하지만 사실 '북한을 알자'라는 매몰된 시선으로 북한연구가 굳어져 온 현재 상황을 보면 북한학을 가르치는 대학원들이 마치 평생교육원처럼 되어버린 면도 없지 않아 있어요.

이나영 맞아요.

김성경 냉정하게 보면 그래요. 학교마다 분위기가 다를 수는 있지만, 학부부터 북한학과를 만들자고 하니 대학의 구조조정이라는 문제, 일자리 문제, 이런 게 다 연결되면서 학부부터 북한 관련 학과의 수요가 약하다는 것을 확인한 셈이죠. 그래서 지속되지 못했고요. 지금 북한학의 거점 대학원들을 보면 제대로 인식론과 방법론부터 가르치면서 연구와 병행하는 것이 아니라 굉장히 실용적인 맥락으로 가고 있고요. 그러니까 학생들이 쓰는 논문도 북한학의 토대에서 뽑아내는 게 아니라 자신의 전문 영역과 북한을 잇는 방식으로 될 수밖에 없어요. 좋게 말하면 다양하지만 나쁘게 이야기하면 맥락이 없죠. 예를 들면 오늘 당장 기사를 써야 하는 기자들은 북한의 언론을 연구하는 식이죠.

오주연 군인이라면 북한의 군 체제를 연구하고, 교사는 통일교육을 연구하고 이런 방식으로요.

김성경 그렇죠. 자기 직업과 연동해서 북한을 잇는 것이지 북한학이라는 학문을 한다는 느낌이 아니죠.

오주연 자기 직업과 연결하기 위한 공부를 하는 사람들은 말씀하신 것처럼 전문 영역에서 현실적이고 실용적인 이유 때문에 학교에 오는 거니까요. 북한학의 후속 세대를 재생산하는 일도 쉽지 않겠네요.

김성경 전반적인 대학의 학과 개편 문제도 분명히 이 문제의 저변에 있어요. 많은 학교들이 다양한 방식으로 학부를 통폐합하고 있으니까요.

이제는 학부 구분도 없이 광역으로 묶는 학교도 등장하고 있고요. 특히 코로나19 상황에서는 더욱 대학의 급속한 변화가 올 거라고 생각해요. 이런 변화는 대학의 존립을 위태롭게 할 수 있고요. 요즘 무크^{MOOC} [8]를 보면서 그걸 많이 느끼죠. 대학은 매 학기 500만 원씩 학비를 내며 다니는데 온라인으로 무료 강의를 들을 수 있으면 '이럴 거면 대학에 왜 가나, 그냥 무크로 듣는 하버드대 강의가 더 좋겠다'고 생각할 수 있죠. 북한학뿐만 아니라 대부분의 사회과학과 인문과학 전체에 전반적인 변화가 빠르게 오겠죠. 여기에 적극적으로 대응하는 학과는 남겠지만 그렇지 않은 학과는 도태될 수밖에 없고요. 그 중 가장자리에 서 있는 게 북한학과일지 몰라요.

오주연 북한연구가 지금처럼 북한만 대상으로 삼으면 더 이상 살아남을 수 없다는 걸까요?

김성경 그렇다 할 수 있죠. 크게 두 방향이 있다고 봐요. 북한학으로 묶어서 더 잘 볼 것이냐, 기존의 학문체계 안에서 북한연구 기반을 안정적으로 갖추고 재생산을 할 것이냐. 학제 간 통합이 중심이 되어 온 북한학이 이런 고민을 전면적으로 할 때가 온 것 같아요. 기존에는 주류 연구 내에 북한학이 들어가지 못하니까 외부에 별도로 만들어졌지만, 현재의 학문체계가 과연 다음 세대를 만들어 내는 것이 가능한가를 고

---

8) 대규모 온라인 공개수업(Massive Open Online Course)을 의미한다.

민해야죠. 그래도 저는 이 학계 안에서 잘해 보는 방법을 강구하고 있어요.

북한학의 외연을 넓히는 연구자의 역할

<u>오주연</u> 그 잘해 보는 방법에는 무엇이 구체적으로 필요하다 생각하세요? 무엇을 잘하면 북한학의 학문 체계가 갖춰질까요?

<u>김성경</u> 북한연구에서 사회문화 연구는 그중에서도 비중이 작아요. 북한연구가 현재 가장 많이 하는 역할은 남북관계나 북한에 대한 전망이에요. 모든 북한 관련 논문과 보고서, 책도 마찬가지죠. 오랫동안 축적되어 온 징후를 읽는 작업은 중요하지만 엄연히 말하면 전망은 학문의 영역이라 할 수 없어요. 상황이 이렇다 보니 북한학 내에서 사회문화 연구는 늘 마이너리티였어요. 북한 사회를 바라보는 장기적인 안목이 부족하다 보니 연구가 축적되지 못하고, 앞으로의 발전 가능성도 작아지고 있죠.

이런 상황에서 제가 할 수 있는 일은 저와 같은 사회문화 분야 연구자를 더 키우는 것 같아요. 관련 분야 연구자가 적어도 상시로 학술회의 세션을 구성할 정도는 되어야 한다고 생각해요. 세 명의 발표자를 섭외

하려면 적어도 열 배 정도의 연구자가 활발히 활동해야 하는 거죠. 스스로가 북한 사회문화 연구를 포기한다면 이를 이어줄 누군가가 나오기 어렵다는 책임감이 있어요.

오주연 여러 어려움에도 불구하고 북한연구를 계속 하는 동력은 무엇인가요?

김성경 북한연구를 해야 한다는 학자적 책임감이 있어요. 분단 문제와 북한 사회에 대해서 누구 한 명은 길게 보면서 축적을 해야 한다는 책임감이자, 소명 같은 것이죠. 그래서 북한연구를 잘하고 싶어요. 깊고 길게 잘하고 싶죠. 그걸로 사회에 공헌하고 싶고요. 아까 얘기한 저의 마이너리티 감성과도 연결이 되는데, 후속 연구자들을 만나 보면 그들도 연구로 어떤 야망을 이룬다거나 출세를 원한다는 느낌이 잘 없어요. 논문 열심히 쓰면서 자기 자리에서 선한 영향력에 대한 고민을 하죠. 어떤 소명 같은 걸 가진 사람들이기도 하고요. 전업 학생들의 경우에는 소수자 문제나 북한이탈주민에 관심을 가진 친구들도 많아요. 북한학에서도 마이너리티한 북한의 사회문화를 연구하는 친구들을 봐서라도 열심히 해야겠다는 생각이 들죠. 저도 꿋꿋이 이 길을 만들어 가야 후속 연구자들이 조금이라도 힘을 받겠죠. '우리 선생님은 그래도 이렇게 해 나가고 있으니 나도 할 수 있어!' 이렇게요.

이나영 롤 모델이 되는 거군요!

김성경 롤 모델까지는 모르겠지만, 좋은 연구자의 모습으로 남고 싶어요. 하지만 그러기 위해서는 학생들과 후배들이 주는 자극과 역할도 필요해요. 제가 열심히 하면 그런 사람들이 늘어날까요? (웃음) '교수님 이제 너무 공부를 안 하시네요'라고 이야기해줄 수 있는 연구자들이 온다면 저도 더 발전할 수 있고, 제가 더 나아져서 좋은 글을 쓴다면, 그 글로 더 많은 사람들과 학계에서 새로운 영향을 줄 수 있겠죠. 특정 대학 출신의 북한학파 이런 것이 아니라 여성과 소수자, 그리고 마이너리티들이 만드는 새로운 분위기를 불어넣고 싶은 바람이죠.

이나영 북한학의 새로운 세대겠네요. 다양한 연구방법과 주제의식을 가진 사람들이 북한학계에 영향력을 미쳐야 하는 시점인 것 같아요.

김성경 그 다양한 연구들이 묶일 수 있는 하나의 틀을 개인적으로는 고민하고 있어요. 지역학도 인류학에서부터 시작해서 그 다음에 개발학까지 연결되잖아요. 지역학은 서구의 주류 담론이 포착하지 못한 것들을 발견하고 해석하는 역할을 해 왔죠. 그런데 그런 해석 뒤에 개발학이 붙으면서, 서구의 근대화와 다시 연결되기도 했어요. 그러니까 지역학이란 건 애초에 사실 자기만의 이론적 틀이라던가 방법론이 있었던 것이 아니라 지역을 바라보는 다양한 도구를 갖고 있는 학문이었던 것이죠. 이제 저는 북한학을 그런 맥락에서 지역학적 도구와 분단이라는 문제, 특수한 민족 문제라는 축을 가져온 학문으로 체계를 만들 수 있다고 봐요. 현재는 다양한 그 축들이 학계 안에 제대로 들어오지 못한 단계죠. 하지만 젊은 연구자들을 보면 희망도 생기고요..

오주연 어떤 연구자들에게서 그런 희망을 발견하시나요?

김성경 저는 북한학이 무엇인지 고민하는 이런 시도 자체를 하나의 희망으로 봐요. 희망은 보이는데 토대는 여전히 부족하죠. 그런 시도를 하던 학생들이 연구를 포기하고 결국은 공무원이 되고 다른 직업을 선택하니까요. 하지만 제가 이상주의적이어서 그런지 한 사람이 만들어 내는 영향력이 굉장히 클 수 있다고 믿는 사람이거든요. 돌이켜보면 바보같이 우직하게 선한 영향력을 발휘한 사람이 만든 공간에 늘 빚지고 있다는 생각이에요. 나영 씨와 주연 씨도 분명히 이런 공간을 만들어 가는 사람이라 생각해요. 오늘의 질문이 저에게도 도전이 되었고요. 저는 우리가 고민해야 하는 건 내가 할 수 있는 수준에서 무엇을 만들어 낼 수 있는가, 그것을 어떤 동지와 함께 할 수 있는가일 것 같아요. 꼭 대단한 것이 아니어도 책이 남고 영향이 남겠죠. 저는 아직 이것들의 힘을 믿고 있어요.

오주연 어쩌면 그걸 믿는 게 교수님의 실천일 수 있겠네요.

김성경 그럴 수 있죠. 믿는 거죠.

송채린

1998년에 태어났다. 동국대학교 북한학과를 졸업했다. 재학 당시 설계 전공으로 평화학을 공부했다. 북한학과 페미니즘 동아리인 고잉페미호의 일원으로 활동했다.

박영민

1993년에 태어났다. 동국대학교 북한학과를 졸업하고 중앙대학교에서 사회학 석사과정을 수료했다. 참여연대 사법감시센터에 재직 중이다. 저서로 《나는 분단국의 페미니스트입니다》(공저)가 있다.

오주연

1988년에 태어났다. 북한대학원대학교에서 북한학 석사학위를 받고, 영국 브래드포드 대학교에서 갈등해결학 석사학위를 받았지만 갈등해결과는 무관한 삶을 살고 있다. 출판사 힐데와소피 공동 대표다.

이나영

1980년에 태어났다. 북한대학원대학교에서 북한학 석사학위를 받고, 동 대학원에서 북한학 박사학위를 받았다. 연구보다는 지속 가능하게 연구하는 삶에 관심이 많다. 서울 신림동에 위치한 로컬 지향 북한학 전문 서점 이나영책방 사장이다.

앞선 연구자들의 인터뷰는 시대적·개인적 배경에 따라 북한학이 어떤 정체성과 역할을 부여받아 왔는지 보여 준다. 어떤 측면에만 동의된다고 말하기 어려울 정도로 모든 인터뷰이가 북한학이 가진 다중적 측면을 짚어 주었다. 그 모든 측면이 북한학의 정체성을 이룬다고 말할 수 있을 것이다. 그렇다면 다음 세대는 북한학을 어떻게 바라보고 있을까.

2000년대에 활발했던 남북교류는 2010년대 들어 빠르게 단절됐다. 2010년 천안함 사건에 대한 대응으로 내놓은 대북제재조치인 5.24조치 이후에는 사실상 모든 교류가 중단되었고 그나마 운영되던 개성공단은 2016년 북한의 핵 실험 이후 가동이 중단되었다. 박순성 교수의 추천으로 만난 송채린과 박영민은 반공의 시대도 아닌, 남북교류협력의 전성기도 아닌 시기에 청소년기를 보내고 20살, 북한학을 전공 학문으로 만났다. 이들의 솔직한 이야기도 들어봐야 했다. 이전 세대보다 미래가 더 불안하다는 시기에 북한학을 전공으로 선택한 이유는 무엇인지, 이들이 생각하는 북한학은 무엇이며, 북한학의 미래는 어떻게 만들어야 하는지 말이다.

좀 더 자유롭고 깊이 있는 대화를 위해 이번에는 인터뷰 형식이 아닌 인터뷰어 두 명과 인터뷰이 두 명이 함께하는 좌담 형식을 빌렸다. 오주연은 이명박 정부가 들어선 2007년에 대학생이 되어 종교적 배경에 의해 처음 북한에 관심을 가졌다. 그러나 종교에서는 점점 멀어졌고 북한대학원대학교 석사과정을 선택했다. 북한학을 공부하며 평화학에 관심이 생겨 영국 브래드포드

대학교에서 갈등해결학 석사학위를 받았다. 이나영은 역사적인 남북정상회담
이 진행된 2000년에 대학생이 되어 통일 운동에 몸담았고, 그 여파로 북한대
학원대학교 석사과정에 진학했다. 이후 동 대학원 박사과정에 진학하며 북한
여성 체육을 주제로 박사학위논문을 썼다.

사전 만남을 가지고 몇 주 후 봄비가 세차게 내리는 궂은 날, 좌담을 진
행하였다. 무려 3시간이 넘는 시간 동안 치열하게 임해준 두 사람 덕분에 그
어떤 인터뷰보다 근본적이고 깊은, 날 것의 생각을 나눌 수 있었다. 시대의
딸(이제는 아들일 필요도 없지 않은가)인 북한학이 낳은 새로운 세대는 기존
북한연구자들은 던지지 않았던 새로운 화두를 던졌다. 이들에게서 희미하지
만 밝은 북한학의 미래를 엿보았다고 하면 과언일까. 북한학으로 신나게 '깽
판' 친 그날의 분위기가 독자들에게 고스란히 전달되기를 바라며 마지막 인터
뷰이자 좌담을 소개한다.

그다지 새삼스럽지 않은, 북한학과를 선택하는 이유

<u>오주연</u> 북한학과에 진학하는 학생들은 대체로 어떤 계기로 진학하는 것 같아요?

<u>이나영</u> 여전히 통일을 해야겠다는 당위를 가진 학생도 있을 것 같고요.

<u>박영민</u> 글쎄요. 사실 대학이나 전공은 점수에 맞춰서 갈 수 있는 선택지를 펼쳐 놓은 다음에 선택하잖아요. 대부분의 동기들이 그런 식으로 북한학과를 선택했던 것 같아요. 받은 점수로 갈 수 있는 학과 중에 동국대 북한학과가 있어서 선택지 중에 넣는 거죠. 그런 다음 다른 전형에서 떨어지거나 여러 이유로 인해 최종적으로 북한학과를 선택하고요. 제 친구 중에는 지금 국회에 있는 친구가 있는데 그 친구는 어쩌면 정치외교학과를 갈 수도 있었겠죠? 지금 일하는 정당이 북한학과를 나왔기 때문에 더 유리하지 않았을까 그런 생각도 들어요. 그 친구도 그런

판단을 했을 수 있고요. 기자 혹은 공무원이 되려는 친구들도 많아요. 지금은 없지만 통일부에 있었던 북한학 석사 특채 전형을 생각하는 친구들도 있었어요.

이나영 취업에 도움이 될 수 있는 부분을 고려하면서 북한학과를 선택하는 거네요. 북한학과를 간다고 했을 때 부모님의 반응도 궁금해요. 저희 가족은 친가가 이산가족이고 외가는 경북 출신이어서 굉장히 보수적이거든요. 그래서 제가 북한학을 전공하기 위해 대학원에 간다고 했을 때 북한학과를 왜 가냐며 부정적인 반응을 보이셨어요. 제 또래 연구자들도 집에서 저와 비슷한 반응을 보이지 않았을까 했는데 다른 분들 이야기를 들어보니 지역적 배경에 따라 북한학을 전공하는 걸 특별하게 보지 않는 집도 있더라고요. 지금은 어떨까 싶어요.

오주연 저희 부모님은 별말씀 없으셨는데 당시 군대에 있던 남동생이 이상하게 봤던 기억이 나네요.

박영민 저희 부모님도 별말씀 없으셨어요. 동기가 18명이었는데 그들의 출신 지역이나 부모님이 뭐 하시는지는 잘 몰라요. 사실 너무 특이한 경우가 아니면 대부분 알기 어렵잖아요. 그래서 집안의 영향 같은 건 크게 생각해본 적 없는 것 같아요. 북한학과에 진학했다고 해서 새삼 다르게 살아온 사람은 아니에요. 다른 학부도 마찬가지죠. 모두가 그 전공을 선택하는 특별한 이유를 갖고 있는 게 아닌 것처럼, 대학에 와서의 경험이 달라지는 것뿐이지 그 전에 지원할 때까지는 무슨 큰 차이가 있을까 싶네요.

오주연 그러고 보면 북한학을 전공한 학생들이 뭔가 새삼스럽기를 바라는 건 어른들의 소망일 수도 있겠어요. 북한학을 전공한다고 하면 어떤 분들은 한번이라도 더 쳐다보고 좀 기특해하시잖아요. 통일에 대해 꿈을 가지고 있을 거라고 생각하시면서요.

이나영 '요즘 시대에 민족 문제를 고민하는 훌륭한 젊은이들이 있다니!' 이런 느낌이죠. (웃음)

오주연 그래서 북한학을 하는 사람에 대해서 오히려 그런 편견이 있는 건 아닐까라는 생각도 들어요. 대학원도 마찬가지예요. 학부생들이 점수를 고려해서 진학하는 거라면, 대학원은 승진이나 이직 등의 경력을 고려해서 진학하기도 하니까요. 대학이나 학문 자체가 점점 실용적으로 되어가는 마당에 북한학과도 뭐가 그렇게 다르겠어요.

송채린 맞아요. 제 주변에는 연평도에 살아서 남북관계에 대해 문제의식을 갖고 온 친구가 특별한 사례이긴 했어요. 그런데 이건 진짜 흔한 사례는 아니에요. 그런 사연이 있는 친구들보다는 되고 싶은 직업에 맞춰서 오거나 점수 맞춰 오는 친구들이 더 많았죠. 저도 고학번이다 보니 요즘은 어떨까 싶어서 학과에 물어보니까 2018년 이후에는 면접 때 인권, 평화 이야기하는 친구들이 많아졌대요. 이전보다 경쟁률이 많이 오르기도 했고요. 사회적 분위기에 따라서 북한학 하는 친구들의 마음이 달라지는 것 같기도 해요.

남북관계 변화에 따라 일희일비하지 않는 마음

오주연 아무래도 북한학은 정치적 상황이나 남북관계의 영향을 많이 받게 되잖아요. 굵직한 남북관계 이슈들이 학과 분위기나 상황에도 영향을 많이 미치던가요?

박영민 모든 학부가 다 그러하듯 고등학교를 이제 막 졸업해서 오는 사람들이잖아요. 그런 문제에 관심 갖고 있던 사람들도 있겠지만 열아홉이라는 나이에 정치 분야 기사를 찾아보고 북한과 관련한 일들을 다 파악하고 오는 경우는 많지 않은 것 같아요. 그래서 대북 정책이나 남북관계보다는 정부의 전반적인 지향에 따라 달라지는 것 같기도 해요. 어떤 선배가 있었느냐도 영향을 주고요. 막 입학한 새내기니까 선배가 진보적인 걸 지향하는지 혹은 보수적인 걸 지향하는지에 영향을 많이 받는 거죠. 추천받는 책이나 읽는 책, 듣는 뉴스의 종류가 완전히 달라지거든요.

제가 학교를 1년 정도 다녔을 때 박근혜 대통령이 당선됐어요. 당시에는 정치적 상황이 좋지 않아서 오히려 진보적인 성향의 사람들의 발언권이 조금 더 컸던 것 같아요. 국정원 대선개입 의혹으로 인한 촛불집회도 많았고, 인권 탄압과 관련된 사건들도 많았죠. 그런 사건을 겪다 보니 진보적인 이야기를 하는 학생들이 좀 더 학과에 많았어요.

오주연 오히려 남북관계보다는 정권의 영향과 선배들의 영향을 많이 받았네요. 그럼 북한학과 내에서도 보수적인 진영과 진보적인 진영이 나뉘어져 있었나요?

박영민 제가 친했던 사람들 위주로 기억하는 걸 수도 있지만 학교를 다닐 때는 그랬던 것 같아요. 박근혜 정부 때 통일 대박론이나 드레스덴 선언[1]도 나왔잖아요. 그런 게 나올 때마다 이 정부에서 통일대박을 말하는 게 너무 터무니없게 느껴졌죠. 북한인권법을 제정할 때도 '이 정부에서 할 말은 아닌데'라는 생각이 들었고요. 그때는 남북관계를 비롯한 정책들을 그 자체로 보기보다는 특정 맥락에서 이해했던 것 같아요. 그래서 박근혜 정부 시절 나온 접근 방식은 북한을 굉장히 타자화하고 자원화하는 방식으로 대북 정책을 사유하게 한다고 생각해서 더 비판적일 수밖에 없었죠.

이나영 채린님이 입학했을 때는 박근혜 대통령이 퇴진하고 문재인 대

---

1) 2014년, 박근혜 대통령이 독일 드레스덴 대학에서 〈한반도 평화통일을 위한 구상〉이라는 제목으로 발표한 대북 원칙을 말한다. 남북 주민의 인도적 문제 해결, 남북 공동번영을 위한 민생 인프라 구축, 남북 주민 간 동질성 회복이 주요 내용이다.

통령이 당선되는 시점이었죠? 영민님이 학교 다닐 때와는 또 다른 분위기였을 것 같아요.

송채린 입시를 준비했던 고등학교 3년 동안은 박근혜 정부 시기였잖아요. 사실 어떻게 보면 영민님은 대학에 가서 공부도 하고 선배들도 만나면서 비판적으로 사고하는 게 가능했지만, 저는 고등학생이니까 그 시절의 대북 정책 기조를 무비판적으로 받아들였어요. 진짜 이렇게 통일하면 대박이구나, 드레스덴 선언도 내용이 진짜 괜찮구나, 이런 식으로 말이에요. 대학에 온 뒤에 어떤 분이 제 이야기를 듣더니 '너가 통일 대박론 키즈구나!'라고 하시는 걸 듣고서야 정신이 번쩍 들더라고요. 당시에 통일 토론 대회 주제가 왜 통일항아리[2], 통일 기금 모으기 혹은 북한인권법이었는지, 내가 그런 걸 왜 좋다고 생각했는지에 대해서요. 통일을 말할 때 북한은 저의 주안점이 아니었어요. 그냥 통일 자체였죠. 그때의 저라면 만일 북한학과가 통일학과라는 이름이었어도 선택했을 것 같아요. 제 관심사는 북한과 하는 통일이 아니라 그저 지금보다 더 나은 한반도였기 때문이죠. 어떻게 보면 그 통일관의 기저에는 늘 북한 붕괴론이 있었고요. 돌이켜 보면 북한도 핵 실험을 계속 했을 때고 통일도 얼마 안 남은 것 같으니까 이런 공부를 하면 도움이 되겠다, 그런

---

2) 이명박 정부 시절 통일부 주도로 통일 재원을 마련하기 위해 대대적인 성금 모금 운동을 벌였다. '평화통일'이라 새겨진 항아리에 모금을 시작해서 '통일항아리' 성금이라 불렸다.

마음으로 진학했던 것 같아요.

오주연 저는 채린님이 굉장히 중요한 이야기를 해주셨다고 생각하는 데요. 요즘도 2030세대에게 '통일에 찬성하나요?'라고 질문하면 절반은 통일이 필요하다고 대답하거든요. 그러면 어른들은 여전히 젊은 친구들도 절반은 통일을 기대한다고 이해하세요. 그런데 이 대답을 할 때 통일은 북한이라는 상대를 고려한 게 아니라, 그냥 통일이 좋은 거라고 말하니까 그 자체만 생각한 거예요. '야, 우리 기차 타고 시베리아 갈 수 있대. 경제도 성장하고, 이산가족 문제도 해결할 수 있대'라고 하니까 통일이 좋은 거죠. 여전히 적대적인 관계를 맺고 있는 북한과 통일을 하는 건 고려되지 않고요.

송채린 맞아요. 대학에 와서야 주워듣는 이야기도 있고 하니까 마냥 통일대박이라고 했던 말이 얼마나 공허한 것이었는지 알게 됐죠. 학과 분위기의 영향도 받았고, 정권도 바뀌면서 자연스럽게 생각도 달라졌어요. 그러면서 당연한 걸 수도 있지만 통일에 대해서는 오히려 거리를 좀 두게 되었죠.

이나영 채린님이 입학했을 때도 박근혜 대통령 퇴진 시위를 했을 땐데 그 전후로 학과 분위기가 어떻게 달랐는지도 궁금하네요. 아까 주변에 진보적인 선배들이 있었다는 얘기를 들으면서 어떻게 보면 대학 사회라는 특성이 아직 남아 있구나 싶었거든요. 사회 문제에 관심을 갖는 대학생들이 줄어든다고는 하지만, 그래도 대학 사회 내에서 목소리를 가진 사람들 다수는 대개 진보적인 사람들이니까요.

송채린 입학하고 직후는 아직도 기억나요. 3월에 박근혜 대통령 퇴진 시위를 선배들이랑 많이 갔거든요.

이나영 광화문 가자, 집회 끝나면 맛있는 거 사줄게 이랬죠?

송채린 맞아요. (웃음) 많이 데려갔어요. 박근혜 정권이 퇴진하고 분위기가 많이 달라진 것 같지는 않은데 이전보다는 목소리가 조금 다양해진 것 같아요. 사실 그때는 박근혜 정권 퇴진 이슈 외에도 강남역 살인 사건도 있으면서 운동의 스펙트럼이 넓어지고 다양한 얘기가 나왔죠. 역설적으로 친구들이 북한에 대한 관심을 잃기도 했어요.

이나영 페미니즘에 대한 관심이 더 높아졌겠네요.

송채린 일상정치가 더 대두됐죠.

오주연 이런 얘기를 들으면 대학은 여전히 살아있는 것 같아요. 두 분 얘기 들으면서 대학보다 대학원이 남북관계 현안에 더 예민한 것 같다는 인상을 받았어요. 막연히 생각했을 때는 학부생은 전공이 취업과도 연결되어 있으니까 남북관계 이슈에 따라 분위기가 많이 좌우될 것 같았는데, 이야기를 들어보니 학부보다는 대학원이 이미 관련 분야에 직업을 가진 분들이 많아서 그런지 더 민감한 것 같네요.

2018년 판문점 선언 때 저는 북한이탈주민 정착지원기관에서 일하고 있었는데, 전 직원이 모여서 생중계로 봤거든요. 그날은 완전 축제 분위기였고 저녁에 회식도 했는데 직원들이 저한테 "이제 너의 시대야!"이러면서 어깨도 막 두드려 주시고. (웃음)

이나영 맞아요. 저도 그날 "너가 이날을 보려고 이런 공부를 했구나!" 이런 말을 들었어요.

오주연 실용적으로 이 학문에 접근하는 건 대학원이구나 이런 생각이 드네요.

박영민 저는 학교에서는 미시적인 관점이 중요하다는 이야기도 많이 들었어요. 다른 학생들은 어떤지 모르겠지만 다른 수업보다 일상사 같은 수업을 듣는 게 훨씬 흥미로웠거든요. 통일을 한다 혹은 평화를 이룩한다고 했을 때 각국 정상들이 만나서 무엇을 해야 할까 이런 질문이 아니라, 실제 북한 사람들은 무엇을 원할까? 그 공간에 사는 사람들은 자본주의를 원할까 아니면 사회주의를 원할까? 인권 탄압을 받는다는 수준을 어느 정도로 가늠할까? 탄압이 있다면 그것에 저항하는 수준이나 정도를 내가 가늠하는 게 가능할까? 이런 질문에 대한 고민이 들자, 정치적인 사건들과는 좀 더 거리가 생겼던 것 같아요.

이나영 확실히 좀 더 다양한 관점에 관심을 갖는 건 학부의 특성 같기도 해요. 저의 경우는 2011년에 석사논문 2차 심사를 앞두고 김정일이 사망했거든요. 학교 도서관에 다들 몰려와서 TV를 보니 '김정일 사망' 이

렇게 속보가 뜬 거죠. 그때 다 같이 큰일 났다, 여기서 공부하는 우리의
앞길은 어떻게 되는 거냐 이런 말을 했어요.

2013년에 박사과정 때는 계속 보수 정권이 지속되다보니 구성원도 많
이 바뀌었어요. 석사과정 때는 시민단체, 종교단체에서 일하는 분들을
많이 있었다면 그 이후에는 군사, 경제, 법, 제도를 다루는 사람들이 늘
어났죠. 그러다 보니 지금 영민님이 말한 미시적인 수준에서 북한 사람
들의 삶에 관심을 갖는 게 아닌 거시적인 담론에서 남북관계를 주시하
는 사람들이 많아졌어요. 북한대학원대학교는 전공이 6개인데, 당시 박
사과정 동기 중에서 사회문화를 선택한 사람은 저 한 명밖에 없었거든
요. 연구의 초점이 주로 어디에 있었는지를 반증하죠.

북한학과의 존재 이유는 자봉단?!

오주연 대학생활은 전공도 중요하지만 어떤 대외활동 경험이 있는지도
기억에 많이 남잖아요. 코로나19 때문에 작년과 올해는 많이 힘들어졌
지만요. 북한학과여서 접하게 되는 대외활동은 뭐가 있을까요?

박영민 저는 북한학과 학술 동맹 활동으로 고려대랑 연합세미나를 했
던 게 기억에 남아요. 제가 학교에 다닐 때 북한학과는 고려대와 동국

대, 이렇게 두 군데 남아 있었어요. 처음에 선배가 학술 동맹을 만들었을 때는 학과 내에서만 세미나를 했었는데 이후에 고려대와 같이 해보게 됐죠. 당시 개성공단이 폐쇄되는 상황이어서 개성공단 세션 하나, 그리고 북한인권법을 제정하는 상황이기도 해서 북한인권법 세션 하나, 이렇게 두 세션을 만들었어요. 개성공단 쪽은 동국대에서 주도 발제를 하고, 북한인권법은 고려대가 주도 발제를 했었죠. 발제 후에 상호 토론을 진행했고요. 두 학교의 색채가 뚜렷하게 다르다 보니까 토론이 정말 재밌었어요. 고려대에서는 개성공단을 이야기하는 데도 군사적으로 어떤 이점이 있는지, 군사적 요충지로 의미가 있는지를 따지고, 동국대에서는 북한 인권을 그렇게 이야기하는 사람들이 왜 개성공단 임금은 남한의 몇 프로 밖에 안 주냐, 북한 사람들도 우리 주민이라면 그들에게도 최저임금을 적용해야 한다고 따졌죠.

오주연 아예 렌즈가 다르니까요. 학부 토론이 더 치열한데요? (웃음)

박영민 뭔가 자존심이 걸려있어서. (웃음) 선배들도 자료를 찾아주면서 지면 안 된다. 심지어 다음 해에는 드레스덴 선언이 1세션 주제였었는데 선배가 칸트의 《영구 평화론》을 갖다 주면서 이렇게 접근하라고 하는 거예요. 그런데 학부생이 칸트를 어떻게 알아요. 상대편에서도 칸트를 모르면 깔 수가 없잖아요. 말하는 우리도 잘 모르겠는데. (웃음) 아무튼 대단히 치열했죠. 그때는 다른 쪽 의견에 대한 반감도 컸던 것 같아요. 인권 탄압이 심했던 박근혜 정부 시기에 북한 인권을 말하는 사람들을 이해하기 어려웠으니까요. 오히려 이런 교류를 하면 할수록.

오주연 내 의견이 강해지죠.

박영민 지금 생각해 보면 그게 과연 진정한 교류였을까 하는 의문도 들어요. (웃음) 학술 교류 활동 외에도 여러 대외활동이 있었어요. 저희 때는 통일부 대학생 기자단이 제일 유행이었고, 통일부가 행사를 주최하면 학과 사무실로 직접 홍보를 하기도 했어요. 관련 시민단체에서도 행사 있을 때 연락이 오고요. 그중에서 학생들 사이에서 인기가 있었던 행사가 있는데, 당시에 대북사업을 많이 해왔던 현대아산에서 '통일리더캠프'를 오래 했거든요. 그 캠프 아르바이트를 저희 학과 애들이 많이 했어요. 북한학과 학부생이라고 해봐야 진짜 아무 것도 다를 게 없는데, 꼭 그 캠프 담당 선생님은 북한학과 애들이 해줬으면 좋겠다는 거예요. 캠프 참가자들을 통솔하고 챙기고 대화하는 게 단데.

이나영 너무 그림이 좋잖아요. 북한학과가 해주면 뭔가 다를 것 같고.

박영민 그래서 방학 때마다 아르바이트로 많이들 갔어요.

송채린 저도 통일부 기자단을 했었는데, 제가 동국대 북한학과라고 하니까 다른 학교의 기자단 오빠가 저보고 '백두혈통'이라는 거예요.

오주연 이쪽 업계에서는 동국대 북한학과면 '성골이다' 이런 말을 하죠.

송채린 동국대 북한학과 카르텔이 있다며. (웃음)

오주연 동국대 북한학과가 유일하게 남아있으니 외부에서 볼 때는 뭔가 있어 보이는 거죠.

송채린 네. 좀 특이하게 생각하고 다른 사람들 눈에 띄는 건 있죠. 2018년 판문점 선언 이후에는 통일전망대를 1년에 무려 7번을 갔어요. 불러주는 데도 많았고.

이나영 땅굴도 가고.

송채린 똑같은 데 맨날. (웃음)

박영민 맞아. 많이 가지.

송채린 그런 기회가 좀 많죠.

박영민 그래서 성골이라는 얘기를 듣나 봐요. 남북 간 인적 교류가 조금만 생겨도 무조건 우리한테 전화 올 텐데. '김일성대 학생들이랑 교류 프로그램이 있는데, 동국대 북한학과 나와줄 수 있나요?' 하면서.

이나영 글쎄요. 김일성대에서 온다고 하면 아마 서울대 학생들을 부를 것 같은데요. 학술 교류를 할 때는 북한학과가 못 갈 것 같아요. (웃음)

박영민 그럼 아마 거기 인솔교사로 부르지 않을까요?

이나영 자봉단^{자원봉사단} 필요하면 동국대에 연락하겠죠?

송채린 그러니까 우리는 맨날 통일전망대까지만 갈 수 있는 거예요.

(일동 폭소)

오주연 그럼 북한학과의 정체성은 북한 관련 행사의 자봉단으로 결론이 나는 건가요? (웃음) 통일될 미래에 필요한 전공이라고 홍보하고 4년 내내 여기저기서 찾지만, 막상 졸업할 때 되면 정작 이들의 미래에는 아무도 관심이 없는 것 같아요. 학과에 있는 딱 4년 동안만 '요즘 같은 시대에 북한학을 하다니'라며 불러 주고, 졸업하면 아무도 관심 없는 느낌이 들고요. 대외활동에는 기회가 있을지 모르지만 정작 학과에는 투자가 없잖아요. 물론 북한학만의 문제가 아니라 전반적인 대학과 학문의 문제겠지만. 어쨌든 이게 지금 북한학과의 현재 아닌가 싶네요.

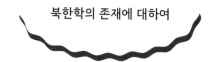

북한학의 존재에 대하여

북한학에서 배울 수 있는 것

<u>오주연</u> 북한학과에서만 들을 수 있는 수업은 뭐가 있을까요. 북한 원전 자료 같은 것도 북한학과에서만 볼 수 있는 거잖아요. 북한 원전을 처음 볼 때는 어땠어요?

<u>송채린</u> 재미는 없었지만 신기했어요. 어린 마음에 '옛날에 이거 보다가 잡혀간 선배도 있대'라는 소문을 직접 접하는 특별함도 들었죠. 하지만 과제로《로동신문》을 읽어 내면서 느낀 건 이 분야의 연구자는 못 하겠다였어요. 이걸 매일 보고 행간을 읽어 내야 한다고? 이 재미없는 걸? 생각보다 너무 재미가 없어서 놀랐던 것 같아요.

<u>박영민</u> 저도 북한 원전을 처음 봤을 때 약간의 우월감이랄까요, 특별함

을 느꼈어요. 학부 때 연구소에서 PDF 파일로 된 《로동신문》을 한글 파일로 변환하는 아르바이트를 한 적이 있었어요. 개인은 《로동신문》 PDF 파일을 가질 수 없는데 이걸 합법적으로 보니까 뭔가 특별한 기분이 들었죠. 그런데 막상 읽어 보니까 채린님 말대로 너무 별 게 아닌 거예요.

송채린 정말 이걸 왜 금지시키는지 모르겠는 거 있죠.

박영민 특이한 거라고는 우리나라랑 띄어쓰기가 너무 다르다? 과제 낼 때 띄어쓰기 틀리면 우스갯소리로 '괜찮아, 우리 북한학과잖아. 우린 띄어쓰기 몰라도 돼.' 이랬거든요.

(일동 폭소)

이나영 북한학과에서만 통하는 농담이네요. 북한 텍스트를 계속 보다 보니까 단어를 써 놓고도 '이거 남한 말이야? 북한 말이야?' 헷갈릴 때가 있긴 하죠.

박영민 맞아요. 진짜 별 거 아니구나. 금지하는 게 오히려 우습다고 생각했죠.

송채린 저도 원전 처음 읽을 때 교수님께서 본인은 깔깔대며 읽었다면서 읽어 보라고 과제를 주셨는데, 북한에서는 되게 파격적인 연애 소설이라고 하는 《청춘송가》가 저는 너무 시시했어요.

이나영 북한 사람들도 그렇게 재밌어 할 것 같지는 않은데 말이죠. 북한학과 수업 중에서 기억에 남는 수업은 있었나요?

박영민 저는 홍민 박사님이 하셨던 일상사 수업이 제일 재미있었던 것 같아요. 색달랐어요. 다른 선생님들은 조금 더 거시적인 차원의 이야기를 한다면 일상사는 미시적인 접근을 하는 부분이어서 시도가 색달랐다고 생각해요.

오주연 일반적으로 일상사 연구방법은 주로 면접에 의존하는 분야죠?

박영민 그렇긴 하죠. 그런데 사정상 그럴 수 없으니까 북한의 서적도 많이 읽고 영화나 문학과 같은 작품에 의존해서 많이 한다고 하더라고요. 거시적인 차원에서 조명되지 않는 사람들의 삶을 계속 조명하는 방식이라는 마음이 들었어요. 김성경 교수님 수업도 마찬가지였어요. 탈북하거나 중국을 오고 가는 여성들의 주체성을 조명한다는 점이 너무 흥미로웠어요. 저는 이 사람들이 약자라고만 배웠는데, 알고 보니 전략적으로 삶의 경로를 선택하기도 했던 거죠. 저한테는 일상사 연구가 보이지 않는 사람들에게 생명력을 불어넣는 방법으로 다가왔어요.

송채린 북한학과 수업 중에서 가장 기억에 남는 것은 박순성 교수님 수업과 분단체제론인 것 같아요. 북한의 정치체제나 경제체제에 대한 지식보다는 통일학 입문 첫 시간에 '통일을 위한 평화냐, 평화를 위한 통일이냐' 이런 토론을 했던 장면들이 기억에 남아요. 저 역시도 ANT이론

[3] 으로 북한을 본 건 정말 재밌었어요.

이나영 ANT는 북한학의 분기점이 될 수 있는 연구였네요.

송채린 거대한 체제적인 측면에서의 분단도 있지만 우리가 역동적으로 분단을 수행하고 재생산하는 구조라는 걸 배웠던 게 기억에 남아요.

이나영 저는 그 연구에서 핸드폰도 행위자라고 했던 게 기억에 남아요.

송채린 맞아요. 인간이 아니어도 행위자가 되니까요. 그런 것도 인식의 큰 전환이었어요. 북한에 대한 상세한 지식보다 이런 시각과 질문들이 굉장히 큰 지적 자극과 전환을 주었다는 생각이 들어요.

오주연 이런 얘기를 들으면 탈분단이 별건가 이런 생각도 들어요. 남북 간 정전체제가 무너져야만 분단이 끝나는 게 아니라 우리가 분단을 겪고 수행한다는 게 무엇인지 정확히 아는 것만으로도 탈분단이 될 수 있다는 생각이요. 이렇게 공부하고 난 뒤에는 북한이 미사일을 발사하거나 군사 훈련을 할 때마다 '북한이 또 미국에 보여주기 식으로 저러는구나' 이렇게만 반응하지 않고 다르게, 더 폭넓게 이해할 수 있잖아요. 채린님이나 영민님처럼 이 상황에 대해 질문할 수 있게 된다면, 스스로

---

3) 행위자-네트워크 이론(ANT, Actor-Network Theory), 1980년대 개발된 이론으로 행위성을 가진 기계, 자본, 생물 등의 다양한 행위자들이 보다 크고 강한 연결망을 구축하는 과정에서 과학과 기술이 나타났다고 본다. 박순성, 김환석, 홍민 등은 행위자-네트워크 이론을 활용해 분단질서를 "오랜 시간을 거치면서 형성된 기억과 행동, 사물의 복잡하고 이종적인 연결망의 형성과 그 효과"로 보고 분단질서가 일상에서 미시적으로 작동하는 맥락을 분석하였다. 홍민, 〈행위자-연결망 이론과 분단연구: 분단번역의 정치와 '일상으로의 전환'〉, 《동향과 전망》, 83, 2011.

탈분단을 할 수 있는 계기가 생기는 거죠.

그래서 때로는 이런 시각을 대학에 와서, 특히 북한학과에 와서야 배우는 게 아쉽기도 해요. 정규교과과정에서는 일제강점기가 한반도에 미친 영향만 주로 얘기하지 분단이 지금 사회에 어떤 영향을 미쳤는지 잘 배우지 않아요. 만일 정규교육과정에서부터 분단으로 인해 남북의 현대사와 내 일상이 어떻게 달라졌는지를 연결지어서 배웠다면 좋았을 텐데요. 현재는 통일교육을 한다고 하면서 6.25전쟁의 참상을 가르치고 인천상륙작전이라는 업적만 가르치며 개개인이 탈분단을 하는 계기와는 오히려 더 멀어지는 결과를 낳고 있죠. 도리어 분단에 갇히게 만드는 것과 같아요.

송채린 저도 고등학생 때는 학교에서 매년 북한이탈주민 한 분씩을 초빙해서 북한에 있을 때 얼마나 힘들었고 탈북 과정이 얼마나 힘들었는지에 대한 이야기를 들었어요. 초등학교 때에는 통일 글짓기, 통일 도시 그리기, 통일 포스터·표어 그리기 이런 대회에도 참여했고요. 그런 과정을 통해 무엇을 배웠을까 싶어요. 그런데 대학에 와서 북한학과 수업을 듣고 '피스모모'[4]에서 평화교육을 받으면서 내가 대학에 오기 전에 이런 교육을 몇 번이라도 받았으면 그것만으로도 많이 달라졌겠다, 정

---

4) 가르치지 않는 평화교육을 통해 모두가 모두로부터 배우는 수평적 서로배움을 실천하는 평화교육 시민단체. 평화교육 관련 연구 및 네트워크를 수행하고 평화교육 진행자를 양성한다. 2012년에 설립되었다.

말 주연님이 얘기한 것처럼 그게 탈분단이겠다 그런 생각이 들어요.

박영민 그런 정규교육과정을 보고 있으면 분단이 진짜 누구에게 필요한 건지 느끼게 되는 거죠. 이런 교육을 누가 시키고 있는지.

이나영 맞아요. 북한학과의 가장 큰 역할은 우리 안에 잔존하고 있는 고정관념과 분단 의식을 깨는 것을 도와주는 것 같아요. 저도 인상적이었던 논문이 하나 있어요. 최봉대 교수님이 쓰신 〈북한 사회 주민의 멘탈리티와 사회적 통합 기제〉[5]라는 논문이었는데. 저는 북한 주민의 멘탈리티를 분석한 논문에서 저의 멘탈리티와 운동사회 내부의 수동성을 봤어요. 위에서 누가 시키지 않으면 누구도 먼저 나서서 하지 않고, 제대로 하는 것도 아닌데 그 테두리를 벗어나지도 않는 구성원들이 있었거든요. 이것을 느끼게 된 게 개인적으로는 사회운동을 그만두는 하나의 계기가 되었어요. 계속 얘기한 대로 거대 담론에서 제도화된 분단을 어떻게 해소할 것인지도 중요하지만, 마음의 분단을 어떻게 깰 것인가에 대해서는 북한학이 할 수 있는 역할이 분명히 있다고 봐요. 그리고 북한학과에서 수업을 듣는 사람이라면 누구나 이런 경험을 한다고 생각해요.

---

5) 최봉대, 〈북한 사회 주민들의 멘탈리티와 사회적 통합 기제〉, 《현대북한연구》, 2(2), 1999.

북한학이 학부에 있는 이유

오주연 북한학과에서 배운 것들은 다른 학과에서도 배울 수 있는 내용이었을까요?

박영민 저는 다른 학과에서는 못 배우는 내용이 있다고 생각해요.

이나영 어떤 면에서요?

박영민 일단 다른 학과에서는 앞에서 이야기한 내용을 가르칠 필요성을 못 느끼죠. 다른 학계에서는 북한이라는 요소가 고려조차 되지 않아서, 저희가 들었던 그런 식의 수업을 절대 들을 수 없다고 생각해요. 그리고 북한학과 수업을 하는 교수들 혹은 강사들의 수준이 결코 낮지 않아요. 오히려 여기가 더 치열해요.

송채린 영민님은 어떻게 보면 좋은 점을 말씀해 주셨으니까 저는 조금 다른 점을 말해 볼게요. 심지어 지금 수업을 듣고 있으니까.

박영민 추억은 미화되죠. (웃음)

송채린 사실 북한학 수업 너무 좋아요. 특별한 것도 좋고, 전문성 있는 연구자도 많고. 그런데 동기 중에 이런 말을 하는 친구도 있어요. 북한 정치론, 북한 경제론, 통일학 개론 등 여러 수업에서 하는 이야기가 다 비슷하다는 거예요. 북한은 여러 영역들이 굉장히 유기적으로 연결되어 있잖아요. 그러다 보니까 어떤 수업을 듣든 결국 당-국가관계, 당-

군-정관계 이야기를 계속 하게 돼요. 정치나 경제도 서로 긴밀하게 연결되어 있다 보니 다른 수업을 들어도 비슷한 이야기가 나오게 되는 거죠. 다른 동기는 이렇게도 얘기하더라고요. 한 과목을 정리하면 내용이 A4용지 한 장으로 요약된다고요. 심지어 서로 많이 겹치고. 변호를 하자면 다른 학문에 비해 자료가 많이 없는 것도 사실이고, 제한된 범위 내에서 학부 수준에 맞춰 강의를 하시다 보니까 내용이 중복되는 면이 있어요. 유기적이라면 유기적이지만요.

오주연 듣고 보니 저도 대학원 다닐 때 그렇게 느낄 때가 있었어요.

송채린 시험도 분명 다른 과목인데 답안을 비슷하게 내도 되는 거예요. 장점은 시험 공부가 수월하다는 거고. (웃음)

이나영 대학원에서 이랬다고 얘기하면 좀 그렇지만 대학원에서도 사실 페이퍼 하나를 약간씩 변경해서 여러 과목에 낼 수 있어요. 걸리면 안 되지만요.

오주연 맞아요. 한 학기에 수업을 세 과목을 들으면 이 수업에서 배운 이론을 쓰고, 이 수업에서 배운 방법론을 쓰고, 이 수업에서 배운 주제를 써서 조금씩만 변경하면 세 과목에 제출이 가능하죠.

박영민 자꾸 북한학이 학문의 깊이가 낮다는 얘기도 들리는데 사실 연구자들의 수준은 낮지 않아요. 다만 학부생에게 맞춰서 수업을 하려니까 평이해져 버리는 거죠.

저는 북한학이 응용학문이라는 것이 좀 힘들었던 부분이었어요. 예를 들어 20살, 21살에 전체주의가 뭔지도 모르는데 전체주의 방법론으로 북한을 본다고 해요. 그러면 전체주의에 대해서도 알아야 하고 방법론이 뭔지도 알아야 해요. 그걸 배운 다음에는 그 방법론으로 북한을 봐야 한대요. 사실 보통 사회학과라면 전체주의만으로도 한 학기 내내 배울 텐데 저희는 이 방법론을 가지고 분석까지 해야 하죠. 경제, 사회문화, 교육, 안보, 법, 행정 모든 과목에서 다 그렇거든요.

오주연 법학이 뭔지 모르는데 북한의 법과 제도를 분석해야 하죠. 사실 따지고 보면 북한학에서 사용하는 개념, 이론들이 쉬운 게 하나도 없어요. 사람들이 너무 쉽게 북한이 사회주의 국가는 아니잖아라고 툭 내뱉지만 사실 사회주의가 뭔지 아는 것부터 너무 어렵지 않았어요?

이나영 저도 북한연구방법론을 청강을 했을 때가 생각나는데, 교수님이 '사회주의와 공산주의의 차이가 뭐냐'고 질문을 던졌는데 거기 있던 분들 아무도 대답을 못했어요. 그런데 무슨 북한학을 하겠어요. 사회주의와 공산주의의 차이도 모르는데.

박영민 맞아요. 그런 류의 어려움이 있어요.

송채린 국가를 모르는데 당-국가를 먼저 배우고, 자본주의도 모르는데 사회주의부터 알아야 하고.

오주연 정당도 뭔지 모르는데 조선로동당부터 알아야 하고.

박영민 투표도 아직 한 번도 안 해봤는데.

오주연 확실히 학부생부터 하기에는 난이도가 있는 학문이에요.

박영민 그런데 사정을 모르면 단편적이라고 평가절하 당하고.

오주연 복잡하면 복잡하다고 그러고.

이나영 이럴수록 북한학은 학부에 맞지 않나 그런 생각도 드네요.

박영민 안 그래도 그 문제에 대해 곰곰이 생각을 해봤는데요. 그렇게 따지면 학부에 남아 있어야 하는 학문은 순수학문밖에 없어요. 다른 학과도 다 실용이고 응용학문인데. 자꾸 그런 질문을 받다보면 '이걸 왜 학부생인 내가 증명을 해야 하지?' 되레 이런 생각이 들어요.

이나영 만든 사람한테 물어보라고 해야겠는데요.

박영민 광고홍보학과도 따지고 보면 인문학부터 시작해야 맞잖아요. 정작 그런 학과가 배우는 것들은 실용적이라고 말하면서 북한학은 표면적일 뿐이다. 너희의 학문은 근본적이지 않아 가치가 낮다는 식의 지적이 나와요. 이건 북한학과만의 문제는 아닌데도요. 한국 사회가 대학을 대하는 자세가 고쳐지지 않으면 우리도 답변할 필요가 없다 이렇게 정리하게 돼요.

이나영 이제는 대학이 거의 응용학문, 실용학문 위주로 굴러가고 인문사회과학 전공은 없어지는 상황에서는 북한학과에만 이런 질문을 던지는 것은 굉장히 어불성설이죠.

송채린 응용학문 중에서도 북한학과에 유독 그러는 건, 응용학문 주제에 취업도 안 돼서 그런 것 같아요.

오주연 맞아요. '응용학문이면 취업이라도 돼야지, 사회적으로 필요하기라도 해야지' 이런 생각이 있잖아요.

민족 문제와 북한학의 관계

오주연 애기하다 보니 분명히 쉽지 않은 길인데 우리는 왜 북한 문제에 관심을 갖는 걸까요. 대부분의 사람들은 북한학과를 전공했다고 하면 민족적 관점에서 통일을 지향하는 사람이라고 으레 판단하는 것 같아요. 북한에 관심을 둔다고 해서 통일을 지향하는 건 아닐 수 있잖아요.

송채린 저는 북한학과 수업을 듣기 전까지는 '우리의 소원은 통일'과 같은 민족 담론의 문법이 익숙했어요. 초기에 북한학과 홍보를 위해 찍었던 영상들을 보면 제가 무슨 '민족의 지도자'가 되고 싶다는 식으로 말을 했더라고요. 그런데 수업을 들으면서 민족 담론이 어떻게 통일에 동원되는지를 배우게 되자 이런 시각들이 한 꺼풀씩 벗겨졌어요. 정말 레토릭이었구나, 이런 생각이 들었죠.

하지만 그럼에도 과연 민족을 상상의 공동체라고만 이야기할 수 있을까라는 생각은 여전히 있어요. 북한이탈주민이나 재외동포들은 이제 민족이 유효하지 않다는 이야기를 들으면 섭섭하다고 생각하시더라고요. 그런 얘기를 들으면서 각자의 맥락이나 상황에 따라서 민족이 다양하게 받아들여질 수 있는 건 아닐까. 문제가 된다면 민족 담론이 동원되는 방식, 민족 개념으로 내부 결속을 다지는 방식이 문제가 되는 걸 수 있겠다. 이런 식으로 생각이 바뀌어가고 있어요.

박영민 저는 북한 문제는 민족 문제라기보다는 공간의 문제에 더 가깝다고 생각을 해요. 그래서 제가 북한을 보는 이유도 같은 민족이라기보다는 그냥 내 옆에 있는 존재라서가 가장 컸어요. 민족을 이야기 하다 보면 같기를 강요받죠. 너네는 같은 말을 쓰고, 똑같이 생겼고, 역사도 공유하고 있잖아 이렇게 얘기하는 것처럼 무언가를 공통으로 갖고 있다고 말이에요. 실제 그게 얼마나 의미가 있는지는 잘 모르겠어요. 채린 님의 말에 동의가 안 되는 건 아니지만 그럼에도 불구하고 민족으로 접근하는 방식은 지양해야 된다는 생각이 전 더 강해요.

물론 대학원에서의 경험도 중요했어요. 탈식민주의 이론을 가르치는 선생님과 있다 보니 민족, 종족 혹은 국가 같은 것처럼 내부가 동일할 것으로 기대되는 개념들과 얽히면 다양한 층위로 고민해야 할 여러 문제들이 평화적인 방법으로 해소되지 않는다는 것을 배우고 있거든요. 내부의 차이가 소거되었을 때 대표되는 건 결국 힘을 가진 존재들이잖아요. 오랜 기간의 역사를 살펴보면서 이제는 남북 문제를 민족 문제라기보다는 인권과 평화의 문제, 공간을 같이 쓰는 사람 간의 문제로 봐야 한다고 의식적으로 더 생각해요.

이나영 페미니즘이 그런 관점을 더 가져오게 했군요.

박영민 그래야만 우리의 시선을 북한 주민 쪽으로 더 가까이할 수 있더라고요. 담론으로 접근하다 보면 실제 이 사람이 어떤 사람인지에 대한 고민은 줄어들어요. 누군가를 봤을 때 이 사람이 민족은 뭐고, 국적은 어디고 이렇게 구분하는 것이 무의미하다는 걸 계속 인지하지 않으면 그냥 편한 대로 판단하게 되죠. 그 사람이 무얼 하고 싶은지, 어디에서 적응하고 살고 싶은지에 초점을 맞추는 방식으로 접근하려면 인권, 평화를 중심에 두고 생각해야겠다는 의지가 생겨요.

이나영 영민님의 시각은 굉장히 중요한 지점이고 그런 시각이 기본적으로 깔려 있어야 한다는 데는 동의해요. 하지만 저의 입장에서 보면 북한 문제를 민족 문제가 아니라고 생각하기가 어려웠어요. 가장 큰 이유는 저희 가족사여서 그렇죠. 어릴 때부터 명절이면 할머니가 북쪽에 두고 온 큰아들 이야기를 그렇게 많이 하셨어요. 그런 얘기를 듣다 보니까 북한에 대한 적개심은 별로 없었어요. 북한에는 내가 얼굴도 모르고 한 번도 본 적은 없지만 내 친척이 있으니까요. 심지어 할아버지는 돌아가시기 전에 우리 오빠한테 통일 되면 가서 땅 찾으라고 말씀하시면서 땅 문서는 없으니까 주소를 적어서 쥐어 주셨어요.

대학에 와서는 운동을 했으니까 북한은 늘 한 민족이었고, 자주적으로 평화롭게 통일을 해야 하니 민족적 동질성을 추구해야 했어요. 그런 걸 계속 듣고 내 입으로도 내뱉어 왔으니, 저한테는 여전히 북한 문제가 민족 문제일 수밖에요. 이런 경험들이 여러 층위에 굉장히 복잡하게 쌓여 있기 때문에 단칼로 잘라서 민족이다, 아니다 경계를 만들기 어렵죠. 탈식민주의 이론에서는 한 공간에 다양한 문화적 배경을 가진 사람들이 평화롭게 공존하기 위한 보편성을 이야기하지만, 다른 측면에는 여전히 민족 문제가 얽혀 있는 거죠. 아직은 저 같은 사람들이 있으니까요. 나중에 이산가족들이 다 돌아가신다고 해서 과연 민족 문제가 아니라고 얘기할 수 있을까요? 대중은 아니라고 볼 수 있다 해도 국가 제도의 가장 상위에 있는 헌법이 이를 규정하고 있고, 제도를 손대지 않는다면 레토릭이라 하더라도 민족 문제는 남게 돼요. 이는 결국 상부구조와 교육에 영향을 미치겠죠. 통일을 해야 한다고 말하면 그러려니 하고 받아들이는 것처럼 한 민족이라고 말할 때 동의하는 사람들도 계속 남아 있을 거예요.

오주연 하지만 남북이 하나의 민족이라는 담론이 계속 존재한다 하더라도 한 민족이니까 한 국가가 되어야 한다는 통일의 당위성에는 저는 동의하기 어려워요. 오히려 민족 담론이 통일 담론과는 별개로 독립적으로 설 수 있어야 그 자체로 의미 있다고 볼 수 있지 않을까요. 그렇지 않으면 통일 담론을 위해 민족 담론이 사용되는 것에 불과해요. 저는 민족이라는 개념부터 문제가 있을 수도 있다고도 보지만 진짜 문제는 '민족이니까 우리는 반드시 이래야 해'라고 동원되는 그 방식에 문제가 있다고 생각해요. 남한과 북한이 어떤 관계를 맺어갈 것인지에 민족이라는 개념이 과연 중요하게 고려되어야 하는 지점인지, 이제 이런 질문을 해야 하는 건 아닐까요.

박영민 사실 북한학을 하다보면 민족 문제에 대한 고민이 자연스럽게 나오잖아요. 그런데 지금 대학원에서 탈식민주의를 배우는데 북한 얘기는 한 마디도 나오지 않아요. 민족을 얘기하는데도 불구하고 우리 민족 개념에 대한 이야기는 안 나오는 거죠. 식민주의에 방점이 찍히다 보니 제국주의와 식민주 관계에 얽혀 있는 민족주의에 대한 얘기를 하지, 우리 민족이 구성되는 방식이나 과정에 북한이라는 요소가 크게 고려되지 않아요. 그래서 북한학과를 나온 저만 수업 시간에 그 얘기를 계속 하고 있어요. 약 15명 정도 되는 세미나에서 저만 북한이라면, 한반도라면 하는 식으로 접근하고 다들 너무 신선한 접근이라고 생각하세요. 모두 남한 사람인데도 여기에 대한 고민이 별로 없는 거예요. 탈식민주의를 배우면서 동시에 우리의 문제를 다루지 않는 이 상황에 만족스럽지는 않아요.

북한 문제를 이야기할 때 민족 문제가 나오는 것도 물론 만족스럽지는 않고요. 당연히 지금과 같은 기반에서 우리가 민족 문제는 없다고, 허상이라고 말할 수는 없어요. 민족을 고려해야 하는 것도 맞지만, 그 말이 누구 입에서 나오는지에 주목해야 한다고 봐요. 저는 대체로 '50대 이성애자 남자'라는 이미지로 대표되는 사람들 입에서 나오는 민족에 대해서는 동의할 수 없어요. 그들은 일제강점기에도, 분단 전에도, 한국전쟁 때도 늘 민족을 이야기하면서 중요하다고 말했지만, 그래서 실제 그들이 말하는 민족 개념 안에 들어있는 사람은 누구였는지 묻고 싶죠. 일단 저는 아니었을 거예요. 거기엔 여자는 없었고, 장애인도 없었고, 성소수자도 없었죠. 그런데 새삼스럽게 우리가 민족이라는 정체성으로 통합되어야 하는 것처럼 얘기하고, 마치 진짜로 무언가 공유하고 있는 것처럼 얘기하는 방식들이 불편해요. 저는 양쪽 다 만족스럽지 못한 상태에요. 북한 없이 탈식민주의를 얘기하거나 북한 없이 한반도를 얘기할 때 북한을 고려하지 않는 방식에 불만이면서도 민족 담론을 동원해서 누군가의 존재를 지워버리는 방식에도 불만인거죠.

오주연 맞아요. 통일을 이야기할 때도 이런 저런 이유들을 다 걷어 내고 보면 결국 우리는 원래 하나였으니까라는 아주 근본적인 이유가 남아요. 가족인 것도 알겠고 불과 70년 전까지만 해도 같은 나라였던 것도 알겠는데, 이미 다른 정부를 수립해서 국가정체성을 수립해 온 시간이

70년인데, 다시 하나의 국가가 되기 위해서는 다른 이유가 필요한 거 잖아요. 그런데 그 다른 이유가 명확하지 않은 상태에서 민족 이야기를 계속 듣다 보니 오히려 반감이 들죠. 거기다 민족 감정은 동의하지 않으면 마치 내가 나쁜 사람이 된 것 같고요.

박영민 냉혈한이 되는 것 같잖아요.

오주연 그렇다고 해서 제가 그런 걸 못 느끼는 건 아니에요. 너무 민족 문제를 무시하려고 하면 저는 제 안의 감정이 충돌하더라고요. 괜히 북한이탈주민 만나면 뭉클한 거 있잖아요. 판문점에서 문재인 대통령과 김정은 위원장이 악수하는데 왜 내 코끝이 찡하냐고. 이게 학습된 뭉클함이든 아니든 내 안에서 진짜로 무엇인가가 작동해서 그러는 것이든, 그 감정은 무시할 수 없어요. 분명히 제 안에도 이걸 민족이라고 이해하는 어떤 맥락이 있겠죠. 하지만 학문을 한다면 이런 뭉클함은 좀 거리를 두고 봐야 하죠. 민족이라는 개념이 다른 모든 걸 잠식할 이유는 없잖아요.

박영민 아까 말한 수업 때 북한 여성을 중심으로 페이퍼를 썼어요. 여기서 '북한 여성'이라는 말은 결혼 정보 회사에서 쓰는 말인데 무척 흥미로워요. 결혼 정보 회사 웹사이트에서 그리는 북한 여성은 너무 여성혐오적이거든요. 북한 여성과 결혼하면 애를 낳아도 혼혈이 아닌 한국 애다, 말이 통하고, 사회주의체제에서 와서 조신하다 이런 식이에요. 그런데 다 거짓말이잖아요. 사회주의체제에서 어떻게 조신할 수 있어요. 거기다가 '가부장제에 최적화되어 있고 경제관념이 없기 때문에 돈을 아껴 쓴다'까지….

이나영 '생활력이 강하다'도 있겠죠.

박영민 '김치녀'와 다르다는 걸 굉장히 강조하면서, '북한 여성'이 원래 우리 민족의 여성상에 부합하는 사람들이라고 말하는 거죠. 명칭만 봐도 명확하잖아요. 정부에서는 탈북민이라고 쓰거나 북한이탈주민이라고 쓰고, 때로는 새터민으로 써요. 그런데 결혼 정보 회사에서는 꼭 '북한 여성'이라고 칭해요. 원래 한민족 여성은 어떤지 말하고 싶은 거죠.

이나영 그러네요. 북한이탈주민 여성도 아니고 탈북 여성도 아니네요.

오주연 이런 경우에 민족을 동원하는 방식은 이산가족 문제에 민족을 동원하는 방식과는 차이가 있네요. 이런 식으로 민족이 국가 동원 이데올로기화되면 다른 것들이 타래처럼 줄줄이 이어지는데, 분명히 이를 구분해서 사용해야 해요. 민족이란 단어를 이데올로기적으로 사용하는 사람들은 가족 간의 유대감을 원하는 사람들을 포섭하려 하잖아요.

이나영 아마 제가 가족사에서 학습된 민족에 대한 감정과 학문적으로 민족을 바라봤을 때 충돌되던 지점이 이런 거였지 싶어요. 민족을 활용하는 이데올로기는 배척해야 하는데, 내 마음에는 민족에 대한 감정이 있으니까 충돌하는 거죠. 같은 개념이 다른 의미로 사용될 때 이를 분리해서 봐야하는데 우리는 하나의 개념을 혼용하고 오용하고 남용하기도 하니까요. 그래서 경각심을 갖고 민족 문제를 바라봐야 해요.

한국 사회를 바라보는 북한이라는 렌즈

오주연 앞에서 말한 것처럼 북한 문제를 보는 시각이 달라지고 있음을 느껴요. 지금 그리고 앞으로 북한학은 무엇을 향해 가야 할까요. 무엇을 배우고 무엇을 질문해야 할까요.

송채린 얼마 전에 북한학과 학생회에서 학과 소개를 담은 리플렛을 만들었는데 북한학을 '지피지기면 백전불태하는 학문'이라고 소개했어요. 아마 북한과 통일을 하든 뭘 하든 상대를 알아야 한다는 뜻이었겠지만, 뭔가 정제되지 않은 언어를 사용한 느낌이었죠. 저는 이 글을 보고 많은 생각을 하게 됐어요. 사실 제가 배운 북한학은 누가 '피彼'고 누가 '기己'인지, 그리고 그걸 누가 정하고 말하고 있는지에 대한 질문에 가깝거든요.

박영민 저는 북한학이 여성학과 비슷한 이유에서 탄생했다고 생각해요. 여성학은 단순한 학문이 아니고 하나의 지향이자 운동, 물결 같은 거였잖아요. 북한학도 처음에는 반공이었을 수도 있고 그 다음에는 통일이었을 수도 있고, 지금은 평화일 수도 있지만 계속해서 어딘가 지향점이 있는 학문이죠. 분명 그런 성격과 지향이 있었는데 이제는 개개인마다 지향하는 바가 많이 달라지고 있어요. 예전에는 정책적인 의도로 통일을 위해 연구자들을 키우려고 했다면, 현재는 저와 같은 학생들이 한반도에 평화를 이룩하기 위해서 갈등 상황에 놓인 두 국가를 이해해야 하니까 공부하는 거죠. 저는 북한학이 한반도의 평화를 이룩한다는 지향하에서 갈등 관계에 있는 남북관계를 이야기 위한 수단, 그걸 위해서 북한의 정치, 경제, 사회문화, 교육, 군사 등 여러 분야에 대한 지식을 배우는 학문이라 생각해요.

오주연 물결이라고 말씀하시니까 이런 생각이 들어요. 선배 연구자들이 북한학을 1세대, 2세대, 3세대 이렇게 구분한 자료들이 있더라고요. 그런데 이 구분에 의하면 지금 북한학을 하는 세대들을 제대로 규명할 이렇다 할 정체성이 없어요. 지금의 북한학도 물결이라고 이야기할 수 있는 어떤 흐름이 있어야 하는데 그 기준이 없어 보여요. 영민님이 말하는 것처럼 점점 개인화되는 경향 때문인 것 같기도 하고요.

그렇다면 북한학은 결국 필드^{field}여야 하는 게 아닐까요? 예를 들어 광고홍보학과라면 사실 광고를 공부하고 싶은 사람들이 모여 있는 필드라고 인식해도 무방하잖아요. 광고와 홍보, 마케팅이 중요하다고 생각하니까 인문학이든 철학이든 심리학이든 여러 학문을 기초로 이 분야에 대해서 공부하고 싶은 사람들이 모이는 필드. 지금의 북한학도 북한에 관심이 있고 호기심이 있는 사람들이 모이는 필드 같아요.

저는 남북관계가 장기적으로 좋아지면 남북관계에 대한 관심과는 별개로 그냥 북한에 관심 있는 사람들이 나오지 않을까 싶거든요. 미국 관련 공부를 하는 사람들은 한미 관계에 관심이 있기도 하지만 한미 관계와 별개로 미국의 특정 영역에 관심을 갖는 거잖아요. 우리의 경우는 남북관계가 나쁘면 북한에 갈 수조차 없으니까 남북관계에 열을 내게 되지만, 오히려 남북관계가 개선되고 나면 북한의 미시적인 측면을 볼 수 있는 기회가 생길지도 모르죠. 그렇게 호기심을 펼치고 싶은 사람들이 모이게 되는 필드가 점점 학문이 돼가는 게 아닐까요. 좀 더 쉽게 말하면 그냥 북한 이야기를 하고 싶고 공부하고 싶은 사람들이 모이는 곳이 되겠죠. 물론 북한학뿐 아니라 애초에 학문이라는 규정 자체의 정체성이 변화하는 것과 맞닿아 있는 것 같아요. 학문 자체가 필드화되고 있다고 할까요?

박영민 그렇게 되는 건 한국 사회에서 북한이라는 렌즈의 쓸모가 점점 약해지고 있기 때문일 수도 있겠다는 생각도 들어요. 20대 초반에는 북한이라는 렌즈로 남한 사회를 바라볼 때 보이는 것이 있다는 지점을 굉장히 강하게 느껴졌어요. 레드 콤플렉스, 국가보안법의 폐해, 표현의 자유나 정치적 자유가 제한되는 점들이 그렇죠. 그런데 이제 돌이켜보면 점점 이런 문제의식이 없어지는 추세잖아요. 사회주의자라고 해도 더 이상 경찰이 잡아가지도 않고, 내가 사회주의 서적을 읽는다고 고문을 받는 것도 아니고, 국가보안법도 어느 정도 사문화되어지는 경향도 있고, 국회에서도 국가보안법을 폐지하려는 목소리들이 꾸준히 나오고 있죠. 이렇게 북한이라는 렌즈가 필드에서 작동하는 부분을 제외하고 약해지고 있다는 건, 남한 사회가 자유와 인권을 지향하는 데 조금 더 가까워지고 있다는 뜻이 아닌가 싶어요. 그렇다고 지금 정부가 잘하고 있다는 뜻은 아니지만 전체적인 변화의 흐름으로 봐서요.

이나영 분단체제가 붕괴하고 있다는 얘기일까요?

박영민 전혀 그렇지는 않아요. 그저 내가 북한과 관련한 무언가를 했다고 해서 갑자기 어느 순간 끌려가는 세상은 아니라는 거죠. 그런 부분에서는 북한학 1세대, 2세대와 비교했을 때 우리의 인식이 그들이 이해하던 정도의 수준은 아닐 수 있겠다는 의미라고 생각해요.

이나영 아마 선거 때 북풍이 더 이상 효과를 못 내는 것과 비슷한 지점일 것 같아요. 이전에는 북한이 뭘 했다고 그러면 갑자기 표가 올라가고 여론이 뒤바뀌고 하는데 이제는 그렇게까지는 아니죠.

박영민 대신에 이제는 북한이라는 존재가 소수자를 억압하는 데 사용되고 있죠. 전쟁과 같은 수준의 위협은 아니지만 조금 다른 결의 폭력이라고 생각해요. 문재인 정부가 들어오기 전에 종북게이 이런 식의 단어들이 나왔었잖아요. 우리가 전통적으로 해왔던 북한 혐오가 성소수자 혐오와 융화돼서 갑자기 종북게이라는 말이 나온 것 같아요. 군대 내의 동성애를 '문제적'으로 보는 시각과 안보 이슈가 결합되면서 종북게이라는 사람들이 우리나라 안보를 위협한다고 말하는 거죠. 즉 분단 문제는 단어만 바뀌었지 언제든지 활용될 수 있는 여지가 크기 때문에 사라지지 않았고 여전히 유효하다고는 생각해요.

오주연 그럼에도 불구하고 지금 한국 사회가 겪는 다양한 문제의 최종적 근원을 분단 문제로 지적하는 건 점점 개연성이 약해지고 있지 않나 생각해요. 예전에는 분단체제론이 남북의 정치·경제 상황을 해석하는 프레임으로 작동했던 부분들이 있었지만, 분단과 체제 경쟁 때문에 우리가 지금과 같이 됐다는 설명은 70년 동안 여러 일을 겪어 온 한국 사회를 정확히 표현하지는 못하죠. 북한학에서 많은 부분을 과도하게 분단 문제로 해석하고, 분단을 해결해야만 여러 문제가 해결될 것처럼 얘기하는 건 점점 설득력이 떨어지고 있어요.

박영민 그건 어떤 권력의 축이든 다 마찬가지가 아닐까 싶어요. 예전에는 공산주의만 경계하면 다 해결될 거야, 군부 독재 물리치고 민주화되면 다 좋아질 거야 이렇게 말했지만 이제는 더 이상 먹히지 않잖아요. 사람들이 권력의 축이 다양해진 걸 당연하게 여기고 있고 기후 문제, 젠더 문제 등 여러 문제가 중첩되어 있다는 걸 알기 때문에, 이제 우리 사회는 이것만 해결하면 괜찮아라고 말할 수 있는 핵심이 없어요. 그래서 분단체제론이 설득력을 잃었다기보다는 분단 문제가 여러 문제 중 하나라는 것을 인식하는 북한연구자들이 많아져야겠죠.

이나영 우리 사회가 진보하고 있다는 의미일지도 몰라요. 예전에는 젠더 문제 얘기하면 '해일이 몰려오는데 어떻게 조개껍질이나 줍고 앉아 있어?'라고 했지만 이제는 '웃기지 마, 왜 노동 문제만 중요해? 젠더 문제도 중요해'라고 이야기할 수 있는 수준까지 올라왔잖아요. 이제 분단 문제는 인식론 측면에 기여하는 바는 있지만 더이상 북풍이 크게 영향을 미치지 못하는 것처럼 가장 강력한 정치 변수가 되지는 않는 거죠.

북한학이 만들어 내야 하는 공론장

오주연 사실 북한학과는 통일이 가까워진다는 생각에 만들어졌잖아요. 그래서 이제는 점점 통일이 당위성을 잃어가고 있음에도 불구하고 북한학 연구들은 통일을 계속 언급할 수밖에 없어요. 어떤 연구든 간에 결론에 통일이 들어가요. 북한이탈주민의 사회적응 문제를 얘기할 때도 결론에는 통일을 위해서는 지금부터 준비해야 된다 이렇게 마무리 되거든요. 저는 이제는 좀 더 솔직하게 직면해야 하지 않나 싶어요. 그러기 위해서는 지금 우리가 놓여 있는 '분단체제를 해결한다'는 것이 과연 무엇인지에 대한 문제가 떠올라요. 우리 모두 분단이 문제라는 데 동의한다면 당위적인 통일론을 넘어서 분단을 해결한다는 것이 무엇인지에 대한 이야기도 다양하게 나와야 해요.

이나영 아마 북한학의 미래가 거기에 있겠죠.

오주연 통일이 당연했을 때 북한학은 통일이라는 답을 갖고 있었죠. 사실 그 답을 향해가는 학문이나 마찬가지였는데 이제는 이게 과연 답일지 의심하는 사람들도 많아졌어요.

이나영 물론 여전히 그걸 답이라고 생각하는 사람도 있지만요.

박영민 그래서 북한학과가 대국민 사기학과라잖아요. (웃음)

오주연 그러니까 이제 사기 그만 쳐야죠.

박영민 우리까지만 치면 안 돼요? 30년 뒤에는 해결하겠지!

송채린 우리까지만!

(일동 폭소)

오주연 여전히 다음 세대에게 통일의 결정권을 주자는 말이 있는데. 제가 태어나기 전에도 아마 다음 세대에게 결정할 수 있게 하자고 했을 것 같아요. 그때 말하던 다음 세대가 바로 지금 제 세대일 테니, 지금 우리 세대가 결정하면 안 되는 건가요? 이제는 이런 부분에 대해서도 이야기할 수 있어야 한다고 생각하는데 북한학자들은 회피하고 있는 걸까요?

박영민 사실 회피라기보다 국가에서 연구를 받아서 사업을 진행하는 연구소나 학과 등의 경우 지원금이 그런 데서 나와서 그렇다고 생각해요. 개헌을 하지 않는 이상 대한민국은 통일을 지향하는 국가잖아요. 그러다 보니 어떤 연구자들은 솔직히 말할 수 있다고 해도 아직 국민들에게 그렇게까지 설득력이 없기도 하고요. 공론화가 아직 안 된 문제인 거죠. 통일 외에 다른 옵션이 이만큼 있는데 어떤 걸 선택할까가 아니고 통일 찬성 혹은 반대라고 물으니까 누가 반대를 선택하겠어요. 그 반대에 대한 공론장이 열린 적도 없잖아요. 북한학과 내에서 우리는 왜 맨날 통일에 대해 뻥만 칠까라는 고민이 있는 것도 맞지만, 이 고민에 대한 답을 우리만 찾을 수는 없는 것 같아요.

오주연 그럼요. 할 거면 다 같이 해야죠. 만드는 게 어려워서 그렇지.

박영민 그런 공론장을 여는 게 북한학과의 역할일 수도 있겠네요.

오주연 지금까지 생각하지 못한 답변을 찾기 어려운 이유는 사람들의 상상력이 부족해서가 아니라 통일만이 해결책인 것처럼 달려온 세월이 70년이 넘어서 그런 것 같아요. 결국 국가가 이 논의를 헌법 때문에 주도할 수 없다면 시민사회나 학계가 주도해서 이런 얘기를 해볼 때가 됐다고 새로운 영역을 만들어 나가야 하는데 그 부분이 없어 아쉬워요. 그저 리서치업체에 맡겨서 통일에 찬성하냐, 반대하냐 묻는 게 아니라 그 외의 선택지에 대해 상상할 수 있고 나눌 수 있는 계기들이 만들어져야 해요.

박영민 약간 다른 얘기긴 하지만 제가 지금 참여연대 사법감시센터에서 일하는데요. 공수처를 만들고 검찰의 직접 수사권을 줄이고 국정원 업무도 줄면서 인력 배치가 큰 문제로 떠오르더라고요. 국정원에서 정보 수사 하던 사람을 경찰로 보내자니 급수가 떨어져서 보낼 수 없는 거죠. 통일과 관련해서도 통일부나 시민단체에서 일을 하고 있는 사람들이 많잖아요. 통일 관련 이슈가 약해진다면 이런 사람들의 일자리는 어떻게 해야 하나 싶기도 해요. 진짜 물적인 측면에서 이런 문제가 많이 느껴져요.

오주연 일종의 분단 산업이라는 게 존재한다는 생각도 들어요. 하지만 이 이야기가 지금 하고 있는 것을 완전히 단절하고 무너뜨리자는 건 아니죠. 그런 이야기를 하던 사람들은 하던 일을 계속 해 나가면 되는 거고, 또 다른 영역에서는 새로운 여지를 만들어 내는 사람들이 있어야 한다는 거예요. 그런 목소리가 많아져야 겨우 기존 논의에 조금이라도 균열을 내고 끼어들 수 있지 않을까요. 지금은 그런 여지가 너무 없으니까요.

하이브리드 북한학

북한학과, 페미니즘이라는 시대적 요구에 응하다

<u>오주연</u> 동국대 북한학과에는 페미니즘 동아리가 있다고 들었어요. 처음에는 '북펨'이라는 모임에서 '고잉페미호'라는 학과 동아리로 이어진 걸로 알고 있는데요. 어떻게 시작했나요?

<u>박영민</u> 제가 1학년 때 동기 다섯 명이랑 '두두방'이라고, 두근두근방학이라는 세미나 모임을 했어요. 자칭 타칭 저희를 두두방이라고 부를 정도로 저희끼리 이것저것 많이 했었어요. 나름대로 방학마다 커리큘럼을 짜서 근현대사, 정부별 대북 정책 같은 주제를 정해서 세미나를 했었죠. 처음에는 북한 관련 주제로 공부를 했는데 저희가 전공 수업만 듣는 게 아니잖아요. 여러 사회적인 이슈에 영향을 많이 받으면서 이번

방학 때는 페미니즘을 공부해 보자는 얘기가 나왔어요. 그때 처음으로 정희진 선생님의 《페미니즘의 도전》이라는 책을 읽었죠.

이나영 역시 입문은 정희진 선생님이군요.

박영민 전도사처럼 북한학과 내부에 전도하기 시작해서 페미니즘에 대한 고민이 있는 사람들이 모였죠. 그렇게 북펨이 됐어요. 그런데 북한학과에 있는 사람들이 하는 페미니즘이지, 북한학이랑 페미니즘을 같이 하는 건 아니었어요. 집중한 건 학과 내 공동체 문화였어요. 두두방과는 또 결이 달랐죠. 두두방에는 남자들도 있었는데 똑같은 페미니즘을 배워도 그들이 받아들이는 시차가 좀 다르잖아요, 그래서 완전히 일치되지는 않았고요. 저는 두두방으로 세미나를 매 학기마다 했었고 그런 것들이 연결되서 페미니즘까지 공부하게 됐죠.

오주연 학과 공동체 문화에 어떤 영향을 미쳤나요?

박영민 저희가 그때는 좀 애들이 셌거든요. 사람이 셌어요. (웃음) 저도 그랬고 제 동기도 그랬고 워낙 학교에서 학생운동, 학생회, 학생회장 이런 걸 하는 사람들이었기 때문에 우리가 하면 이게 주류가 되는 거예요. 성격이 너무 세니까 남자들이 혐오 발언을 하려고 해도 우리 눈치를 보느라 못 하고 그랬어요. 일부러 남자 후배들한테 더 세게 했거든요. 지금 생각하면 너무 잘못했죠. 그렇게 할 게 아닌데. 저희도 그때는 마초적인 성격이 강했어요. 책 한 권 읽는다고 제가 갑자기 평화주의자가 될 수 있는 건 아니잖아요. 그때 당시에 잘못된 방법론으로 했던 것들은 당연히 반성해야 되는 지점이고, 너무 미안한 것들도 있고요. 그래도 쉽게 나쁜 말을 못하는 문화가 저희가 졸업하기 전에는 있었던 것 같아요.

오주연 채린님 때까지도 그런 분위기가 유지됐나요?

송채린 한 학번, 한 학번씩 아래로 이렇게 내려왔죠. 페미니즘 공부를 시작하게 된 건 언니들이 이유 없이 자꾸 밥을 사주고. (웃음)

오주연 계속 밥을 사주네요. (웃음)

송채린 방학 때 자꾸 오라 그러고. 온 김에 자꾸 스터디에 앉았다 가라고 그러고.

오주연 어떤 계기로 고잉페미호라는 소모임으로 자리 잡게 됐어요?

송채린 바로 제 위 학번에도 마음 맞는 친구들이 있어서 같이 공부를 하다가 우리 학과의 소모임으로 하자 해서 만들었어요. 지금까지도 계속 활동을 이어오고 있고요. 처음에 만들어졌던 북펨은 북한학과와 접점이 없었다고 한다면, 고잉페미호는 그래도 북한학과 내 소모임이라는 이름을 달고 있고 학과 지원 사업도 받다 보니까 연결되는 지점을 찾으려 했어요. 김성경 교수님을 모셔서 강연도 듣고, 북한 여성 관련된 세미나를 개최해서 발제도 하고. 이런 식으로 공부가 계속 이어졌던 것 같아요.

박영민 북펨을 할 때가 2016년이었으니까 시대적인 흐름과도 맞물렸던 것 같아요. 강남역 살인사건과 메갈리아가 한참 뜨기 시작할 때여서 사회과학대 내에 저희 학과 말고도 사회학과, 정치외교학과, 광고홍보학과에도 페미니즘 소모임이 엄청 많이 생겼어요.

오주연 다른 분들과 인터뷰할 때도 북한학과 여성학이 닮았다는 말이 나왔었는데요. 북한학과 여성학은 어떤 지점에서 닮았고, 어떤 접점이 있다고 생각하나요?

송채린 북한학과 여성학은 대상을 보는 시각에서 연결되는 지점이 있는 것 같아요. 북한학을 배우면서 제가 북한을 단일 집단으로 생각하고 있다는 걸 깨닫게 됐어요. 여성을 단일화하고 내부의 차이를 인정하지 않고 남성과의 관계가 있을 때만 개별 고유성을 인정해 주듯이, 북한에 대해서도 남성 지도자가 먼저 생각나고 그 다음에는 그냥 무지하게 그려지는 인민들이 떠올랐거든요. 저는 늘 그들을 순수한 피해자로만 생각했는데 북한학을 하면서 알게 되었죠. 사이사이에 얼마나 많은 역동이 있고 차이가 있는지. 가부장제를 욕하고 여성 혐오가 작동하는 방식에 문제가 있다고 생각하면서도 북한을 볼 때는 그런 시각으로 봤었구나, 그런 시각이 나도 모르게 내재화되어 있구나하고 깨달았던 것 같아요.

이나영 그람시$^{Antonio Gramsci}$가 그런 얘기를 했잖아요. 지배 이데올로기라는 게 내가 받아들이겠다고 의식해서 받아들이는 게 아니라 무의식적으로 들어와서 사고를 장악한다고. 그래서 여기저기서 공산주의 진지전을 벌여서 헤게모니를 장악해야 한다고 했는데 그게 참 어렵거든요. 북한학과 여성학은 둘 다 그런 진지전을 벌이는 데 있어서 전략과 인식론이 되어 주는 것 같아요. 금방 얘기한 것처럼 북한학과 여성학은 여성을 단일 집단화하고 하나의 큰 타자로 보고, 북한의 지도자와 인민으로 단순히 나눈 집단으로 보는 시각을 깨부수는 거죠. 북한 혹은 여성에 대해서 배우는 것 자체가 실천 학문이고 실천의 행위일 수 있다고 봐요. 연구를 하면 할수록 연구자의 정체성을 바꾸는 데도 상당히 도움이 된다는 면에서 북한학과 여성학은 닮은 게 아닐까요.

새로운 물결을 만드는 어려움

박영민 말씀대로 북한학과 여성학은 서로에게 방법론이 되어 주는 것 같아요. 북한학이 여성학을 배울 때 인식론으로 많이 작용하는 것처럼, 북한학을 할 때 여성학도 그렇거든요. 그런데 두 학문이 어려운 지점도 비슷해요. 북한을 하나의 집단으로 보는 게 혐오가 작동하는 방식이라는 걸 머리로는 알잖아요. 그리고 개개인이 주체성과 고유성을 가지고 있는 것도 머리로는 알겠고요. 어디에 힘을 실어줘야 되는 것도 알겠는데, 힘을 실어준다는 말 자체에서 이미 내가 뭐라도 되는 마냥, 신적인 존재가 되는 마냥 그런 태도로 비치거든요.

그리고 북한을 대할 때는 이런 질문에 부딪치게 되죠. 그럼 북한 주민들이 주체성이 있다면 인권 탄압이 없다고 말할 수 있어? 주민들이 정말 모든 자유를 다 누릴 수 있는데도 불구하고 이 선택을 했어? 그럼 여기서 말하는 모든 자유는 어디까지인데? 북한의 주체를 이야기하다 보면 이런 질문에 부딪치는 것처럼 여성도 똑같아요. 여성 폭력 이야기를 하다보면 그럼 여성은 늘 피해자야? 아니야, 여성한테 얼마나 큰 주체성이 있는데! 그럼 여성 폭력이 없어? 아니야, 있지. 여성은 이렇게 으쌰으쌰하면 모든 폭력에서 해방돼? 아니야, 지원을 해줘야 돼. 그런데 안심 귀가길 서비스 이런 건 여성을 끊임없이 피해자로 몰고 있다는 문제가 있어. 그럼 그런 서비스가 필요 없어? 아니, 사실 필요해.

이런 문제를 어떻게 해소해야 될까요. 북한과 여성 모두 비슷한 지점에서 고민이 돼요. 주체적인 동시에 피해자인 사람을 마주할 때, 심지어 그게 내 문제일 때도 고민이 되는데 북한은 더 미지의 세계잖아요.

오주연 북한이탈주민 여성들을 직접 대면할 때 비슷한 고민을 했던 것 같아요. 그들을 무조건적인 피해자 혹은 지원이 필요한 대상으로 보지 않으려면 일단 당사자들이 주체적으로 대응해야 한다는 생각이 들죠.

그런데 막상 이분들을 만나 보면 많은 분들이 끊임없이 자신이 받은 피해에 대해서 말씀하시거든요. 특히 어머니일 경우 그들이 필요한 지원을 이야기하다 보면 결국 여성이라는 이유로 모든 지원이 필요한 것처럼 소환되어 버려요. 이분들이 피해를 받은 건 사실이고, 지원이 필요한 것도 사실인데, 지원을 하는 순간 이들은 수동적인 위치에 놓이죠. 필요한 지원을 받더라도 주체적으로 자신의 경험을 해석해 내고 다른 선택을 해 나갔으면 싶지만, 그들에게 그런 자세를 원하는 제가 마치 그들을 억지로 계몽하려는 사람처럼 느껴지더라고요.

박영민 그 말씀 들으면서 위안부 운동이 갑자기 생각이 났어요. 비슷한 지점일 수 있는데 위안부 운동 초기에는 민족의 피해자, 성폭력 피해 여성, 성 노예 이런 식의 표현들이 계속 소환됐어요. 그런데 이분들이 30-40년 동안 운동을 계속 하시면서 지금은 평화 운동가이자 여성 운동가가 되셨죠. 이건 누가 계몽시켜서도 아니고, 본인이 직접 삶 속에서 운동을 하면서 언어를 획득하는 방식으로 지금 평화 단체를 이야기하는 수준까지 온 거 아닐까요? 북한이탈주민 여성들한테도 그런 식의 기회들이 있으면 어떨까요. 본인들의 운동을 조직할 수 있는 기회들. 이분들이 평화 운동을 한다면 어떤 메시지가 나올 수 있을까요? 통일이나 북한의 만행을 알리는 걸 넘어서 전쟁의 참혹함을 이야기하는 인류애적인 시도를 하실 수도 있잖아요.

이나영 그러려면 사실 계몽은 필요해요. 누군가가 그렇게 생각할 수 있는 거리를 던져주지 않거나 스스로 깨어나지 않는다면 그저 사는 대로 생각할 수밖에 없어요. 탈북 여성들이 여기 와서 배우는 생존 방식은 여성으로서 받은 피해를 드러내는 경우가 많죠. 그런 생각을 뒤집으려면 계기가 필요해요. 설령 그게 엘리트주의적이라고 해도 말이죠.

박영민 그런 계기가 지원 단체가 아닌 운동 단체를 통해 존재하면 좋겠다는 생각이 들어요. 말 그대로 위안부 운동을 했던 사람들이 있었던 것처럼, 통일 운동 단체도 아닌 그들의 운동을 할 수 있는 단체요. 위안부 운동을 하던 당시에도 페미니스트도 있고 민족주의자들도 있었겠지만 동고동락하면서 일본도 같이 가고 여러 과정을 거치며 서로 아이디어를 주고받았겠죠. 이런 과정을 거치는 것과 지원 단체에서 교육하듯이 하는 것은 달라요. 제가 운동에 대한 이상이 있어서 그런 걸 수도 있지만요.

오주연 사실 탈북자 단체의 경우에 대개는 반북을 지향하는 통일 단체거나 인권 단체가 되어버리니까요. 다른 여지의 공간을 어떻게 만들 것인가, 그리고 북한이탈주민 여성들이 그런 시도가 필요하다고 생각하는지가 가장 중요하겠죠. 강남역 살인사건 이후 여성들이 스스로 운동을 촉발시키고 페미니즘 이슈가 떠오르면서 생긴 무게감이 있잖아요. 북한학과 여성학을 함께 생각할 때는 이 촉발되는 지점이 무엇일까 싶은 느낌이 들어요. 대상이 중요한 건 아니겠지만 저는 어쨌든 북한학과 여성학을 같이 얘기할 때면 북한이탈주민 여성의 존재가 가장 먼저 떠오르거든요. 이론적으로 닮아 있다고는 이야기할 수 있는데 북한학과 여성학이 정말로 실천적으로 만들어내는 무엇이 있을 수 있을까요.

박영민 저는 북한학 영역에 페미니즘이 더 필요하다는 생각도 들어요. 달북한 남싱의 경우에는 태영호나 지승호 같은 국회의원도 있지만 그 자리에 여성은 없잖아요. 탈북자 중에 여성 비율이 압도적으로 높음에도 불구하고 정치에서 여성들을 하나의 주체로 활용하지 않아요.

이나영 더 가시화될 필요가 있죠.

박영민 남성 탈북자와 여성 탈북자를 대하는 태도도 너무 달라요.

이나영 탈북자 단체에서도 몇 안 되는 탈북자 남성들이 주도권과 목소리를 다 갖고 있죠.

박영민 이런 상황이 페미니즘적인 아이디어가 요구되는 지점이지 않을까요. 외부에서 그들을 구성하는 생각이 필요하지 않을 만큼 탈북자 사회 내부의 역동이 생기려면 그 안의 젠더 격차가 먼저 줄어들어야 할 것 같아요.

북한학이 여성학에서 배울 수 있는 점

이나영 조영주 박사도 이 학문의 가부장성과 헤게모니를 누가 쥐고 있는지 지적하더라고요.[6] 어쨌든 북한학에서 정치, 경제 분야가 압도적인 헤게모니를 가진 상황에서 여성연구는 굉장히 사사로운 부분으로 치부되죠. 그래도 북한 여성연구를 안 할 수는 없어요. 하지만 또 북한 여성을 대상으로만 하는 게 여성연구는 아니잖아요. 그런 젠더적 시각을 가진 연구자들을 양성하지도 못하고요. 그건 남성 연구자들은 당연히 하지 않는 일이니 '여자 박사니까 해봐', '여자니까 여자 문제 해' 이렇게 되죠.

박영민 그런 데서는 여성연구자 한 명이 다양성의 다양성을 담당하는 거죠. 여자는 나 한 명일 뿐인데 내가 있음으로써 여기는 굉장히 다양해지는 거예요. (웃음)

이나영 학계 전반의 문제죠. 북한학도 주류 학문이 아니라서 투자를 많이 받지 못하다 보니 장기적으로 학생들을 양성하지 못하잖아요. 여성학도 북한학보다는 낫겠지만 매한가지고요. 그러니까 대상을 대상으로 하는 학문이라는 점에서도 닮아 있고, 실천학문이라는 것도 닮아있지만, 어려운 것도 닮아 있어요. 예를 들어 북한이탈주민 여성들의 경험을

---

6) 조영주, 〈북한여성연구의 여성주의적 확장 가능성〉, 《여성학논집》, 35(1), 2018.

재구성하는 작업을 한다고 하면 객관성의 문제, 대표의 문제, 표준화의 문제로 늘 지적을 받죠.

박영민 질적 방법론은 표준화를 하기 위해서 하는 방법이 아닌데 왜 북한 여성의 사례는 표준화가 되어야 하는지 모르겠어요.

이나영 이 학문의 필드가 변하지 않으면 결국 계속 어려운 문제겠죠. 그런데 반대로 보면 쉬울 수도 있어요. 어차피 우리는 비주류니까 하고 싶은 대로 깽판 쳐보자. 북한이탈주민 여성의 경험은 이렇게 재구성될 수 있어. 분명히 의미가 있어. 너희들이 사는 세상이 전부는 아니야 이런 식으로 깽판 쳐 볼 수도 있는 거죠.

박영민 구술사를 왜 하고 인터뷰를 왜 하겠어요. 그런데 여전히 학문의 헤게모니는 통계에 있으니까.

이나영 여성학도 북한학도 이래서 어렵다.

오주연 깽판을 쳐야겠네요.

송채린 북한학이 가야 할 길이군요.

오주연 깽판.

이나영 조영주 박사님의 연구를 다시 인용하면 '두 학문 다 기존 학문의 한계점을 비판하면서 나가는 학문이다'라고 말해요. 그렇게 가야 된다, 그것이 이 학문의 정체성이라고요. 그런데 현실의 북한학은 무엇을 얼마나 그렇게 비판을 해 오고, 얼마나 한계를 지적해 왔는지는 모르겠어요. 이런 걸 잘해 내는 연구자도 양성되어야만 아마 새로운 흐름이 되겠죠.

오주연 내부 비판을 하지 않으면 앞으로 갈 수 없죠. 저는 여성학을 잘 모르지만 가끔 부러운 게 외부에서 보면 어쨌든 내부에서 치열하게 싸우잖아요. 그런 논의를 통해 발전하기도 하고요. 북한학은 저렇게라도 한번 싸워 보면 좋겠어요. 북한학이나 여성학이나 다른 학문들과 경계 지어진 느낌이 든다는 점은 같지만, 여성학은 실천하고 싸워 낸다면 북한학은 누가 가두는 게 아니라 우리 스스로 여기가 너무 안전해라고 말하는 느낌이에요. 페미니즘은 이론도 있고 역사도 있고 무기도 있다는 자신감이 있어요. 그런데 북한학은 그 자신이 없는 것 같아요.

박영민 인구학적 특성이 너무 다르죠. 북한학과 여성학의 가장 큰 현실적인 차이라고 하면 여성학은 아무리 선생님이어도 50대 여성이거든요. 그런데 북한학에서 선생님하면 진짜 70대, 80대 남성. 명예교수의 명예교수들. 거기서 어떻게 싸워요.

이나영 싸우기 시작하면 '저런 패륜아!' 이렇게 나오겠죠.

박영민 현재 여성학에서는 50대 선생님들이 그 분들 정도의 위치니까요. 목소리를 계속 높이는 분들은 30대 중반에 교수직이 없는 사람들, 소속이 없는 사람들인데 이 부분도 재밌어요. 소속이 없는 건지 못 갖는 건지는 당연히 분석이 필요하겠지만 자리가 없는 사람이니까 더 정치적으로 니갈 수 있는 것도 있죠. 여성학을 전공하는 대디수는 시민사회 활동을 하기도 하고 활동가적 기질이 훨씬 커서 밥줄에 대한 고민이 크지 않을 수도 있고요.

오주연 그런 점이 부러워요. 북한학계에서는 늘 갈 수 있는 자리가 적어서 일단 '자리를 잡는게 먼저'라는 이야기를 해요. 그런데 막상 자리를 잡고 나면 관련 일자리가 거의 공공 기관이거나 정부 지원을 받기 때문에 우려되는 발언을 하기는 더 어려워지죠. 이 프레임에서 벗어나는 연구자가 많지 않다는 점이 아쉬워요.

북한학의 문제의식과 맞닿아 있는 평화학

오주연 북한학의 방향을 고민하다 보면 평화학과 맞닿은 지점도 찾을 수 있어요. 북한학에서 문제의식으로 삼는 분단을 폭력과 갈등 상황으로 본다면, 이를 해결하고 지금의 안보개념을 전환하기 위해서 평화학의 이론과 실천 사례에서 가져오곤 하거든요.

송채린 저도 그런 가능성이 있을 것 같아서 설계 전공으로 평화학을 했었어요. 처음부터 복수 전공을 설계 전공으로 하려고 했던 건 아니었는데 많은 실패와 시도들이 있었죠. 철학과를 기웃거렸다가 철회하고. 한

때 이상한 데 꽂혀서 물리학 전공도 기웃거리기도 했어요. (웃음) 한편으로는 북한학 수업만 듣다 보니까 다른 전공은 뭘 배우는지가 너무 궁금했어요. 북한학과에서 배우는 걸 배울 것 같지는 않은데.

이나영 교양수업이 있잖아요.

송채린 교양수업을 들어도 거기서 만나는 타 과생들의 말하는 결이 너무 다르니까. 쟤네는 뭘 배워서 저렇게 말할까? 이런 궁금함도 있었어요. 그래도 제도적인 테두리 안에서 다른 전공도 공부해 보고 싶어서 복수전공을 생각했죠. 그러다가 학생 설계 전공이라는 본인이 커리큘럼을 만들어서 다양한 학문 간의 융합을 도모하는 그런 프로그램을 알게 됐어요. 이게 좋겠다 싶어서 설계 전공으로 평화학을 전공했죠. 평화학이라는 학문을 알게 된 건 서보혁 교수님 수업 때였고 세부 커리큘럼은 박순성 교수님이 도움을 주셨어요. 2018년 한창 판문점 선언으로 모든 분야에서 평화를 말하고 있는데 말하는 사람에 따라서 제각기의 평화를 얘기하고 있다는 생각이 드는 거예요. 학문적으로 평화학이 어떻게 태동했는지 어떤 논의들이 있어왔고 한반도의 맥락에서는 어떻게 얘기해 볼 수 있을지 공부해 보겠다는 야심찬 포부로 시작했어요. 공부를 하면서 갖게 된 한 가지 문제의식은 북한학을 배우다 보니 한반도 밖에는 미국, 중국, 일본, 러시아 이 네 나라밖에 없는 거예요.

박영민 맞아요.

송채린 학술회의를 가도 미, 중, 일, 러 전문가밖에 없어요. 그러다 보니 세계시민으로서 다른 나라의 상황에 무감각해지는 건 아닐까 고민하게 됐죠. 그때 마침 피스모모를 만나게 되면서 다양한 갈등 상황과 분쟁 상황에 대해 얘기를 하는 사람들이 있다는 걸 알게 됐어요. 이렇게 여러 가지 요소가 잘 맞아 떨어지면서 평화학을 선택했죠. 이제 학교생활이 끝나가는 마당에 놀이켜보면 그냥 합법적으로 다른 학과 수업을 들은 정도에 머무른 것 같기도 해요. 2020년에 오슬로로 교환학생을 가기로 했었는데 코로나19가 시작되서 못 간 것이 가장 아쉽죠. 이런 이야기는 좀 그렇지만 계속 한반도만 얘기하고 북한만 다루다 보니까 뒤처지는 것 같은 마음도 있었어요.

이나영 좁은 땅에 내 시야가 갇혀 있는 것 같죠.

송채린 좁은 땅에서, 특히 북한을 공부하다보니 어린 마음에 정체되어 있다는 생각이 들었어요. 《로동신문》을 봐도 계속 옛날 고리타분한 얘기만 하는 것 같고. 당시에는 스스로 부족함과 결핍을 느끼다 보니 계속 새로운 걸 찾아보려는 마음이 들었죠.

박영민 북한이라는 대상이 업데이트가 안 되니까 더 그런 것 같아요. 아무리 새로고침을 눌러도 똑같잖아요. 그 안의 태동을 볼 수 있으면 참 좋을 텐데.

오주연 그걸 못 보니까요.

송채린 그게 아쉽기도 했어요.

오주연 그래서 요즘 북한학 얘기를 할 때 이걸 확장하는 측면에서 평화학과의 접점을 찾는 것도 같아요. 실제로 분단 문제를 이야기하지 않고는 한국 사회의 평화를 이야기할 수 없고, 평화를 이야기 하지 않고는 지금의 갈등 상황을 해결한다는 것이 무엇인지 정의하기 어려우니까 함께 이야기해서 상호 보완을 하자는 거죠. 그런데 저는 상호 보완은 가능하지만 그게 상대 학문의 범위를 제한하는 방식으로 작동하는 건 문제가 될 수 있다고 봐요.

채린님도 말씀하셨지만 '평화'라는 말이 사람마다, 기관마다, 운동마다 제각기로 사용되는 측면이 있죠. 평화라는 단어가 갖는 포용성이 엄청 커서 그래요. 일종의 게임에서 말하는 치트키 같죠. 누군가에게는 평화적 수단에 의해 평화 그 자체인 통일을 이루고자 하는 운동이기도 하고, 누군가는 안보개념을 전환하는 개념으로서의 평화를 이야기하기도 하고, 누군가는 인간을 포함한 생태계가 함께 살아가는 측면으로 평화를 이야기하기도 해요. 그런데 이 모든 분들이 공통적으로 생각하는 건 일종의 개인의 안녕安寧같아요. 그러나 개인이 안녕을 추구한다고 해서 평화로워질 수 있는 건 아니죠. 개인의 안녕을 위해서는 지역 공동체, 사회, 국가, 생태계까지 더 넓은 측면에서 구조적·문화적 변화가 필요해요. 그래서 정말 평화를 말하고 싶으면 사실은 남북관계만 얘기해서는 안돼요. 남북관계는 수많은 요소 중 하나죠. 채린님이 말씀하신 것처럼 우리를 구성하는 세계를 미, 중, 일, 러로만 인식해도 안 되고요.

당연히 북한학이니까 남북관계가 중심일 수밖에 없다는 전제를 한다 해도 평화를 얘기할 때 남북관계만 얘기한다는 점은 아쉬워요. 물론 한반도의 안보개념을 전환해야 평화가 실천되는 측면이 있을 수 있지만, 그렇다고 이 얘기만 하는 건 오히려 평화를 진지하게 다루지 않는다고 판단하게 만들어요. 만일 평화를 실천하는 하나의 측면에서 남북관계를 다루고 다른 영역의 변화가 함께 동반되어야 한다는 인식이 저변에 깔려 있다면 훨씬 현실적으로 받아들여지고 동의가 될 텐데 그런 분위기가 읽히지 않으니까요.

이나영 그런 점에서 왠지 한반도의 평화와 중동의 평화를 한 자리에서 이야기하는 것은 매우 어색하게 느껴지죠.

오주연 맞아요. 북한학에서 말하는 평화는 그것과는 다르게 느껴지죠. 또 하나 불만스러운 점은 북한학계에서 평화를 사용하는 방식이 통일을 대체하는 단어 혹은 통일을 규명하는 단어 혹은 통일을 확장하는 단어로만 쓰인다는 점이에요. 통일이라는 말에 거부감을 느끼는 사람들에게 평화는 좀 더 부드럽게 다가갈 수 있는 언어랄까요? 한국에서는 통일이 곧 평화고 평화가 곧 통일일 수 있다고 얘기하죠. 통일이 먼저냐, 평화가 먼저냐 이런 논의도 있고요.

하지만 엄밀히 말해 평화와 통일은 선후 관계로 존재하는 게 아니라 다른 층위에 있는 문제라고 여겨져요. 평화는 보편적인 삶의 방식 혹은 어떤 전환의 언어라면, 통일은 형태적인 측면으로 결과가 정해져 있는 이야기죠. 통일과 평화의 관계를 연구하는 교수님들은 평화와 통일이 충돌된다 이야기하지 말고 통일을 평화롭게 하자고 말씀하시죠. 통일했을 때 부딪치게 될 갈등 상황을 예상해서 이걸 평화적으로 해결할 수 있도록 준비를 하자고요. 하지만 어떤 방식의 통일이 이루어질지 몇 십 혹은 몇 백가지의 시나리오가 있는 상황에서 제도적 통합, 사회적 통합을 준비하는 과정이 정말 가능한가 이런 질문이 들어요. 구갑우 교수님이 했던 표현 중에 그런 표현이 있어요. 통일은 결국 권력 게임이 될 수밖에 없다는 거예요.[7] 최장집 교수님도 오래전부터 통일 담론을 목표로 강조할 경우 자체로 지닌 공격성 때문에 오히려 평화가 훼손될 수 있다고 말씀하셨고요. 통일과 평화 중 선택하자는 것이 아니라 우리가 말하는 통일이 정말 평화로운 것인가에 대해서 더욱 깊이 생각해 볼 필요가 있다는 거죠.

결국 북한학계에서 평화를 얘기하고 싶다면 궁극적으로 연구자들이 추구하는 평화가 뭔지에 대한 답을 해야 해요. 한반도의 상황에서 남북관계의 상황을 이야기할 때는 북한학과 평화학 사이에 분명한 접점이 있

---

7) 구갑우,《비판적 평화연구와 한반도》(후마니타스, 2007), 102-103쪽.

고 상호 간 보완해 주는 부분이 있지만, 상대 학문의 인식적·이론적·실천적 측면을 축소하는 방식으로 작동하지 않도록 해야겠죠.

북한학, 부디 시대의 흐름을 읽어주세요

오주연 모든 대학과 인문사회과학의 의미가 상실되는 시대라고 해서 북한학도 손 놓고 있을 수는 없잖아요. 북한학의 의미를 지키기 위해 무엇을 할 수 있을까요?

박영민 북한학이 시대를 읽어야 해요. 당연히 모든 학문이 마찬가지만 지금 시민들이 진짜 바라는 것들이 무엇인지, 지금의 시민들이 요구하는 바가 무엇인지 알아차리지 않으면 북한학은 당위로서 존재하기 굉장히 어려울 수밖에 없어요. 북한학은 실천 학문이기 때문에 시대와 교류하는 자세가 분명히 있어야 된다고 생각해요. 보이지 않던 사람들이 계속 가시화되고 있잖아요. 북한학이 이런 시대적 흐름도 받아들이지 않으면 그냥 계속 북한이라는 지역을 얘기하는 학문이 될 뿐이지 의미를 찾기는 어려울 거예요.

송채린 시대를 읽어야 한다는 게 결국 우리가 계속 얘기하는 '싸워야 된다'는 얘기랑 연결되는 것 같아요. 이렇게 계속 안전 지대를 고수하면서 아무도 안 궁금해 하는 얘기를 우리끼리만 한다면 진짜 자연스럽게 고여 있게 돼요. 북한학이 위기인지까지는 모르겠지만요.

이나영 정체는 되어 있으나 위기는 아닐 수 있죠.

오주연 저는 고여 있지 않기 위해선 지금의 중견 연구자들이 주니어 시절에 원했던 선배 연구자의 역할을 해주시면 좋겠어요. 막상 중견 연구자가 되고 보니 상황이 쉽지 않다는 것도 알게 되고 지켜야 하는 것들도 생겼을지도 몰라요. 그래도 본인들이 바랐던 선배의 모습을 스스로 해 주시면서 후배들이 새로운 시선으로 이야기하는 장을 만드는 일에 조금 더 적극적으로 나서 주시면 좋겠어요. 이런 얘기를 하는 목소리가 우리밖에 없는 건 아니잖아요. 그런 사람들이 모일 수 있는 장이 넓어져서 이른바 '깽판'을 칠 수 있는 필드들이 생기면 좋겠어요.

이나영 그런 역할이 시대를 읽어야 하는 것과 함께 가야 하는 것 같아요. 통일이 유효하지 않은 시대에 북한학이 살아남기 위해서는 정말 좀 더 진지하게 연구자들이 길을 모색해야 되고 우리가 더 다양해지려는 노력도 해야 하죠. 이제는 진짜 하이브리드 북한학이 되지 않는 이상, 북한학의 존재 의미가 사라질 수 있다는 자각을 해야 합니다.

나가며

나는 어쩌다가 북한학에 발을 들였나

대체 왜 나는 북한을 연구하는 사람이 되겠다고 마음을 먹었을까. 되돌아보면 사실 거창한 이유는 아니었다. 북한에 얼굴도 모르는 가족이 있다는 것, 6.15 남북공동선언이 발표되던 2000년에 대학에 입학하여 열심히 학생회 활동을 했다는 것, 통일을 지향하는 사회운동의 발전을 위해 학문적 기반을 다질 필요를 느꼈다는 것. 이러한 개인적인 이유로 북한학을 시작하게 되었지만 이러한 배경에도 역사적 맥락은 녹아있다.

나의 가족사에는 대한민국의 여느 가족들처럼 분단이 고스란히 스며들어 있다. 한국전쟁으로 우리 가족이 이산가족이 된 이야기는 늘 같은 내용이었지만 명절 때마다 거듭하며 들어왔다. 할아버지는 가족 내부에 사회주의 운동에 영향을 받은 사람이 있어 그를 피해 혼자 이남으로 내려오셨다고 했다. 그리고 전쟁의 포화가 한창이던 어느 날, 할머니는 6살 난 큰아들은 증조할아버지께 맡겨둔 채 고모와 아버지를 데리고 할아버지를 찾아 피난을 내려오셨다. 어린 아들에게 꼭 다시 데리러 오겠다는 약속을 남기고 말이다. 하지만 그 날 이후로 두 분은 다시는 큰아들을 만나지도, 황해도 옹진의 고향 땅을 밟지도 못했다. 이념과 전쟁으로 가족이 분열되어 남쪽으로 오게 된 아련한 모험담 같은 이야기가 어린 마음에 특별하게 자리 잡은 것은 자연스러운 일이었다. 간접적으로 경험한 이산은 내 정체성의 작은 일부가 되었고, 북한을 바라볼 때 자동으로 '민족'이 떠오르는 내력으로 작동했다.

새롭게 밀레니엄을 맞이하던 2000년 나는 대학교에 입학했고, 성인으로 사회화가 시작되는 중요한 시기에 학생회에 들어갔다. 그리고 그해 여름, 민족사는 물론이고 내 인생에도 크게 남을 만한 일이 일어났다. 김대중 대통령과 김정일 위원장 간의 남북정상회담이 성사된 것이다. 그 전에는 북한이라고 하면 고립되어 있고 가난하고 삭막한 곳이라고 생각했다. 하지만 정상회담이 진행된 3일 내내 미디어를 통해 본 북한 사람은 생각보다 그다지 무섭지 않았고 심지어 위트도 있었다. 6.15 남북정상회담이 만들어 낸 남북관계의 일대 전환은 북한과 협력하고 안정적인 관계를 형성하여 통일국가를 수립한다는, 당시 내가 속한 사회운동의 목표를 의심할 수 없게 했다.

이때 가진 확신이 계속 이어져 졸업 후에도 사회운동을 지속해 나갔다. 일단 마음으로는 통일의 당위성을 인정하고 있었으니 머리로도 이해할 수 있는 근거를 만드는 작업이 필요했다. 북한학 공부를 해보라는 선배들의 권유도 있었다. 북한대학원대학교는 그렇게 북한학을 전공하겠다고 마음먹은 후에 알게 된 곳이었다. 이 학교에 진학한다고 하자 함께 운동을 하던 후배는 "언니 이제 북한 가는 거냐"며 울먹거리기도 했다. 운동을 하는 사람에게도 북한학은 이처럼 생소한 것이었다. 심지어 내가 다닌 대학 교양과정에 북한학 수업이 있었는데도 말이다. 그리고 그건 진학을 결심한 나에게도 매한가지였다.

부끄럽지만 당시에는 막연히 《로동신문》과 같은 북한 문헌을 보면서 사회주의에 대한 공부를 하는 것이 북한학의 전부라고 생각했다. 그렇게 시작한 대학원 생활은 폭풍과 같았고 내 머릿속을 다 헤집어 놓았다. 마치 스무 살에 사회화의 과정을 겪으면서 그때까지 알았던 세상이 전부가 아니었음을 깨닫는 것처럼, 대학원에서의 생활은 이제까지 배우고 믿어 온 것을 북한학이라는 렌즈로 다시 보고 평가하는 재사회화의 과정이었다.

어쩌다 발을 들인 북한학이지만 공부할수록 궁금해졌다

'재사회화'라는 말을 써도 이상하지 않을 정도로 북한학은 나의 사고방식을 흔들었다. 만일 북한만을 다루는 것이 북한학이라면 세계관을 재조립하는 일까지는 벌어지지 않았을 것이다. 북한학은 한국 사회 속에서 내가 가진 지정학적 사고의 범위를 넓히고, 옳다고 믿어왔던 것을 의심하는 질문으로 만들어 주었다. 일례로 대한민국은 지리상으로는 반도에 위치해 있지만, 분단으로 인해 섬나라처럼 살고 있어 이동이라는 경험을 통한 사고 확장이 어렵다. 대학원 시절 여름방학마다 떠나는 북중접경지역답사를 가서 러시아 크라스키노에서 중국 훈춘으로 버스를 타고 국경을 넘은 적이 있다. 유럽이 아닌 인접한 국가의 국경을 육로로 넘어가는 느낌은 남달랐다. 북한학을 통해 갖춰진 토대에 기반하여 '북한을 통해서 이동할 수 있다면' 지금의 한국은, 또 나는 어떻게 다를지 보다 구체적으로 상상해 볼 수 있었다. 또한 북한학은 민주적인 논쟁과 토론에 사상검증이 빠지지 않는 한국 사회의 뒤틀림을 직시하고 이런 문화의 근본을 들여다보는 데도 결정적 도움이 되었다.

대학원에서는 북한을 다각도로 보기 위해 기초적이긴 하지만 정치학, 사회학, 경제학 이론과 방법론을 배울 수 있었다. 군사학, 여성학, 국제개발학 등 '이런 것까지 배운다고?'라는 생각이 들 정도로 재미

있는 주제를 다루는 수업이 많았다. 평소 잡학다식을 추구하던 나였기에 북한학 수업은 요샛말로 '취향저격'이었다. 어느 분야에 대해 이야기해도 숟가락 하나 정도는 살포시 얹을 수 있는 지식을 배우는 느낌이었다. 그리고 그 모든 지식은 복합적으로 얽혀 북한학의 다양한 주제를 이해하는 데 도움이 되었다.

물론 학문의 깊이 측면에서는 명백한 한계도 존재했다. 북한을 지역학적 관점으로 보는 방식에서 현재의 북한학 커리큘럼은 더없이 좋지만, 내가 선택한 세부 분야를 더 심도 있게 파고들기 위해 필요한 이론 훈련은 부족했다. 만일 종합대학교에 있는 북한학과였다면 다른 전공과목의 수업을 들을 수도 있겠지만 내가 다닌 전문대학원에서는 힘든 일이었다. 이런 고민이 있다 보니 북한학 학위가 구체적으로 어떤 분야에서 전문성을 드러내는지도 명확히 보이지 않았다. 그러다 보니 학문으로서의 북한학이 무엇인지에 대해 고민하기도 했다.

그럼에도 불구하고 나는 북한학을 공부하면서 '우리의 소원은 통일'이 정언명령이 아니라는 것과 북한을 연구한다는 것은 내가 발 딛고 있는 남한 사회를 본다는 것은 크게 다를 바 없다는 것을 깨달았다. 더불어 북한을 단정적으로 평가하는 일, 나아가 이 사회에서 보이지 않는 존재를 쉽게 재단하는 일을 조심해야 한다는 나름의 규율도 갖게 되었다. 결과적으로 북한학은 한국 사회에서 내가 가진, 우리가 가진 가치관을 다루는 학문일 수밖에 없다. 그러니 어쩌다가 북한을 공부하는 데에 30대의 시간을 다 써버렸지만 나의 선택을 후회하느냐고 묻는다면 당연히 '아니올시다'라고 답하겠다. 나의 가치관을 단단하게 해 줬으니 말이다.

다른 사람들에게 북한학은 어떤 경험이었을까

북한학은 정부 정책을 위한 도구적인 목적에서 출발했지만 개인의 가치관을 변화시키는 힘을 가진 학문의 형태로 발전해왔다. 하지만 여전히 북한학이 무엇이고 무엇이어야 하는지에 대한 명확함은 없었다. 이는 북한학에 대한 정의의 문제이기도 하지만 북한학을 전공한 사람들이 어떤 모양으로 북한학을 하고 있는지와도 관련된 문제일 수 있다. 박사학위 취득 후에도 학술논문을 쓰고 지속적으로 연구를 하고는 있었지만, 북한학 전공자라는 자격과 명함이 스스로에게 어떤 의미를 주는지 조금은 혼란스럽기도 했다.

그러던 어느 날 대각선 뒤에 앉아 있던 주연이 키득거리면서 "일본 사회학자인 오구마 에이지 선생이 현재 일본에서 사회학은 사회 현상을 '평론'하는 학문이래요. 사회학자인데 이렇게까지 솔직하게 말할 수 있구나"라고 말했다. 사회학자들에게 사회학이 무엇인지 물었을 때 나온 가감 없는 솔직한 대답이 흥미로웠다. 그래서 "그럼 북한학자들에게 북한학에 대해 묻는다면 어떻게 대답할까? 남북관계를 '평론'하는 학문이라고 말할까?"라고 반문했는데, 주연은 덥석 물더니 우리도 직접 물어보자고 했다. 그렇게 험난한 여정이 별안간 시작됐고 3개월간 9명의 인터뷰이들을 만났다.

9명의 인터뷰이들은 입을 모아 '북한학은 남북관계의 발전을 위해 북한을 다루는 학문일 뿐 아니라 한국 사회를 이해하는 데도 중요한 학문'이라고 이야기했다. 물론 인터뷰이들이 말하는 '남북관계의 발전'이 의미하는 바는 각기 다를 수 있다. 통일이라는 제도적 통합이나, 제도적 통합을 넘어선 사회적 통합을 의미할 수도 있지만, 한반도 내 평화체제를 구축하여 사이좋은 이웃국가로 지내는 것일 수도 있다. 그 형태를 확언할 수는 없지만 어떤 형태의 관계이든 남과 북은 서로를 알기 위한 노력이 더 필요하다. 그리고 그 이해는 북한뿐만 아니라 북한과 연결되어 있는 한국 사회의 한 측면을 제대로 이해하는 것도 포함된다. 북한학이 존재해야 할 궁극의 이유는 바로 여기에 있다.

김현경 소장과 김성경 교수가 이야기한 것처럼 우리 사회의 근본적인 문제의 뿌리, 첨예한 이념의 장은 북한이다. 엄주현 사무처장이 말한 대로 어느 나라도 가지 않는 길을 가는 북한에 학문적으로 접근하는 것은 중요하다. 박순성 교수의 지적처럼 우리는 '북한 문제'라고 말하지만 이는 사실 한반도 문제이자 우리 사회의 문제다. 최완규 원장의 북한을 타자화하지 않는 태도로 북한을 연구하라는 조언은, 북한학이 한반도 문제에 어떤 역할을 하고 어떻게 응답할 수 있을지 생각해야 한다는 윤보영 박사의 태도에 스며든다. 이관형 사무국장의 언급대로 여느 사회과학 분야, 지역학 분야와 크게 다를 바 없는 북한학이 사회적 역할을 다하기 위해서는 정부의 대대적 투자가 필요할 것임은 두말 할 필요가 없다. 그리고 박영민과 송채린의 주장대로 북한학이 시대를 읽고 실천 학문으로서 기능을 적극적으로 할 수 있다면 1960년대부터 수많은 사람들의 연구와 노력으로 일구어 온 북한학이 또 한 걸음 앞으로 나아갈 수 있는 기회가 될 것이라 믿는다.

북한학을 실천하는 길은 다양하다

그렇다면 북한학 전공자는 어떤 역할을 하게 될까. 인터뷰이들은 다양한 직업을 갖고 있지만 북한학 전공자가 일할 만한 곳은 많지 않다. 그러다 보니 북한학에 대해 잘 아는 사람에게도, 북한학이라는 학문을 들어 보지 못한 사람에게도 '북한학으로 먹고살 수 있어?'라는 근본적인 질문이 남을 수밖에 없다. 학자도 먹고살아야 하니까.

내가 대학원 졸업을 목표로 나의 모든 것을 쏟아 부으면서 논문을 쓰고 있을 당시 먼저 졸업한 선배들은 모두 이렇게 말했다. "차라리 논문 쓸 때가 좋을 때야. 학위 받고 나면 더 힘들어." 마치 임산부에게 아기가 뱃속에 있을 때가 더 편하니 지금을 즐기라고 조언해 주는 엄마들처럼 말이다. 이런 조언을 하는 이유는 하나다. 다른 학과도 크게 다르지는 않겠지만 북한학을 전공해서 취업할 곳은 더욱 마땅치 않기 때문이다. 박사학위를 하고 나면 당연히 국책 연구원, 대학 연구소, 기업 연구소와 같은 곳의 연구직을 목표로 하게 되지만, 이러한 안정적인 일자리는 열 손가락에 꼽을 정도며 자리도 턱없이 부족하다.

이 문제를 해결하는 정공법은 분단체제 극복을 위한 국가적 노력과 민간 기업 등의 지원을 통해 북한학을 지속할 수 있는 토대를 만드는 것이다. 그러나 나는 이런 프로젝트에 기대는 것이 북한학이라는 전공을 살릴 수 있는 유일한 길로 남지 않길 바란다. 북한학 전공자들의 가장 중요한 의무는 학술 연구와 지식을 생산하는 일이라고 생각하지만, 생산된 지식이 학문이 발 딛고 있는 사회로 확산되는 것 역시 중요하다. 따라서 그 확산의 통로는 국가정책일 수도 있지만 일상적 수준에서 대중과 만나는 다양한 접점일 수도 있다.

사람들이 접하는 북한학 전공자가 뉴스나 시사프로그램에 나오는 인터뷰이가 전부라면, 북한학은 단지 남북관계를 평론하고 해설하는 학문으로만 그치게 된다. 그러나 북한연구자들은 남북관계만 연구하는 것은 아니다. 대중이 알 수 없는 북한의 내부를 관찰하고 때로는 외부의 시선에서 때로는 내부의 입장에서 다각도로 들여다 본다. 우리는 북한연구자들이 수행한 재미있고 의미 있는 연구를 발굴하고 친숙한 콘텐츠로 구성해 보고 싶다. 그리고 그러한 콘텐츠가 자연스럽게 이어질 수 있는 작은 공간을 계속 꾸려나가고 싶다. 이 책이 이런 기획의 시작이길 바란다. 그러기 위해서는 이 글을 읽고 있을 북한연구자들이 열심히 해 주셔야 다음 기획이 이어지지 않을까.

북한학자가 갈 수 있는 또 다른 길을 이렇게 한 발짝 내딛는다. 우리는 어쩌다가 북한학을 시작했지만, 언젠가는 《어쩌다가 북한학》 덕분에 북한학을 시작했다는 분을 만나길 기대해 본다.

2021년 8월

이나영

어쩌다가 북한학

발행일 2021년 8월 31일(1쇄) **지은이** 이나영, 오주연
편집 힐데와소피 편집부 **발행인** 김애란 **출판사** 힐데와소피 **등록번호** 제2021-000050호
주소 서울시 관악구 신사로 66-1, 3층 **이메일** hildeandsophie@gmail.com
홈페이지 www.hildeandsophie.xyz
표지디자인 채홍디자인 **인쇄** 아레스트

ISBN 979-11-969839-5-6 03340

책값은 뒤표지에 있습니다.